UN CAMINO DE PIEDRAS

LAISA GAES

Un camino de piedras
D.R. © 2025 | Laisa Gaes

1a edición, 2025 | Editorial Shanti Nilaya®
Diseño editorial: Editorial Shanti Nilaya®

ISBN | 978-1-970263-46-6
eBook ISBN | 978-1-970263-47-3

www.editorial.shantinilaya.life

UN CAMINO DE PIEDRAS

LAISA GAES

Nota sobre la ficción

La siguiente es una obra inspirada en hechos reales, algunos personajes, situaciones o lugares son inventados para favorecer la trama de esta novela.

Dedicatoria

Dedico este libro a mis hijos Alberto, Natalia, Bárbara y Renata, que son inspiración y amor divino. Y a mi esposo, Mike C., a quien amo genuina e infinitamente. Sin ti nada, contigo todo.

Agradecimientos

A Dios en primer lugar, porque eres y estás en los más hermoso de éste mundo. A mi esposo Mike, porque creíste y sigues creyendo en mí, por impulsarme a creer en mí misma y por ser guía y juez en éste primer sueño cumplido.

Índice

I
Isabel y Tomás

Madrid, 1938

El aire me daba en la cara con tanta fuerza que me obligaba a respirar profundamente. El aroma del sembradío lleno de lavanda llenaba el interior de mi cuerpo entrando por mis fosas nasales como un aire helado y empecinado en no permitirme decir ni una sola palabra. Mis ojos tenían que mantenerse cerrados mientras yo inhalaba con tanta satisfacción ese aire aromatizado. Mis cabellos se iban hacia atrás como si colgasen hilos de ellos y fuesen jalados por alguien desde lejos. Era de esos momentos en que la mente se ponía en blanco y solo se enfocaba en sentir, en disfrutar y en valorar la vida misma como si fuese un regalo. Abría los brazos para sentir cómo el viento golpeaba mi pequeño y escuálido cuerpo, sintiendo cómo me empujaba con fuerza y diciéndome en susurros lo hermosa que era la vida.

—Respira, Isabel, respira, disfruta ahora —me decía el viento.

Los gritos de mi madre no se hicieron esperar; interrumpían. Ella necesitaba que le llevase una canasta llena con flores de lavanda que ya había recogido de los campos de Brihuega ese día, para después ser manipuladas por sus manos en casa, así como las de mis hermanas mayores que le ayudaban a convertir todas esas flores en jabones de pasta y ungüentos de aroma inigualable. En mi casa todos poníamos un gran empeño en lo que hacíamos. Nuestro país pasaba por una época muy difícil, estaba en pobreza absoluta por la guerra civil. Empezaba el gobierno de Franco y todos teníamos que trabajar duro para recuperar nuestra economía. Yo era la más pequeña de la familia y me tocaba hacer las tareas más sencillas; normalmente iba y venía para hacer los encargos de la casa.

Por la mañana asistía pocas horas al colegio; tenía 7 años y esa parte del día era lo que a mí más me gustaba. Solía tener pocos amigos, era tímida y disfrutaba más que cualquier cosa mirar a los niños jugar con la pelota en nuestros descansos desde una banca de piedra que estaba junto a los salones de tercero B. Mi madre, todos los días, me enviaba de refrigerio un pedazo de hogaza y una rebanada de queso guardado dentro de un pedazo de papel de estraza. Lo comía en pedacitos pequeños, como pajarito, y siempre dejaba la mitad del pan y la mitad del queso; mi estómago era mucho más pequeño que eso.

Recuerdo muy bien el día que un niño de tantos a los que nunca tuve la atención de ver se acercó a mí y se sentó a mi lado con una sonrisa que iba de oreja a oreja. No me dijo absolutamente nada, solo se sentó a mirar a los demás niños, sin hablar ni una sola palabra. Lo miré y por primera vez le puse atención; creí nunca haberle visto. Llevaba puestos unos pantalones cortos de color gris gastado con tirantes de color vino, un abrigo verde botella que se le veía chico y una camisa entre blanca y amarillenta; además de una boina de color gris oscuro, a la que le brillaba al frente una placa de color oro que para mí parecía un águila con una corona.

Yo me sentí incómoda el primer día. Me sentía extraña de sentir su presencia, sentía una invasión al espacio que yo misma había creado para mis sueños y mis fantasías, y me sentí así el segundo, el tercero y toda la semana. Cada día que llegaba y se sentaba a mi lado empezaba a sentir mis mejillas calientes, y cada día se acercaba un poquito más. Yo no me movía de ahí —nunca lo hice— porque, pese a la incomodidad, en realidad me gustaba estar ahí todos los días con él. De reojo observaba lo que llevaba de almuerzo y me di cuenta de que solo llevaba unas cuantas semillas de girasol y medio plátano. No cruzábamos palabra ninguno de los dos, solo nos hacíamos compañía observando a todos los demás niños y cada uno comíamos nuestro almuerzo en calma.

Después de cuatro semanas de pasar nuestros descansos así, un día, un martes para ser exacta, observamos que uno de los niños más grandes, de sexto, jugaba a la pelota y le dio tremendo codazo a uno de los niños pequeños y lo tiró; lo hizo con plena conciencia. En ese momento, mi compañero de junto dejó caer el plátano y salió corriendo al instante para darle un puñetazo al niño grande que había lastimado al pequeño; él iba furioso, veloz y sin más enfoque sino el de darle una paliza al abusador, quien le sacaba al menos una cabeza de alto, y de peso seguramente le doblaba el suyo. Acto seguido, en cámara lenta vi, mientras dejaba de masticar el pan llena de asombro, cómo a mi compañero le acomodaban una patada en el estómago tan fuerte que yo dejé caer mi hogaza y de súbito sentí dentro de mí un dolor, también en el estómago. Corrí, y creo que jamás había corrido tan rápido en mi vida. Llegué al lugar del crimen y, sin que el grandulón se diera cuenta de que yo llegaba por detrás, me le trepé en la espalda con la fuerza e impulso que llevaba de haber corrido tan rápido y sin frenar ni un segundo; simplemente me dejé ir. Obviamente, al caer sin meter las manos, el niño abusador estrelló su boca contra el suelo de cemento y se la abrió al instante. Yo caí encima de él y después rodé, al tiempo que mis cabellos revoloteaban, y terminé en el piso, con mis codos y rodillas llenos de raspones y tierra. Solo escuché el barullo de todos los niños y los gritos de un adulto, un maestro de al menos unos cuarenta y cinco años a quien yo veía ya como un anciano que decía: "¡Ustedes tres, paren, a la oficina del director inmediatamente!", zangoloteando sus dedos señalando a los involucrados. Todos en el patio se reían de nosotros, gritaban y se llenaban de satisfacción al presenciar la escena de violencia.

Terminamos los tres agresores en la oficina del director, después de haber pasado por la enfermería junto con el más chico, que solo fue atendido por un raspón de rodillas. Éramos el grandulón de sexto, mi compañero de almuerzo y yo. El único que lloraba era aquel gordo chilletas que, al sentirse de mayor tamaño que todos, creyó dominar la situación en el patio, pero no le resultó. Al final, llenos de gasas y vendajes salimos regañados los tres, y yo en especial fui muy cuestionada por haber metido las narices en un pleito de "niños".

Nuestros padres fueron notificados con una nota que venía pegada a la libreta de Literatura, y el castigo para los tres fue limpiar las aulas y los retretes de todos los baños de la escuela durante las medias horas de descanso. Ese gran castigo duró miércoles, jueves y viernes. No nos vimos esos días; incluso perdimos la oportunidad de tomar el almuerzo. Eso fue lo que más me dolió, perder los descansos, o mejor dicho, la alegría de estar en la banca como cada día.

No tuve una sola queja, ni mi compañero la tuvo, pero si algo me dio muchísimo gusto de todo este lío fue por fin saber el nombre de mi compañero de almuerzo y ahora de castigo, porque en aquella oficina el maestro lo reconoció y le advirtió que no le aguantaría otra escena de esas.

—Ni pienses que se te tolerará otra escena de estas, Tomás... —dijo el director.

"Tomás". Nunca hubiese imaginado que yo lavaría retretes públicos con tanto gusto y, además, sonriendo.

Después de tres días de castigo en la escuela, todo volvió a la normalidad. Llegó el lunes de la quinta semana y me senté como siempre a observar a los niños del patio, y Tomás también lo hizo como de costumbre.

Fue una gran sorpresa cuando lo escuché decirme, contento y muy quitado de la pena:

—¿Por qué te le fuiste encima al grandulón cuando él me tiró la patada?

—Porque yo lo vi todo, yo vi cómo él le dio un codazo al niño de segundo y luego te pegó a ti —le contesté.

Mis respuestas eran inmediatas y llenas de emoción, como si llevásemos toda la vida hablando. Era un gozo escucharlo y contestarle. Me gustaba su voz y su tono altanero, y, por supuesto, su sonrisa genuina.

—Me llamo Tomás, ¡y vaya que me sorprendiste! Me gusta mucho sentarme aquí contigo, ¿sabías? —me hablaba feliz, sonriente y escupiendo al mismo tiempo las semillas de girasol.

—Yo me llamo Isabel. ¿Quieres un pedazo de mi queso y mi hogaza? La verdad, nunca me lo termino —le ofrecí feliz.

—Sí quiero, ¿tú quieres un pedazo de mi plátano? —me dijo Tomás.

—Sí quiero. —A mí no me gustaba el plátano, pero me gustaba compartir los alimentos con aquel niño con el que compartía todos los descansos y con quien día con día sentía más confianza y me hacía sentir tan feliz.

Siempre era mi momento feliz del día.

Todos los días conversábamos de todo. A mis siete años y a sus ocho no había tanto que platicar. Después de varios días ya sabíamos cómo se llamaban nuestros padres, nuestros hermanos, qué nos gustaba recibir en días de Navidad, cuál había sido el mejor regalo que habíamos recibido ¡en la vida! Él ya sabía que a mí me gustaban muchísimo las patatas con jamón, y yo, que a él el estofado de carne. Pero coincidíamos en que a ambos nos encantaban los polvorones de nuez. Era un lujo tener en casa un postre de vez en cuando; por eso nos gustaban tanto. Ambas familias eran trabajadoras y ambas vivíamos bien dentro de una clase media que tenía sus ideales.

Todos los días esperábamos la hora del descanso con tanta emoción. Parecía que nada nos importaba más que vernos esos 30 minutos, platicando, observando y contando chistes tontos. Nos reíamos tanto con el pan en la boca. Solíamos escupir migajas mientras reíamos por minutos, a veces tímidos y a veces a carcajadas, sin hablar de nada; solo el vernos nos causaba esa gracia inocente. Él me enseñó juegos de canicas y yo prometí enseñarle un juego nuevo, pero le dije que no podíamos jugarlo en la escuela, pero por las tardes sí; fuera de nuestras casas y de la escuela, si podíamos. Esa fue una invitación muy descarada a mi edad para poder vernos en las tardes también. La edad no bloqueaba mis intenciones e insinuaciones derivadas de las alegrías del corazón: quería verlo de nuevo en las tardes y mi estrategia funcionó.

—Pero Isabel, no sé dónde vives. Qué tonta que eres, no sé dónde está tu casa —me decía Tomás con tanta risa.

—Podemos irnos juntos caminando saliendo del colegio. No sé cómo se llama la calle, pero sí sé llegar —le contesté.

—Me parece la mejor idea que se te pudo haber ocurrido, Isabel. ¡Eres la mejor! —me dijo Tomás con una enorme sonrisa.

Parecía que los ojitos le brillaban tanto, al mismo tiempo que sus mejillas enrojecían. Tomás tenía una seña particular que a mí en especial me llamaba mucho la atención: cada vez que él sonreía, sus mejillas dejaban ver unos hoyuelos que acentuaban aún más su hermosa sonrisa. Era cautivadora, era especial, era como su marca o su sello. Sin dejar de mencionar que sus ojos negros —con pestaña larga y abundante y ceja poblada, ojos profundos y comunicativos— parecían tener vida propia y podían hablar por ellos mismos. Siempre quise saber exactamente lo que esos ojos decían en realidad, porque si de algo estoy segura es que **nuestra boca dice lo que nuestra mente quiere que el otro escuche, pero los ojos… los ojos dicen lo que el alma quiere que el otro sienta.**

A la salida del colegio, Tomás y yo nos vimos en la rejita de atrás, ahí por donde casi nadie acostumbraba a salir. La mayoría de los niños se iban a sus casas caminando desde pequeños y salían por la reja grande, la del frente. Empezamos a caminar juntos, callados, quizás porque ambos nos sentíamos nerviosos y al mismo tiempo muy emocionados. Respiré hondo, me sonreí y, con las mejillas calientes como un comal, tomé la palabra y comencé a contarle cómo era mi casa.

—Mi casa es grande y tiene tres ventanas en la parte de arriba y dos en la parte de abajo. En la cocina tenemos un frigorífico en donde mi mamá guarda las preparaciones de comida. Yo comparto mi habitación con tres de mis hermanas, usamos literas y mis dos hermanos duermen en la habitación pequeña. En la sala tenemos una mesita pequeña en donde ponemos un jarrón con flores porque mi madre me dice que es para recordar a la abuela. ¿Tú tienes abuela, Tomás? Yo casi no recuerdo a la mía; mi madre me cuenta que murió cuando yo tenía tres años y que era muy cariñosa con nosotros, sus nietos. La verdad es que, aunque no la recuerdo, me gusta saber que fue una abuela cariñosa. A veces escucho ruiditos en la casa y pienso que es ella la que vino a visitarnos. ¿Tú crees que los muertos regresan, Tomás? ¿Crees que nos ven y nos cuidan?

Creo que Tomás no sabía qué hacer con tanta información. Yo parecía merolico de feria tratando de venderle que tenía la mejor familia.

Llegamos a mi casa.

—Esta es mi casa —le mostré con orgullo mi pequeña casa.

—¡Isabel! Vivimos muy cerca, yo vivo doblando la esquina, en la casa amarilla de reja blanca. Creo que mi madre sí me dejará venir en las tardes a la tuya. Bueno, nos vemos al rato.

Tomás salió corriendo de forma arrebatada con su mochila de cuero un poco descuidada, pero con aires de alegría, y a unos 10 pasos me gritó en tono de emoción:

—¡Isabel, sí creo que los muertos regresan!

Tomás se fue corriendo entre brinco y brinco feliz. Era un niño feliz, o al menos así lo veía yo.

[*Deux Arabesques, CD 74, L.66*: Première Arabesques]

Todos los días se volvieron una rutina, pero no de aquellas rutinas de las que todos los adultos hablan como si fuera un fastidio o algo que hay que cambiar. Los días transcurrían igual: Tomás y yo tomábamos el almuerzo juntos, platicábamos, compartíamos lo que llevábamos de comer, nos reíamos a carcajadas de las simplezas que decíamos y de las boberías que hacían los demás niños en las canchas de ejercicio y los pasillos de los salones.

Poco a poco la confianza era mayor. Me preguntaba por qué Tomás, siendo un niño inquieto y contento, prefería pasar el descanso conmigo en vez de ir a jugar y competir en los deportes de la escuela con los demás chavales. Y me preguntaba también por qué yo no elegía estar con las niñas hablando de muñecas o tonterías de niñas. Creo que ambos elegíamos estar juntos porque a nuestra corta edad ya sabíamos que de cierta forma éramos iguales en todo, estábamos moldeando nuestra forma de ser desde la amistad que teníamos. Éramos cómplices en todo, éramos grandes amigos y algo más. Era esa sensación de estar en un lugar seguro, de confianza, donde puedes hablar de lo que sea a la edad que sea, donde sabes que nunca serás juzgado y nunca juzgarás, adonde perteneces por el simple hecho de saber que así es y punto, sin cuestionarlo.

Todos los días salíamos del colegio juntos por la puerta de atrás. Caminábamos hasta llegar a la bifurcación que guiaba a cada uno a su respectiva casa.

Por las tardes, no todas, Tomás soplaba de manera discreta el silbato que le había regalado su padre hace dos navidades; así, yo sabría que él me esperaba a dos casas de la mía para salirme, reencontrarme con él y seguir con lo que habíamos dejado pendiente en la escuela: una charla, unos chistes, un plan, lo que fuera. Tomás me invitó a ir a un pequeño terreno baldío que estaba a solo tres minutos de nuestras casas.

—¡Isabel! Te voy a mostrar un lugar secreto. Lo descubrí hace muchísimo tiempo, ¡antes de la golpiza del gordo! —Tomás reía ansioso.

—Pero ¿no está lejos, Tomás?

—¡No! Pero es muy, muy secreto, Isabel. Nadie puede saber, ¿me prometes que guardarás el secreto?

—Sí, lo prometo.

Era un terreno bardeado, pero se podía entrar por un hueco que había entre la barda incompleta y rota y la pared de una fábrica de cartón. Comenzamos a ir casi todos los días. Nos gustaba juntar las piedras que ahí había, las guardábamos en una caja de zapatos y las escondíamos en una esquina de aquel terreno. Tomás me convenció de guardarlas ahí para después pintarlas y formar un camino de colores en donde caminaríamos solamente él y yo. Eran piedras del tamaño de una naranja, unas planas y otras ovaladas; seguramente eran piedras de río. Era nuestro secreto, nuestro plan. Nos encantaba guardar secretos, aunque algunos nos los inventábamos solo para tener secretos que contarnos y guardar, y otros muy importantes, como ese que nunca pude decir a nadie y que me hubiese gustado tener el valor de haberle contado a mi madre… Pero era más importante para mí ser leal a Tomás que revelar una verdad dolorosa que podría haberle cambiado la vida si lo hubiese expuesto. Son de las tristezas que me estrujan el corazón. No tenía el criterio suficiente para haber hecho “lo correcto”.

II
El amor

Después de varias semanas, casi cinco, de ir al terreno baldío, una tarde rumbo a nuestra guarida secreta, Tomás tomó mi mano derecha con su mano izquierda. Ambos reaccionamos como si esa acción hubiese sido de lo más natural, y vaya que lo fue, pero sentí la cara caliente como aquella primera vez que se sentó a mi lado a la hora del almuerzo. Aunque esta vez fue diferente: no era aquella vergüenza que me enrojeció al sentir a un niño extraño cerca de mí; era diferente, era como si Tomás estuviese diciéndome con ese gesto que me quería y que me querría para siempre. Yo sentía lo mismo, lo quería, lo quería mucho. Era mi lugar seguro, mi fortaleza y mi ilusión de cada mañana y, por supuesto, era mi persona favorita.

Los siguientes días ya nos tomábamos de la mano con naturalidad, sin cuestionarlo. Los días de verano, en las vacaciones de la escuela, cuando salíamos a jugar y nos ganaba la lluvia, corríamos sin soltarnos de la mano; aunque por el agua nuestras manos se sintieran resbalosas, ambos nos aferrábamos al otro para no soltarnos. Algunas veces nos escondíamos entre esos carros enormes estacionados y entre las tiendas para que no nos sorprendieran los adultos. Era una especie de juego, nos causaba mucha risa hacerlo. El pueblo de Guadalajara donde vivíamos era chico y todos se conocían entre sí. Hablar del otro y juzgar era el deporte favorito de los adultos, en vez de practicar atletismo. Nosotros aprendimos a escondernos como lo hacían ellos, como cuando un padre de familia se escondía cuando se iba con otras mujeres a hacer cosas malas. Yo siempre pensé que se escondían para llenar a esas mujeres de besos y hacerles un hijo con esos besos en la boca, hijos que después desconocían. Esa historia la escuché de una plática que tuvieron mis padres acerca de un vecino que, además de hacer esas cosas, trataba mal a la esposa y a sus hijos. Los padres piensan que los hijos no escuchamos sus conversaciones y que no nos damos cuenta de muchas cosas, y se equivocan, pero peor aún, los padres creen que saben todo de los hijos y pasando las décadas se dan cuenta de que no era así.

Otras veces pasábamos a la tienda de Carmelita, la famosa tienda de alimentos Ultramarinos en la calle Cándido Lazo Escudero. Carmelita, una señora de unos sesenta y muchos años aproximadamente, era muy alta y robusta, de cabellos pintados de güero con peinetas azules brillantes, de ojos alegres y labios pintados de rosa fuerte y un olor a gardenias. Siempre era muy amable y cariñosa con nosotros. Carmelita se casó solo una vez, pero nunca tuvo hijos. Eso no le amargó el carácter; por el contrario, su carácter era dulce y siempre risueño. Especialmente con los señores era simpática y coqueta y hasta ahí; siempre después del coqueteo volteaba a pedir perdón a un portarretrato que tenía en la parte de atrás del estante con los enlatados. La foto era de su difunto esposo. Casi no tenía amigas, con las mujeres no se llevaba tan bien. En el pueblo la juzgaban por tener un comportamiento atrevido porque le gustaba usar escotes y vestidos entallados. Siempre que pasábamos nos regalaba un vaso de agua de piña, la más deliciosa que había probado en la vida. Ella misma la preparaba y nos servía en unos vasos de vidrio muy pesados de color azul con hermosas grecas decoradas y que quedaban grandes a nuestras pequeñas manos. Nos hacía la plática sobre la vida y la alegría de tener el sol cada día mientras nosotros tomábamos el agua muy sonrientes, callados y atentos.

Carmelita enviudó muy joven, cuando apenas tenía 24 años. Su esposo, de nombre José, a quien ella amaba profundamente y siempre se refería a él como al amor de su vida, iba a trabajar con un grupo de obreros para la fabricación de un ferrocarril muy importante que conectaría a nuestra ciudad con la capital. José tenía que dormir en su trabajo junto con los demás obreros en unos cuartos especiales para ellos de lunes a viernes, ya que les tomaba hasta dos horas de camino llegar a la fábrica y tres de regreso. Los viernes por la tarde-noche regresaba a Guadalajara para estar con su amada esposa, para después volver los lunes a las 5 de la mañana.

Un sábado por la mañana, Carmelita, ansiosa e intranquila porque no llegó su amado José la noche anterior, fue visitada por un par de supervisores de la fábrica. La cara de ambos, nos contaba Carmelita, era de vergüenza, de pena y dolor. Le informaron que José había tenido un accidente: le cayó encima una pieza de herrería muy pesada, sobre la cabeza; se la destrozó y murió al instante. Carmelita, al recibir esa noticia, quería morirse con él. Recordaba que ese día dio el grito más desgarrador que nunca antes había escuchado, un grito que salió desde el estómago y que parecía que era alguien más quien lo gritaba, una persona ajena a ella, con tono oscuro y rasposo. Sintió el cuerpo adormecido, débil y se desmayó. Desde aquel día, la vida de Carmelita se volvió solitaria, pero nunca amargada. Ella decía que la vida no se compra en las tiendas con final feliz; que a pesar del enorme dolor y hueco que sentía todos los días al ver que no está su José a su lado, inicia y convive con lo que le toca vivir con la misma alegría con la que su esposo la trataba todo el tiempo que estuvo con ella. Siempre decía sonriendo y con los ojos acuosos: "Los años que José estuvo en mi vida, aunque fueron pocos, fueron también suficientes para que el día de hoy yo le agradezca a Dios por habérmelo prestado. Fueron los mejores años de mi vida, y esa alegría que él me dio ha alcanzado para que aún siga viviendo con agradecimiento".

Mi madre veía que yo salía un rato en las tardes, como lo hacían la mayoría de los niños de la calle, y jamás me cuestionó o le dio importancia a esa ininterrumpida actividad; por el contrario, ella se sentía tranquila, así que mantuvimos esa costumbre de salir a jugar e ir a nuestro terreno por años.

Mi padre trabajaba todo el día en un diario: escribía las columnas de noticias, creaba el contenido más importante del único diario que se repartía en la ciudad. Él era muy inteligente, sabía mucho de política y era muy dedicado a su empleo. Cuando llegaba a casa, a la hora de la cena, mi madre ya lo esperaba con un estofado caliente como el que le gustaba a Tomás, con patatas aplastadas y un hermoso arreglo personal. Yo veía a mi madre peinarse con tanta dedicación antes de que mi padre llegara, rociarse dos pequeños chisguetes de agua de rosas —uno en el cuello y otro en la muñeca derecha— y untarse los labios de color carmín con una cera que solía comprar en el mercado de los domingos. Sus vestidos eran bonitos, floreados, entallados, sin tanto adorno, pero siempre se aseguraba de no traer puesto el delantal con el que preparaba los alimentos.

Cuando mi padre llegaba a casa, era todo un espectáculo para mí; me daban enormes ganas de bajar a toda velocidad para saludarlo y abrazarlo, pero era mejor para mí esperar en las escaleras y observar a mis padres de entre los barrotes del barandal de madera y a media oscuridad cómo se saludaban, como si el amor no tuviera fin. Se abrazaban despacio, coquetos, se daban un beso en la boca con mucha ternura y, mientras mi padre le besaba el cuello a mi madre, ella le acariciaba despacio el cabello por detrás, tambaleándose ambos sin música de fondo, con los ojos cerrados y con tanto gozo. Y después de un rato de romance, nos llamaban a cenar a todos.

Yo sabía que esa escena apenas era el comienzo de una velada romántica en la alcoba de mis padres. Algunas veces no lograba dormir bien porque alcanzaba a escuchar a mis padres reír discretamente, gemir y respirar rápido. Yo no sabía qué hacían, así que imaginaba que hacían ejercicio juntos antes de dormir para después llenarse de besos en la boca. Todos los días, por las mañanas, mi padre se iba contento al trabajo, corriendo, no sin antes dejarle a mi madre una rosa en la mesa que cortaba del jardín.

Desde niña soñé con encontrar un amor como el de mis padres; creo que a Tomás lo veía como a una enorme probabilidad de convertirse en ese amor. Todos los días tuve un hermoso amor como ejemplo, hasta el día que los perdí de vista…

III
El camino de piedras

1943

Ya habían pasado cinco años desde aquel primer almuerzo. Yo tenía doce y Tomás trece. La guerra continuaba para nosotros los españoles. Cientos de jóvenes se anotaban voluntariamente para combatir a los rusos en la Segunda Guerra Mundial; las noticias se escuchaban a diario por la radio. Yo observaba a mis padres todos los días con el ceño fruncido, preocupados por lo que se decía, el ambiente tanto en casa como en la ciudad era de incertidumbre y angustia, pero normalizada. Aprendimos a vivir así desde que nuestra España fue golpeada por la guerra entre nosotros mismos. Las comidas en casa ya no eran abundantes y los gastos eran limitados. Las ropas se nos veían de color apagado y remendadas, y no se permitía el desperdicio de ninguno de nosotros.

Tomás y yo seguíamos asistiendo al colegio y almorzando juntos. Caminando rumbo a nuestras casas desde la escuela todos los días tomados de la mano hasta la bifurcación y saliendo casi todas las tardes. Para entonces ya habíamos formado un camino de piedras de colores muy grande y sólido por donde pasábamos todos los días sigilosamente para no pisar ninguna de ellas antes de llegar a nuestro rincón secreto. Tratábamos de quitar la maleza siempre que podíamos, arrancando las hierbas desde la raíz. Algunas veces llegábamos a nuestras casas con las manos rasposas y un poco lastimadas por hacer eso. Nuestro rincón era una pequeña casita fabricada con pedazos de troncos, fierros viejos y cajas de cartón que la fábrica dejaba sobre la banqueta, también con cosas que traíamos de nuestra casa a escondidas, como platos y vasos viejos. La casita, como era hecha de cajas, constantemente la íbamos renovando, pero las piedras se mantenían intactas.

Pasábamos las tardes ahí. No teníamos pendientes de tareas porque ambos nos dábamos prisa para terminarla antes de salir de nuestras casas. A esa edad, los ratos que destinábamos para estar juntos eran un poco más cortos porque Tomás ya salía a jugar cartas y canicas con sus amigos. Una vez me confesó que ya había probado el cigarrillo. El padre de uno de sus amigos dejaba las colillas a medio terminar; él las juntaba y guardaba para llevar a sus amigos al siguiente día y fumaban juntos lo que había quedado de ellas. Platicaban de chicas, decía Tomás, pero él era de los que permanecían callados, de los que solo se sonreían al escuchar la historia de otros, porque la suya, su historia, era únicamente para nosotros dos. Yo aprovechaba la tarde restante para ayudar a mi madre con la cena y ponía especial atención a la preparación de los postres. Trataba de tomar una porción extra de postre por las noches para esconderla en la nevera y llevarle a Tomás al día siguiente una probadita.

Tomás no hablaba mucho de su familia, yo sabía que no le gustaba. Al final, como en toda relación, supongo, después de tanto tiempo, tanta plática, empiezas a confiar y a desahogar con esa persona especial todo aquello que te aqueja. Tomás ya lo había hecho una vez, hace años, pero nunca más volvimos a tocar el tema.

La mente y el corazón son sabios. A veces platicamos de nuestra vida con nuestros amigos o con nuestros más cercanos, y no está mal, pero todos tenemos secretos guardados para no contarlos nunca, secretos que nos duelen, nos avergüenzan o nos da terror platicar, incluso que queremos olvidar. Creo que a la única persona a quien le platiqué mis grandes secretos en la vida fue a Tomás. Me costaba mucho hacerlo. Después de tantos años entendí que Tomás era mi otro yo, pero en chaval, y me gustaba. Me gustaba no saber, no pensar, pero sí sentir esa conexión de la que estaba segura de que nada ni nadie la rompería jamás. No pensaba si nos íbamos a casar entre nosotros dos o si nos casaríamos con otras personas, no pensaba si él se volvería sacerdote o yo monja, no pensaba si alguno de los dos se iría a vivir a otra parte del mundo o no; simple y sencillamente sentía que estaríamos unidos… eternamente.

La palabra correcta para nosotros era "eternamente". Eterno, eterna, para siempre, para el resto de la consciencia o inconsciencia, lo interminable o lo infinito. Siempre tuve claro lo que eso significaba para él y para mí. Lo sentía, lo sentíamos, lo aseguraba.

Era normal para ambos vernos en la escuela y en las tardes. Algunas veces de buenas, otras de muy buenas y otras de malas o muy malas. Se volvió normal para los dos. Incluso ya sabíamos nuestro estado de humor desde el segundo uno en que nos veíamos y, por increíble que parezca para los adultos, respetábamos nuestro sentir y nos dábamos un espacio sin preguntar qué sucedía; simplemente nos tomábamos de la mano y permanecíamos callados el rato que fuera necesario. Era una especie de analgésico emocional, un calmante, un "aquí me siento seguro y tranquilo" y "estamos juntos". Muchas veces nos pasó así. Supongo que a todos nos pasa.

IV
El beso y el dolor

1945

Ya teníamos 14 y 15 años, respectivamente. Una tarde como cualquier otra, Tomás no pasó por mí con el acostumbrado silbato. Eso me extrañó y supuse que algo había pasado. Yo me adelanté a nuestro camino de piedras de colores. Algo me decía que sería un día difícil: sentía inquietud, una especie de taquicardia, era un presentimiento.

Ya lo esperaba sentada en el rincón. Esperé media hora mientras jugueteaba con una hoja de árbol, molestando a las hormigas que seguían su camino. Tomás llegó intempestivamente: desencajado, con la cara enrojecida, hinchada, con el ojo derecho rojo por fuera y por dentro (parecía un derrame), las manos temblorosas y los nudillos ensangrentados y sucios, los brazos se le notaban rojos como si alguien le hubiese forzado y, por supuesto, tenía las lágrimas saliendo por los ojos sin parpadear, enmudecido, con la respiración alterada e imparable, al doble de lo normal. Parecía un búfalo provocado. Recargó su brazo izquierdo sobre la pared carcomida mientras que con la mano derecha jalaba su playera blanca para limpiar las lágrimas que no dejaban de salir con tanto dolor, y limpiaba los mocos que le salían como agua por su nariz. Por momentos parecía que su pecho iba a gritar, a explotar, pero se contuvo.

Yo no sabía qué hacer, jamás lo había visto así; me percaté muchas veces que traía moretones en las piernas y algunas veces otros en los brazos, como si le hubiesen pellizcado con furia.

Me levanté de donde estaba y acerqué mi cuerpo al suyo, haciéndolo minúsculo, encogido, para lograr entrar entre sus dos brazos, quedando casi adherida a la pared, poniendo mis brazos cruzados y apoyados en mi pecho y recargando mi cabeza entre su cuello y su hombro. Sentí cómo su respiración fue languideciendo y su estómago empezaba a recuperar la cordura. Me abrazó con su brazo derecho. Sentía su playera mojada de lágrimas, sudor y mucosidad. Bajé mis brazos y lo abracé por la cintura para quedarnos así por varios minutos, sin hablar, simplemente conectando, anestesiando el dolor, calmando el susto y el enojo.

Yo tenía las mismas ganas de llorar que tenía él; sentía su dolor en la boca del estómago, como un vacío que se extendía por el pecho. El dolor de garganta era insoportable. Justo en el centro sentía como una bola dura que dolía; por más que yo quisiera tragar y desaparecerla, ahí seguía. Mis labios se arqueaban hacia abajo, era incontrolable. Intentaba ponerlos en modo neutral, pero yo sabía que cualquier movimiento en falso me haría soltar un llanto de aquellos que dejan salir un extraño gemido agudo de dolor y contención. Verlo así creo que fue lo que más me había dolido en la vida, pero lo contuve.

[*Ala*, Joep Beving]

Después de casi 30 minutos de estar así, sentí la respiración de Tomás sincronizada con la mía; ambas eran tibias, encerradas entre nosotros, y los dos nos percatamos de esa coincidencia al mismo tiempo. Yo sentí que un calor recorría todo mi cuerpo. Estaba experimentando algo que jamás había sentido antes; empecé a sentir la cara caliente, nos miramos a los ojos de distinta manera, más profunda, y Tomás comenzó a usar sus manos rasposas para acariciar la piel de mis mejillas con ternura y agradecimiento. La cercanía entre nuestros ojos, nuestros labios y nuestra respiración invitó a acariciarnos el cabello, las orejas, los mentones, los labios secos, las lágrimas que dejaban una huella blanca y seca hasta el cuello como caminos, los hombros y la cintura.

No dejábamos de acariciar nuestros cuerpos con atrevimiento y temor. Estábamos descubriendo lo que se siente acariciar y ser acariciado, pasar nuestras manos sobre las caderas, las nalgas y la cintura sin vergüenza, hasta el punto en que nuestros labios coincidieron con todo el propósito. Parecía que los labios partidos se acariciaban entre sí lentamente: sintiendo, rozando, visualizando con el sentido del tacto si los labios eran delgados o carnosos, tiernos o salvajes. Su lengua comenzó a buscar la mía y correspondí. La humedad de las bocas incendiaba mi sangre y sentía arder mi cuerpo. Así seguimos con los ojos bien cerrados, solo sintiendo.

Ese día no hablamos, solo nos sentimos. Desde el dolor, el coraje y el amor, resolvimos que existía entre nosotros un vínculo que rebasaba una simple amistad; no sabíamos si llamarle amor o amistad, solo sabíamos que solo entre nosotros habría sucedido de esa manera. Nos fuimos a nuestras casas después de una hora. No mencionamos ni una sola palabra.

Por la noche no logré dormir, mi mente estaba confundida; no lograba dirigirla hacia algo en especial. Por un lado, no dejaba de pensar en el dolor de Tomás, en que alguien se lo había ocasionado, y por otro, no dejaba de sentir una enorme emoción y una extraña fantasía que recorría mi mente, mi corazón y mi cuerpo entero. Y entre tanta confusión y entre mis sábanas descubrí también sensaciones desconocidas de mi cuerpo con tan solo pasar las yemas de mis dedos sobre mis pechos y debajo de mi pantaleta. La mañana siguiente desperté sudando entre sueños creados antes de dormir y los sueños propios del dormir, sueños donde Tomás fue siempre el protagonista: era él quien pasaba sus manos sobre mí toda la noche. Tuve que ducharme con agua fría para sentir que bajaba el calor de mi cuerpo y el rojizo de mis mejillas.

La escuela de esa nueva mañana se sentía diferente. Mi corazón palpitaba a toda velocidad. Buscaba de entre todos los chicos de la secundaria la silueta de Tomás.

Sentía emoción y preocupación al mismo tiempo; me preguntaba si él seguía enojado, dolido, lastimado del alma y si es que así fuera, si eso le habría permitido pensar en aquel roce de labios y de cuerpos que a mí me había dejado el alma en vilo.

Tomé las clases como de costumbre, pero con una distracción natural por lo acontecido. No pude concentrarme: mi mente tomó unas alas y se fue volando al mismo lugar donde recibí mi primer beso, una y otra vez.

[*Concerto grosso in D, Op. 6, No. 1:2.* Largo]

Al llegar la hora del almuerzo, la taquicardia era más que evidente; el hueco que sentía en mi pecho era cada segundo más y más hondo y las manos me temblaban. Lamentablemente esa emoción se convirtió poco a poco, en media hora, en una frustración y una desilusión acompañada de enorme incertidumbre. Tomás no llegó al receso como de costumbre, era la primera vez que no llegaba. Me quedé con la porción de postre que había guardado para él, una rebanada de pay de nuez. La segunda mitad de la jornada escolar pasó tan lenta, sentía el corazón apachurrado y no tenía ganas de nada más que de salir corriendo de la escuela para pararme afuera de la casa de Tomás y esperar a saber por qué no había asistido a la escuela, pero no me atreví. Me fui caminando a mi casa sola, buscando entre los autos y la gente a Tomás.

El día transcurrió con normalidad en mi casa; no escuché el silbato ni vi a Tomás desde la ventana; fui al terreno, esperé ahí una hora y nunca llegó. No me atreví a acercarme a su casa y las horas en la mía se me hicieron eternas. Solo pensaba en verlo al día siguiente y entonces preguntar qué le había sucedido y por qué no había asistido a la escuela. Dormir fue todo un reto: la mente me daba vueltas y la imaginación rondaba en mi cabeza con cosas absurdas, buenas, malas, de todo, y no lograba obedecer al cerebro cuando mandaba a mis pensamientos la orden de dormir.

La mañana siguiente Tomás no llegó, de nuevo. El día transcurrió triste y confuso. No me la pensé casi nada y sin decirle a nadie me escapé del colegio antes de la hora de la salida. Al parecer nadie lo notó: yo siempre fui una estudiante callada, no daba problemas, no brillaba, no tenía amigas, nadie notó mi ausencia. Mis notas eran impecables y los profesores confiaban en que si no regresaba a clase seguramente era porque tenía alguna dificultad en el baño; sin embargo, no hacían caso ni a esa posibilidad. La huida fue un acto sin menor chiste: simplemente salí y nadie se inmutó. Me dirigí sin pensar a la casa de Tomás. Me acerqué poco a poco, me detuve detrás de un auto grande que estaba estacionado en la acera de enfrente bajo un frondoso árbol que daba sombra. Esperé ahí por mucho tiempo sin dejar de observar la casa, esperando ver a Tomás asomarse por la ventana o entrar o salir de ella. Nada ocurría y la desesperación me estaba volviendo loca.

Yo era muy tímida, me costaba mucho trabajo acercarme a la puerta y preguntar por él. Sabía que su familia era dura, que sus padres eran estrictos, pero Tomás era un chico tranquilo, como yo: no le daba problemas a nadie, era responsable, respetuoso, cuidadoso y siempre muy consciente de todo; su madurez era innegable. El tiempo no dejó a un lado su curso y mis ganas de saber de él no me apartaron de ahí. De pronto, vi llegar a mis dos hermanas mayores a casa de Tomás. No me esperaba tal sorpresa, quería morirme. No tenía idea de qué hacían ahí mis hermanas, pero como fuera, vi que les abrió la madre de Tomás, cruzaron un par de palabras, cerró la puerta y mis hermanas se fueron. Era claro que me estaban buscando. Perdí la noción del tiempo y debí haber llegado a casa dos horas atrás. Entonces no me quedó otra opción que irme a mi casa con el corazón apachurrado por no saber nada de Tomás, pero el regreso también lo hice con prisa para preguntarles a mis hermanas qué fueron a hacer a casa de Tomás y qué les había dicho su madre. Caminé lo más rápido posible para alcanzarlas antes de que llegaran a casa con mi madre.

—¡Lourdes! ¡María José! ¡Espérenme, por favor! —grité.

—¡Isabel! ¿Qué haces aquí, grandísima tonta? ¡Te hemos estado buscando! Nuestra madre está muy nerviosa porque no has llegado a casa, fuimos al colegio a buscarte y nadie supo decirnos dónde estabas. ¿Dónde has estado? —reclamó Lourdes, dándome un pellizco en el brazo.

—¡Lo siento! Perdí la noción del tiempo. Fui a buscar a un amigo y las vi. ¡Fueron a buscarme a casa de Tomás! ¿Por qué fueron a buscarme ahí? ¿Quién les dijo que pudieran saber de mí en esa casa? ¿Y qué les dijeron? —Yo estaba visiblemente alterada.

—Imaginamos que el chico que vive en esa casa pudiera saber algo de ti porque los vecinos nos contaron que todos los días se van juntos tomados de la mano, y no nos dijeron adónde. Isabel, explícanos todo para entender y saber qué le vamos a decir a nuestra madre, que más que furiosa está con los nervios de punta —dijo María.

—Por favor, les pido que me digan primero ¡qué les dijo la señora que les abrió la puerta! —contesté desesperada.

—Nada interesante, solo que ella no sabía quién eras tú y que su hijo no estaba en casa, que volvería después de las siete. Fue seca, pero nos prometió preguntarle a su hijo si sabía algo de ti.

—¡Vaya, qué lío! Gracias —contesté.

—¿Gracias? ¿Nos contarás lo que está sucediendo? —insistió Lourdes.

—Sí, Tomás y yo somos muy amigos, nos vemos en la escuela todos los días y por las tardes salimos a caminar. Nadie sabía que somos amigos, muy amigos, porque nadie nos pone atención ni a él ni a mí, ni en nuestras casas ni en el colegio. Nos contamos todo, somos amigos confidentes y, bueno, congeniamos en todo y sobre todo reímos mucho, y no tengo nada más que decir. ¡Punto! —eso contesté en un tono de voz muy alto, casi gritando y en son de rebeldía.

Sentía la cara ardiendo, seguramente estaba roja y me temblaban las manos como si les hubiera contado algo malo.

—¡Vaya revelación! ¡Y nosotras sin saber nada! ¿Por qué no nos lo habías contado?

—No tiene nada de extraordinario, ustedes también tienen sus secretos, ¿no? ¡Y sus novios!

—Bueno, a ver qué le decimos a mi mamá.

—Nada, yo hablaré con ella. Yo tengo boca y yo tengo la historia completa. Gracias por buscarme, pero con mamá lo resuelvo yo, y ya está.

Llegamos a casa un poco enfadadas por el calor, la caminata, el hambre y, por supuesto, la discusión, que más que discusión parecía un cuestionamiento policial.

—Pero ¿dónde estabas? ¿Dónde te han encontrado? —preguntó mi mamá en cuanto me vio, con ganas de gritarme, pero con más ganas de abrazarme; se le veía la cara con muchas ganas de llorar.

—Mamá, nada tiene que preocuparte, todo estaba bien. Salí a buscar a un amigo que no asistió al colegio y se me fue el tiempo, y no supe en qué momento se me hizo tarde para volver a casa. Te ofrezco una disculpa, mamá. —Y tomando ventaja de la cara de mi madre, de angustia y empatía, al verme muy arrepentida, toqué su cabello y lo puse detrás de su oreja.

»Mamá, me gustaría mucho contarte por qué fui a buscar a mi amigo.

—Sí, Isabel, tú puedes contarme lo que sea, confía en mí y siempre dime dónde estás, por favor.

—Mamá, Tomás es mi amigo desde hace muchos años, todos los días le veo en el colegio para tomar el almuerzo, y algo está pasando con él y no sé qué hacer.

Le conté a mi madre casi toda la historia: omití lo del beso y lo que sentí con ese beso el último día que lo vi.

Eso lo guardé para mí. A mi madre la noté preocupada y dijo que me ayudaría si estuviera en sus posibilidades ayudar, pero que primero tenía que averiguar qué sucedía con él. Me dio permiso de ir a casa de Tomás a las 7 de la noche; le pidió a mis hermanas que me acompañaran y esperaran detrás de aquel enorme árbol que estaba en la acera de enfrente. Y así le hicimos.

Aproximadamente a las 7:30 de la tarde vimos llegar a Tomás a su casa. Me volvió el alma al cuerpo, sentí enormes ganas de llorar de verlo llegar con su padre; tenía la cara agachada, triste y su mirada perdida en sus pasos. Gracias a que mi madre ya sabía lo que sucedía y de alguna manera sentía su apoyo, no me la pensé, tomé valor y crucé la acera con prisa, toqué el timbre varias veces con la certeza de que Tomás ya estaba ahí. Las piernas me temblaban, las manos me sudaban y mi respiración iba a mil por hora; sentía que el corazón quería salir corriendo antes que yo. Empecé a escuchar a Tomás tocar el piano, *Clair de lune* de Claude Debussy. Tardaron mucho en abrir, así que pude sentir la música pegada a la puerta mientras esperaba. Estaba ansiosa, sentía una presión en mi pecho que no lograba controlar con la mente; tenía la esperanza de verlo y saber qué sucedió con él, con nosotros, con la escuela, con todo. Mis ojos dejaron caer una lágrima viva sobre mi hombro cuando sentí la tristeza de Tomás en sus notas musicales; tocaba con tanto sentimiento, y de pronto, el padre de Tomás abrió la puerta. El señor, extrañado de ver a una chavala de solo 14 años, flaca, muda, temblorina y con cara de vergüenza, me preguntó con el ceño fruncido y mirada aturdida:

—¿Qué se te ofrece?

—Buenas noches, señor. Se me ofrece hablar con Tomás, por favor, es una emergencia de la escuela, una tarea —le explicaba al señor titubeando, con cara de tonta, sonriente, apenada y muy nerviosa.

—Tomás ya no asiste a la escuela, no debe tener lo que necesitas. ¿No tienes ninguna compañera que pueda ayudarte? —me preguntó el papá de Tomás.

—Verá, señor, Tomás es el único en el aula que entiende una ecuación de matemáticas, que si no la entrego bien el día de mañana en el colegio, mis padres me darán una tunda por burra —contesté actuando muy bien.

El padre de Tomás, el señor Buendía, se quedó demasiado extrañado con mi insistencia. Hizo una pausa para mirarme bien, seguramente queriendo pillarme con alguna mentira. No le quedó más remedio que llamar a Tomás y decirle que le buscaban en la puerta. Salió mi amigo, mi alma; lo miré, me miró, serios los dos, y enseguida nos dijimos todo con la mirada. Tomás avisó a sus padres que saldría un momento, cerró la puerta, me tomó de la mano y comenzamos a caminar. Yo le jalé la mano y el otro brazo hacia la dirección en donde no estaban mis hermanas, para entonces redirigir nuestro camino y poder irnos a nuestro camino de colores.

Cada paso que dábamos en silencio y con cierta prisa nos recordó que estábamos juntos en lo que fuera que estaba pasando con él, que todo estaría bien. Se sentía una paz indescriptible caminar de su mano: un alivio, un respiro.

Llegamos a nuestro camino de colores. Lo recorrimos sin burlar ni una sola de las curvas que nosotros mismos construimos con nuestras piedras pintadas. Lo caminamos despacio, al mismo ritmo, como si una misma pieza de música sonara en nuestras cabezas.

Llegamos a nuestro rincón, ese donde nadie alcanzaba a vernos. Tomás comenzó a tomar aire profundo y logró respirar despacio y sereno. Yo sabía que algo estaba mal; él pensaba y pensaba hasta que por fin habló.

—Mi padre se ha enojado demasiado conmigo por algo que sucedió en casa o ha sucedido durante mucho tiempo y que además no ha sido culpa mía —me dijo.

Tomás se sentía nervioso, avergonzado, como si de verdad tuviera la culpa.

Prosiguió:

—Se dio cuenta un día antes del día que tú y yo nos vimos por última vez aquí en nuestro refugio. ¿Te acuerdas?

Yo asentía con la cabeza mientras sentía que el corazón se me apachurraba, igualito que cuando se te viene un problema encima y no lo puedes controlar por más que quieras. Empezó a hablar más rápido, con agitación, enojo y voz temblorosa; era evidente que no quería recordar aquello que le había sucedido, por eso lo soltaba a gran velocidad.

—Mi padre se enfadó tanto que me prohibió volver al colegio y me inscribió en el ejército español, y mucho me temo que las guerras seguirán por el resto de nuestras vidas. ¡La guerra, Isabel! ¿Entiendes eso? Aún no me correspondía ir, tengo planes de vida. ¡El viejo me está enviando a morir a manos de otros porque no puede convivir con su propio hijo! —me contaba Tomás alterado.

Tomás no paraba de llorar al decirme toda esa barbaridad, se sentía muy decepcionado de su padre, de la situación y de no poder hacer otra cosa más que obedecer. Su mirada era triste y enojada al mismo tiempo. Sobre todo cuando me volteaba a ver, su expresión era de una profunda vergüenza por lo que estaba sucediendo en su familia; sentía dolor separarse de mí y de sus sueños.

—Yo estoy en contra de las malditas guerras, de los ejércitos, no congenio con nadie en ese sentido, no quiero ir a defender nada, ni territorio ni honor ni nada; quiero y deseo defender mis sueños, Isabel. Es absurdo ir a perder la vida por los ideales de otros. ¡Batalla de qué! ¿Para qué y para quién? Las batallas deben ser propias, luchar por nuestros propios sueños, por el amor, por el autorreconocimiento. No sé si podré regresar, no me siento fuerte, no siento orgullo de pertenecer a ese grupo, no ahorita —continuó.

No hice más que abrazarlo y llorar con él; no me venían palabras de consuelo. Con casi 16 años, prácticamente ya le habían arruinado el sueño que tenía de ser el mejor pianista de su ciudad. Desde niños teníamos la reseña de vivir en un país lleno de violencia, pobreza, muerte, sufrimiento y desolación. Aunque ambos tuvimos la fortuna de no sufrirla como muchas otras familias, nos dolía; estábamos conscientes de que cualquiera podría perder la vida en cualquier momento. Eran miles de muertos los que se anunciaban en la radio y en los periódicos. Tan solo ese mismo año habrían muerto después de 3 meses más de 240000 personas en Japón. Una noticia espantosa que abrumó al mundo entero. Parecíamos adormecidos, indolentes: no llorábamos, no discutíamos, solo caminábamos por las calles en silencio y con cara de muertos en vida, esperando y rogando a Dios no ser parte nunca de la lista negra.

V
El piano

Tomás tenía un carisma encantador; desde muy pequeño se le daba sonreírle a la gente con gran facilidad. Su papá, a pesar de tener un carácter fuerte, se ocupaba de su familia para que no les faltara lo necesario nunca y un poquito más. El señor Buendía era educado, sabía comer de todo y, principalmente, escuchaba buena música; le encantaba la música clásica, en especial la del maestro Chopin y también la de Claude Debussy.

Él se sentía muy orgulloso de ver a su familia completa, en el sentido de que no les faltaba nada en lo económico; aunque no vivían en la opulencia, se mantenían bien. Ambos padres procuraban la educación religiosa de sus hijos y eran muy estrictos en cuanto a su educación moral, como la mayoría de las familias de aquella época. Su madre, como muchas otras señoras, se dedicaba a la familia y tejía hermosas carpetas para ofrecer en venta a las damas de la alta sociedad.

El señor Buendía tenía un piano negro y brilloso en casa. Tomás no sabía cómo es que lo consiguió o quién se lo obsequió; solo lo veía en la sala y siempre lo vio ahí, desde que era pequeño. A nadie le interesaba aprender a tocarlo: para sus hermanos era un mueble más; su madre lo llenaba de carpetas, muñecas de cerámica y flores. De vez en cuando observaba a su padre pasarle la mano encima de la tapa de las teclas muy despacito, como si dudara en abrirla y comenzar a tocar; sus ojos le brillaban cuando lo veía y esbozaba una ligera sonrisa con aire de añoranza. Eso le dio mucha curiosidad a Tomás y, desde sus 10 años y cada vez que sabía que estaba solo en casa, caminaba hacia ese hermoso piano de pared negro, abría la tapa frontal con extremo cuidado y comenzaba a tocar tecla por tecla, con cariño; olía cada una de ellas, las recorría con cuidado como si se tratara de la piel sensible y delicada de una mujer, tocaba una por una, respiraba profundo mientras escuchaba el alma de aquel piano. Con el tiempo aprendió cómo era el tono de cada una de las teclas; tenía un excelente oído y se las aprendió de memoria. Siempre que podía, intentaba replicar las composiciones que su padre ponía en un tocadiscos con gramófono que guardaba celosamente en un mueble detrás del sillón de la sala. Ese era su pasatiempo favorito.

Un día, su madre llegó a casa en silencio antes de lo acostumbrado, y descubrió a Tomás, de apenas 13 años, tocando el piano de tal forma que se le cayeron las bolsas del mandado después de unos 20 segundos que quedó boquiabierta. Jamás había imaginado que su hijo Tomás tuviera ese talento; los ojos se le abrieron como si hubiese visto a un fantasma. Tomás, al darse cuenta del ruido y pegando un salto del asiento con cara de espanto, se le quedó viendo a su madre con miedo y con el corazón palpitando a mil por hora. La madre no dejaba de observar y, levantando poco a poco lo que había tirado, le dijo:

—Tomás, hijo, no pares de tocar, sigue, sigue —muy entusiasmada dijo su madre—, yo solo he tirado algunas cosas, pero no ha sido mi intención interrumpir o molestar. —Nerviosa de descubrir a su hijo en algo que no tenía ni la más remota idea de que así fuera, le pidió a su hijo que continuara tocando.

—Mamá, perdóname. No he tocado el piano de mi padre de forma que lo pudiera dañar. Te juro que nada le ha pasado —contestó asustado Tomás.

—Tomás, hijo, pero si no estoy enojada; todo lo contrario, hijo, estoy extasiada y sorprendida de lo hermoso que tocas. Pero ¿cómo has aprendido a tocar tan bonito? Es que simplemente no lo entiendo, no me lo esperaba. —Las lágrimas comenzaron a correr por su cara.

—Mamá (*acercándose a su madre*), no llores, todo está bien, nada malo ha pasado. Ven, te ayudo a levantar lo que tiraste y a guardar las cosas.

La madre de Tomás, Ilda, y su hijo empezaron a guardar las cosas en la cocina mientras platicaban. Él le confesó haber practicado por días y por horas cada vez que se quedaba solo en casa, y que cuando su papá ponía su música en alto, él se transportaba y trataba de memorizar la continuidad de la melodía. En cambio Ilda, que escuchaba con tanta atención a su hijo, feliz e incrédula, tomó la palabra para contarle a Tomás la relación que ese piano tenía con su padre. Fue hasta entonces que Tomás entendió por qué su padre le tenía tanto aprecio.

El señor Buendía trataba de ganarse la vida como fuera desde que era pequeño. Cuando tenía solo 12 años, su vecino Juan Negrete, un señor alto y corpulento, de bigotes abundantes y casi calvo, a quien el pequeño Ignacio Buendía le ayudaba a cortar el pasto de enfrente de su casa por unas cuantas pesetas al mes, lo invitó a ver un concierto de música clásica a la única sala de conciertos que había en Madrid, en el Real Conservatorio Superior de Música. Juan Negrete era el encargado de la iluminación del teatro cada vez que había un concierto. El pequeño Ignacio fue feliz al concierto para escucharlo tras bambalinas; la invitación se repitió unas 5 veces, a las cuales no faltó a ninguna, aunque tuviera que decir alguna mentira para poder ir. Cada concierto lo dejaba helado, como si presenciara una historia de amor, de odio, de sorpresa o tristeza con el vaivén de las notas musicales. Trataba siempre de esconderse tras una mampara desde donde podía observar a detalle la dedicación y concentración de cada músico, así como la sensibilidad e impulsividad de su director. Desde entonces el señor Buendía amaba la música clásica, y siempre soñó con tocar al menos un instrumento en su vida para poder revivir desde sus manos lo que con tanta pasión recordaba haber presenciado en su niñez. Decía que esos momentos eran los que más habían valido la pena vivir en su infancia.

El señor Buendía se dedicaba, entre otras cosas, a vender coches usados desde que tenía 18 años. A sus 27, por la recesión económica que sufría España, la tienda de autos quebró y no pudo seguir trabajando más ahí; el dueño de la compañía le debía comisiones a todos sus empleados y les pagó como pudo. El señor Buendía sabía que su entonces jefe tenía un hermoso piano en su casa porque alguna vez le tocó llevarlo y, desde el auto, miró hacia la ventana de la casa de su jefe y alcanzó a ver con asombro un hermoso piano de pared negro y muy brillante.

—Señor Ribalma —le dijo Buendía a su jefe el día de su despido—, no se preocupe por la deuda que tiene conmigo. El día que lo llevé a su casa pude ver que tiene un piano negro hermoso en la sala de su casa. Si usted no tiene inconveniente, podríamos saldar la deuda con ese piano. No quiero ser imprudente ni quiero ofenderlo.

—Pero, Buendía, ese piano me costó el doble de lo que ahora le debo —contestó el jefe del señor Buendía.

—Yo le ofrezco a usted (*comentaba nervioso*) que me lo dé para saldar la deuda de las comisiones que me debe, y yo con gusto le iré pagando mes a mes el excedente que usted pagó por el piano. Sabe, desde muy pequeño la música me ha fascinado y me encantaría aprender a tocarlo algún día.

—Pues… con un poco de dolor, hecho, señor. Puede llevarse el piano y luego nos arreglamos para ver cómo termina de pagarlo. Debo confesarle que me ha puesto en una situación inesperada pero alentadora. Ese piano nadie lo toca en mi casa y me da gusto saber que al menos estará en casa de quien lo sabe apreciar; además, claro, de que me ha quitado un peso de encima. Le auguro a usted que ese piano lo hará feliz a usted y a los suyos y que será muy bien aprovechado —terminó diciendo resignado y agradecido el señor Ribalma.

El señor Buendía fue por el piano en una camioneta y con ayuda de sus primos pudo llevarlo a su casa. Tomás era muy pequeño y nunca preguntó ni le dijeron cómo llegó ese piano a su hogar. Lo increíble es que ese piano nunca fue tocado por su padre; jamás le vio ni siquiera abrir la tapa que cubría las teclas, jamás le vio sentarse en aquel banco.

La madre le explicó a Tomás que era tanto el aprecio que le tenía su padre a ese piano que nunca quiso venderlo o devolverlo aunque nunca tuvo el tiempo para aprender a tocarlo; incluso mandó grabarlo con sus iniciales, mismas que se observaban muy bien por debajo de la tapa de las teclas, IBM (Ignacio Buendía Miranda), y nunca se atrevió a sentarse para intentar siquiera acariciar sus hermosas teclas negras y blancas. Siempre trabajó muy duro para lograr el sustento de su esposa y sus hijos, nunca le quedaba tiempo suficiente, o eso decía; tal vez nunca tuvo el valor de hacer lo que verdaderamente le haría sentirse feliz y pleno. Pero ver el piano ahí ya era todo un acontecimiento diario para sus pupilas. Le daba algo de tranquilidad.

Tomás no entendía cómo su padre nunca se había dado la oportunidad de aprender a tocar el piano: tal vez en el fondo no quería hacerlo, tal vez solo verlo ahí y tenerlo como un recuerdo de lo mucho que le gustaba la música de piano era suficiente. Todos guardamos nuestros secretos, nuestros pensamientos más profundos y algunos juicios también, y es difícil expresar con los demás lo que verdaderamente pensamos o sentimos; a veces nos dejamos llevar por lo que los demás piensen y digan y listo. Cerramos el pico y ya está.

A partir de ese día, Tomás ya tenía más tiempo para practicar el piano, pues aprovechaba cuando incluso su madre estaba en casa para poder tocar. Con los días, la familia entera de Tomás se fue dando cuenta de ello: primero Ilda, después sus hermanos uno a uno y, al final, el Sr. Buendía, quien no tuvo la mejor reacción.

Ilda, una noche de merienda en familia, de estofado y de buenas noticias sobre el franquismo que se escuchaban por la radio —todo en paz y tranquilidad—, tomó un sorbo de vino de mesa, limpió la garganta y le comentó a su esposo enfrente de todos…

—Hemos descubierto que nuestro pequeño Tomás sabe tocar muy bien el piano, Ignacio (*mirando a su esposo con cara de gusto entre nervios e incertidumbre, tragando despacio el pan que acompañaba con el estofado y esperando una reacción o una respuesta*).

Todos callados, con la cabeza agachada y mirando despacio entre hombros y entre todos. Ignacio Buendía no volteó a mirar a su esposa, solo continuó comiendo y desmenuzando sus alimentos con el tenedor.

—¿Sí? ¿Y quién le ha enseñado? O ¿cómo es que sabes eso, Ilda? —comentaba Ignacio sin dejar de comer y en tono sarcástico mientras todos los observaban callados y comiendo a la vez.

Tomás, por supuesto, se quería esconder debajo de la mesa, sentía un ardor en la boca del estómago y solo esperaba el regaño o la lista de preguntas. La verdad no se esperaba que la madre le pudiera decir en ese momento a su padre que él estaba tocando su hermoso piano.

—Tomás ha tomado con mucho cuidado y empeño tu piano, lo ha sabido aprovechar, ha aprendido de forma lírica. Nadie le ha enseñado nada, solo las notas musicales en la escuela, pero él ha revelado ser un gran artista, Ignacio. Tenemos un hijo muy talentoso y creo que debemos impulsarlo, fomentar que aprenda más de música, tal vez llevándolo con un maestro particular o enviarlo al Conservatorio Superior de Madrid para que pueda convertirse en un gran pianista. ¿Qué piensas?

—¿Y por qué castañas nadie me había dicho nada? —preguntó en tono de molestia.

—Ignacio, te lo estamos compartiendo ahorita. Es importante que lo escuches tú mismo para que entiendas de qué te estoy hablando. ¡Yo sí deseo apoyarlo, quiero hacerlo! —respondió Ilda en tono un poco altanero, molesto y envalentonado.

—Está bien, Ilda, estoy de acuerdo contigo. Escucharé al chaval y si es necesario le impulsaremos. Tomás, acércate al piano y no dejes en mal todo lo que tu madre dice, ¡anda!

Tomás no podía creer todo lo que sus ojos estaban viendo y sus oídos escuchando —ni Tomás ni nadie—; simplemente parecía el día más aterrador de su vida y, al mismo tiempo, el más feliz. Sentía una presión en el pecho y una taquicardia que no sabía si ponerse a gritar o enmudecer para siempre. Sus dos hermanos, atónitos, sólo permanecieron callados: Julián, el mayor, de 18 años, y José, el de en medio, de 16. Se abstuvieron de decir nada. Observaban sin referencia: nunca habían expuesto en su familia el talento de nadie y mucho menos habían visto una madre echada para adelante por alguno de sus hijos. Siempre sumisa, siempre callada y obediente. El sistema de esa familia era como el de muchas tantas. Era muy común que así fuera, aunque los secretos de una familia fueran siempre parte de todo y de nada: se sabían y no se sabían. No se hablaban, pero se entendían. Se aceptaban.

Tomás tomó el pañuelo que siempre llevaba en la solapa de su abrigo. Lo pasó sobre la tapa del piano con mucha delicadeza y, despacio, la levantó, esperando que ninguno de sus movimientos hiciera ningún ruido extraño que pudiera alterar a su papá. Hizo lo mismo con el banco que le acompañaba: le pasó el pañuelo y enseguida se sentó. Guardó el pañuelo en la bolsa de su abrigo, acomodó sus pies donde pudo (porque esos sí no sabía dónde colocarlos, no sabía mucho de música) y, antes de acomodar sus pequeños dedos sobre las teclas, dio un respiro profundo, como si de verdad se tratara de un concierto. Cerró los ojos, y comenzó…

La melodía que tocaba no era de un profesional, pero sin duda nadie se esperaba esa interpretación: Ilda, extasiada; Julián y José, enmudecidos (aunque ya sabían lo que escucharían); e Ignacio…, completamente fuera de proporción, muy emocional. No supo expresar lo que en ese momento estaba sintiendo. Sus reacciones eran calladas, simples, aunque por dentro sintiera el orgullo inflado como una masa de repostería, torneada y lista para ser cocida y saboreada. En su mente y corazón solo cabía el sentimiento de ver a su hijo menor lograr lo que él siempre deseó. Unas lágrimas de un hombre fuerte comenzaron a rodar por sus mejillas: silenciosas, discretas, no más de tres.

Tomás, en cambio, nervioso, eligió *Claro de Luna, L. 32* de Debussy. Miraba cada tecla para no fallarle a su madre y no quedar en ridículo frente a su padre. Empezó a sentir la música y, sin darse cuenta, cerró los ojos. Se visualizó a él mismo mucho más grande, como de unos 30 años, con un traje de gala color negro y blanco, zapatos de charol muy brillantes, en una sala con un hermoso piano de cola negro y luces enfocándolo directamente. Siguió tocando hasta terminar su actuación. Volteó al público esperando los aplausos de la multitud y, en un segundo, lo único que vio fue las miradas atónitas y bocas mudas de sus hermanos, madre y padre.

Todos voltearon a ver en automático la cara del señor Buendía. Él simplemente suspiró y dijo:

—Ilda, debo reconocer que me has sorprendido, no esperaba esto, la verdad.

»Tomás, has tomado algo que no es tuyo —Tomás imaginó sentir un balde de agua fría que recorría su cuerpo desde la cabeza hasta los pies—, pero lo has tomado para bien —continuó Ignacio—, y eso es lo importante. Has tocado el piano que nunca logré tocar yo y lo has hecho maravillosamente. Sí tienes mucho talento, hijo. Puedes seguir tocando cuantas veces quieras y veremos la manera, tu mamá y yo, para que aprendas aún más. Solo te voy a pedir algo, Tomás, y te lo digo aquí enfrente de tus hermanos para que lo escuchen también. Ilda, escucha tú también con atención. Cuando alguno de los tres esté completamente decidido a dedicarse a algo en especial, por gusto, por pasión, van a dedicar su vida entera a eso que ustedes decidan. No importa lo que la vida les vaya presentando, ustedes deben siempre hacer todo lo que esté en sus manos para seguir en la misma trayectoria. Sé que vendrán las mujeres, la novia, quizás una familia, hijos, etcétera. La pasión será la que les permita salir adelante y no al revés. La familia será parte de ese proyecto y nunca lo lamentarán. Así que, Tomás, sigue tocando, sigue disfrutando la música, aprende, déjate guiar por los que más saben y el día que tú sientas que has llegado a la cima, nunca olvides que la humildad siempre te mantendrá con los pies en la tierra, hijo.

Ignacio tomó a su hijo por el cuello con fuerza y lo acercó a él para darle un abrazo fuerte, sincero, acompañado de unas palmadas en el hombro y la espalda. Se sentó y siguió con la cena; asimismo, lo hicieron los demás, callados pero todos muy sonrientes, con el corazón alegre.

VI
La despedida

Tomás no dejaba de estar inquieto aquel día que nos fuimos al terreno baldío. Estaba convencido de que el tiempo que estuviera lejos de todo lo que él más amaba —nuestra relación, su familia, su hogar, su escuela, su piano— sería el tiempo suficiente que lo cambiaría desde su esencia y lo desconectaría de todo. No tenía idea de cuánto tiempo estaría lejos de todos nosotros. Por lo pronto, el día lunes se iría a un internado donde él, junto con varios chicos de su edad o más grandes, sería entrenado para ser enviado a batalla para reemplazar a los muertos o a los heridos.

Esa tarde no pudimos estar juntos mucho tiempo; tuvimos que regresar cada uno a su casa con el corazón apretujado. Yo llegué a la mía y me fui directo a mi habitación sin pasar a la cocina: me quité la ropa y la aventé, me quedé en calzones y camiseta, me metí a la cama y lloré y lloré hasta que sentí que mis ojos no podían más. Estaban secos e hinchados como una naranja y me quedé dormida, así, entre mis sábanas húmedas por tanta lágrima.

Eran cerca de las seis de la mañana y yo ya tenía los ojos abiertos. Mis hermanas seguían durmiendo.

Faltaba una hora para que diera la hora de siempre: la de levantarse para hacer un aseo personal, tomar un desayuno ligero, preparar el almuerzo y vestir el uniforme de la escuela. Tenía una sesenta minutos libres. Salí de casa abrigada con una bata de franela y me senté junto a la entrada. A las 6:47 pude observar por primera vez el amanecer. Antes de ese día, yo me levantaba cuando el sol ya estaba en todo su esplendor, o cuando no, yo seguramente estaba en casa y no tenía asombro para mirar por la ventana y gozar tan hermoso espectáculo. El cielo se fue aclarando poco a poco y, a lo lejos, comenzó a asomar una pequeña parte del sol muy brillante que teñía el cielo de tonos rosados, morados y naranjas. Los rayos salían como caja de sorpresas y el aire tenía un olor especial: olía a novedad, a oportunidad. El cielo tenía vida. Podíamos charlar él y yo sin censura; él me hablaba con sus colores y yo le hablaba con mis pensamientos. Sus hermosos brillos y tonalidades me hicieron ver que los días siempre serán hermosos pase lo que pase; que los nuevos comienzos, los cambios, siempre nos ofrecen algo bueno aunque en su momento no lo notemos. Me sentí comprendida, cobijada, consolada, y regresé con una paz interna cuando volví a mi habitación para iniciar con la rutina de todos los días para ir al colegio.

El día siguió su curso de manera normal con la ausencia de mi Tomás. Las clases se sentían tristes y mi atención era dispersa. La tarde transcurrió solitaria. Cada quien con sus actividades y yo, con desgano, casi como un autómata, ayudé a mi madre a hacer la limpieza de la casa y la cocina. Sabía que Tomás no me buscaría ese día; no sabía si lo volvería a ver antes del lunes.

Terminó la semana y el sábado temprano mi padre nos invitó a pasar la mañana en el jardín de la ciudad. Ahí vendían unos dulces que a mí me encantaban. Creo que mi padre nos llevó a esa tienda porque sabía lo que pasaba conmigo; mi madre seguramente le habría contado todo. El paseo era bueno y yo estaba agradecida, pero entre más pasaban los días, lejos de aceptar la realidad, yo me sentía más desconsolada. Mi miedo a no volver a ver a Tomás era imparable. Mis pensamientos se tornaban oscuros: imaginaba a Tomás tumbado en el suelo con su vestimenta de soldado lleno de balazos, sangre y muchísimo dolor. Mis pensamientos no hacían más que atormentar mi cabeza día y noche. No había dulce que evitara que mi mente fuera fatalista y comía por comer, para no despreciar las atenciones que mis padres tenían conmigo.

Ya era sábado por la tarde y yo estaba encerrada en mi cuarto tejiendo unas cobijas a gancho que mi mamá me pidió hacer para cubrir un encargo para una señora muy adinerada. Los rayos de sol entraban por mi ventana y dejaban ver el polvo de mi cuarto como si fuera polvo mágico que me anunciaba algo especial. Escuché el silbato de Tomás. ¡Dios mío! Mi corazón se agitó. Me asomé por la ventana y vi que él estaba ahí esperándome. Salí corriendo sin decir nada a nadie; Tomás empezó a caminar y yo detrás de él para emparejarnos y seguir caminando los dos sin llamar la atención de nadie. Llegamos a nuestro camino de piedras.

Nos abrazamos tan fuerte por varios minutos; creo que fueron como diez, aunque se sintieron como años. Me dijo todo en ese abrazo y yo a él.

—El lunes me lleva mi padre al internado a las 5 de la mañana. No sé cuánto tiempo estaré ahí y tampoco sé si me dejarán volver a casa de vez en cuando si antes no me llevan a batalla. Quise venir a despedirme de ti, Isabel, y quiero decirte que eres y siempre has sido lo mejor de mi vida. Lo digo en serio, Dios es testigo. También me gustas, siempre me has gustado. Quería decírtelo así, de frente, desde que te vi sentada en esa banca de la escuela, solita, muchos meses antes de que me animara a ir a sentarme a tu lado. Siempre he pensado que estamos hechos el uno para el otro, y si no te había dicho esto antes era por temor a perder nuestra amistad, pero ahora que no sé si moriré, quiero que sepas que te amo —me dijo Tomás con los ojos acuosos y voz tímida.

Lo que el amanecer de aquella mañana en que me sentía tan triste me había hecho sentir fue nada comparado con lo que sentí con lo que Tomás me acababa de confesar. Me quedé muda. Sentí el cuerpo frío, adormilado, y las lágrimas empezaron a escurrir sobre mi cara sin ni siquiera parpadear. Mis labios languidecían hacia abajo con tanta tristeza y emoción al mismo tiempo. Estaba descubriendo el amor; confirmaba el amor.

—No te vas a morir, Tomás. No puedes morirte. Yo también te amo y estaré esperando tu regreso con todo mi amor. Nuestro destino es estar juntos, en esta vida y en todas, así que todo lo que hagas en los próximos meses acuérdate de que yo estaré pensándote y estaré lista para quedarnos juntos en cuanto regreses. Si tú te mueres, me moriré contigo, ¿entiendes eso? Es una promesa, Tomás.

—No digas eso, Isabel. Mis probabilidades de morir son mucho mayores que las tuyas, ¡y somos muy jóvenes! Tú tienes una vida por delante.

—¡Precisamente, Tomás, somos muy jóvenes! Tenemos una vida por delante juntos, llena de sueños y de cosas por descubrir: nos casaremos y tendremos Tomasitos e Isabelitas, ¡y viviremos riendo felices toda la vida! —reía llorando cuando lo decía.

—Está bien, está bien. Haré todo lo que esté en mis manos para regresar por ti. Te prometo que mi mente estará todo el tiempo convencida de volver, por ti. Júrame que esto que ahora sentimos los dos durará todas las vidas. ¡Júrame!

—Tomás, no tengo que jurarte nada. Me conoces mejor que nadie y sabes que el amor es mutuo. Tú eres mi persona. Eres mi todo.

El llanto y los abrazos no se dejaron esperar y, casi listos para volver a casa, un beso selló nuestras promesas de amor. Sus labios y los míos parecían ser una sola boca; se movían igual, buscando una en la otra la humedad y el intercambio del otro, del ser, de su temperatura y su ritmo. Era el comienzo de todo.

[*Prélude in E minor, Op. 28, No. 4*]

De domingo a lunes no logré pegar los ojos en toda la noche y, de nuevo, por los siguientes dos años salí todos los días a contemplar el amanecer: las primaveras y los veranos a las 6:30 de la mañana, y los otoños e inviernos los contemplaba más tarde desde el aula del colegio. La entrada era a las ocho y siempre llegaba puntual y un poco antes para apartar el pupitre que estaba junto a la ventana. No podía perderme ni uno solo de los amaneceres porque cada vez que los veía le pedía tanto al cielo por Tomás; le recordaba que yo lo estaba esperando.

Ilda, la madre de Tomás, iba a mi casa casi cada tres meses a dejarme una carta que era para mí y que le llegaba a ella junto con más cartas. En el sobre decía "Isabel" y en cada carta Tomás lo único que escribía era el mes en que la escribía y la misma frase en todas…

Septiembre, 1948

Sigue esperando, sigo vivo por ti…

Tomás

VII
Elisa

México, 2019

[*Uptown girl*, Billy Joel]

El aire me da en la cara con tanta fuerza que me obliga a respirar profundamente. Es lo que más me gusta de usar el transporte de la bicicleta en esta ciudad tan aglomerada. Mi hermosa Ciudad de México, tan llena de gente buena, trabajadora, de grandes edificios y monumentos hermosos; construcciones majestuosas de los siglos XIX y XX. Siempre lista para recibirte en restaurantes hermosos y llenos de glamour, así como cientos de changarros o cocinas económicas donde se pueden degustar las delicias gastronómicas más emblemáticas de esta ciudad. Siempre que puedo paro en una fondita que queda a unas cuadras de mi casa, donde la señora Luz vende las tortitas de huauzontle en mole rojo más ricas que he probado en mi vida.

Los viajes en bici son mi escapada mental; no escucho música durante el viaje, solo pienso. Son los momentos en que tengo chance de reflexionar sobre mí, sobre mi alma y las expectativas de mi vida con los recursos a mis 45 años.

La vida me había golpeado con un divorcio amigable y maduro pero doloroso, y un noviazgo postdivorcio muy lamentable que lo único bueno que dejó fue un aprendizaje: «no andar con idiotas».

Desde muy chica siempre quise vivir sola y se me cumplió hasta esta edad. Lo que no tenía en cuenta era que vivir sola implicaría extrañar profundamente a mis personas favoritas: mis hijos. Y claro, cuando te das cuenta de que nadie está ahí para ti y que de pronto pasan dos cosas al mismo tiempo —tú eres la única responsable de ti y ya no eres responsable de nadie—, ¡qué paquete! Para una persona como yo, que vivió con sus padres y hermanos por veinte años e inmediatamente después de dejarlos se fue a vivir otros veinte con la persona con la que formaría una familia, una historia y a las personas que más se aman en la vida (los hijos), vivir sola representó una conquista napoleónica con una batalla interna de si habría hecho bien o no las cosas y una externa que era la preocupación y juicio de los de afuera —y los de afuera me refiero, claro, a los que por descuido de sus propias vidas se fijan en la tuya para encontrar un sentido a sus rutinarios días—. Y todo es un ciclo: algunos antes de mí ya habían tomado una decisión similar y otros vendrían después. A cada uno nos llegaría el momento del autojuicio y la autovaloración.

Yo no tenía muchos talentos, al menos no los reconocí por mucho tiempo. Siempre me jacté de ser una buena hija, hermana, esposa, madre, ama de casa, amiga y ciudadana —siguiendo ese orden—, pero talentos, mm… no. Por muchos años, la casita de té me vino muy bien. Ser la mamá casi perfecta con sus altos y bajos, cuando las adolescencias de los hijos nos adolecían a todos, hasta que la experiencia y la madurez anunciaran su intempestiva llegada y tocaran a mi hombro con amabilidad para decirme que ya era hora de buscar una historia diferente. La rutina y la monotonía en casa, acompañadas del deseo de volver a sentir la libertad de elegir sola y de sentir el amor (o la ilusión que te lleva al amor), eran inevitables. Los desacuerdos y la competencia en la familia agravaron la convivencia y mejoraron la visión para todos. Era hora de cambiar, de **separar para reparar**.

La vida después de un divorcio no es nada fácil, ¡pero qué rica sabe! Ahora sí, no tengo que consultar a nadie para decidir lo que sea que tenga que hacer conmigo. La vida de la ciudad es agitada y los espacios son pequeños. Me acomodé en un *loft* con pocas cosas, las necesarias, más un toque de arte.

Desde muy pequeña me gustaba dibujar. En la preparatoria te daban a escoger una de entre tres actividades extraescolares para tomar en cuenta como calificación. Las tres actividades eran básquetbol, clases de guitarra y diseño gráfico. A mí no me gustaban los deportes, me daba flojera entender las notas musicales, así que tomé la clase de diseño como primera y única opción. Si no te gustaba tu actividad, la podías cambiar al siguiente año. Me quedé los tres años de preparatoria con la misma actividad. Mi anhelo desde que era niña era ser arquitecta, así que la clase de diseño me venía muy bien. Al final, cuando llegó el momento de entrar a la universidad, mi padre no aceptó que yo estudiara la carrera de arquitectura y no me quedó otra opción que estudiar diseño gráfico como profesión.

En los planes académicos de mi carrera universitaria venían asignaturas de tronco común —aquellas de las que nadie se salva de estudiar en todas las carreras—, como filosofía, sociología, entre otras, y además llevaba las de la carrera, como matemáticas, creatividad, técnicas de diseño e impresión y arte. Mi desempeño fue bueno en todo, pero en las asignaturas de arte fue extraordinario, al menos así lo sentí por los créditos y las felicitaciones de mis profesores. Mi sensibilidad era innegable a la hora de dibujar, de pintar o de esculpir. La historia de artistas reconocidos me cautivaba y mi imaginación estaba activa todo el día, todos los días. Terminé mi carrera sin ninguna sorpresa o acontecimiento. Unos meses después, me casé.

En el matrimonio, mi dedicación a los hijos y en general a la familia fue absoluta. Nunca ejercí como diseñadora gráfica, pero ¡qué buenas maquetas entregaban mis hijos en la escuela!, yo les hacía casi todo el trabajo. Un par de años antes de la separación, cuando ya todos éramos adultos y mi estado de ánimo no andaba bien, tuve cierto interés en tomar los pinceles guardados de la universidad; compré un lienzo y, acompañada de música, logré terminar un cuadro nostálgico y muy representativo. El orgullo que yo sentía por mi cuadro me inspiró a seguir pintando cuadros para luego guardarlos. Los elogios que recibía por parte de mis hijos eran mi inspiración. Siempre apoyaron mis ganas de pintar.

Después del divorcio comencé a notar cosas y situaciones que antes pasaba de largo. Empecé a notar a unos hijos más preparados, conscientes y aguerridos en su desarrollo personal (ellos son mis maestros de vida, siempre admirados por mí y por su padre). Vi a amigas y amigos que pasaban por situaciones muy similares a la mía; muchos comenzaron a separarse y todos empezamos a tener rumbos distintos.

Yo, por primera vez, renté un departamento. Era chiquito y lindo, ubicado en la colonia Condesa de la Ciudad de México. Solo tenía un par de plantas que me costaba trabajo cuidar; platicaba mucho con ellas, les daba amor y caricias para que no se apachurraran. Mis muebles eran sencillos y prácticos para conservar el orden y la limpieza. No podía ver ni un solo libro fuera de su lugar, un plato sucio o trastes limpios sin guardar. Eso sí, fui llenando las paredes de cuadros pintados por mí; era el mayor orgullo de mi espacio. Decidí tomar una de las habitaciones del departamento para poner todo mi material, mi caballete y mi bocina.

Muchos meses me dediqué a pintar lienzos de manera poco organizada (pintaba y guardaba, pintaba y guardaba, etc.), así que decidí buscar un lugar donde pudiera hacerlo de manera más formal, como una galería o algo así. Encontré en redes sociales un anuncio que me llamó la atención, en la colonia Escandón: un pequeño taller ofrecía un espacio para reunir a cuantos artistas quisieran para tomar clases de escultura y pintura, o simplemente ir a pintar y esculpir libremente.

Un martes por la mañana fui a visitarlo. Entré y el ambiente me gustó: se sentía muy singular. Todos los presentes tenían algo en común desde mi apreciación: eran muy sencillos, amables y sonrientes. Era un lugar modesto, lleno de plantas bien cuidadas, mesas muy grandes de madera manchadas de material plástico, pintura, pegamentos y con olor a tíner, pero destacaba la magia. Me inscribí ese mismo día y de ahí resultaron muchas cosas que me orientaron a seguir en el mundo del arte. Los compañeros eran muy amigables conmigo y el profesor, muy comprometido con sus alumnos. La pintura ya la sentía muy mía y jugaba con mis propias técnicas, así que decidí enfocarme más en la escultura.

Todos los días nos veíamos a las 10 de la mañana, así que me daba tiempo de levantarme a las 7, tomarme un té verde y un tostado con aguacate y pimienta, sacar a pasear a mi adorable compañera Chocha (una golden retriever de unos 40 kilos y pelos güeros que volaban por todo el departamento), hacer un poco de yoga en la sala, instruida por un video que mi hermana me había obsequiado (solo aguantaba la mitad de la rutina y a medias, los 46 ya empezaban a pesarme), darme un baño de agua fría y alistarme para llegar puntual al taller.

Estaba en mi etapa más rebelde, segunda adolescencia o liberación femenina, o como quiera llamarle la gente, pero me gustaba el nuevo estilo que había adquirido: cambié las faldas ajustadas debajo de la rodilla y tacones por pantalones de mezclilla holgados y rotos con tenis de colores; las blusas de satín por camisetas de tirantes y sudaderas largas; las bolsas grandes con detalles dorados por bolsas cruzadas donde solo cargaba mi móvil, una tarjeta de identificación, una tarjeta bancaria y un labial.

Llegando al taller me sentía como pez en el agua. La convivencia se me daba muy natural; todos eran personas afines a mí. Inicié mi curso de escultura y poco a poco logré sumergirme en esta maravillosa dinámica junto con mis ángeles y mis demonios, y así, al cabo de mes y medio, logré terminar mi primera pieza en bronce. El profesor tenía en el taller todo lo necesario para realizar ese tipo de esculturas; se trataba de un proceso largo y difícil. Nada era imposible de hacer en el taller, nada que no se pudiera lograr con tanto entusiasmo, con el entusiasmo de todos. No quise terminarla hasta que no me llenara el alma a través de los ojos. No fue nada fácil, pero el orgullo se sentía muy gordo, tan gordo que casi no cabía en mi pecho. Mi obra era una mujer enrollada en sí misma, con un vestido ligero. Se percibía escondida, temerosa, con signos evidentes de ser una adulta por las marcas que tenía en sus manos; sus pies cruzados hacían notar su parte infantil e inocente. Creo que era yo. Nunca lo supe con certeza porque sentía que era el reflejo de muchas mujeres, incluyéndome.

Las mañanas se sentían muy cortas; no cabe duda de que la felicidad, aunque contada en minutos o días sea larga, se siente cortita: son chasquidos de alegría.

Algunas veces, mis compañeros y yo no hablábamos entre nosotros porque la concentración de cada uno nos aislaba; sin embargo, se sentía la compañía. La vibra era tan fuerte que la inspiración de otros te inspiraba a ti. Otras veces nos dábamos un espacio para platicar y reír; solíamos compartir las tradiciones de nuestro país y hacíamos convivios con deliciosos platillos: el pozole y los buñuelos para el Día de la Patria, que era en septiembre; el pan de muerto con chocolate caliente para el Día de los Muertos, que era en octubre, amenizando el taller con un hermoso altar de muertos. Este consistía en poner una mesa con cajas encima simulando distintos niveles, adornadas con papel picado de colores, velas, fotografías de nuestros parientes o amigos muertos, botellas de alcohol, guisados en pequeñas cazuelas y flor de cempasúchil. Esta hermosa flor de color naranja vibrante es originaria de varios estados de la República Mexicana y solo florece en los meses de julio a noviembre (se cree que a través de ellas los muertos pueden conectar con sus familiares vivos).

Seguíamos con la rosca de reyes (rosca de pan de naranja) para el 6 de enero, día en que, según la Biblia, los Reyes Magos visitaron con regalos al niño Jesús recién nacido; y no podían faltar los tamales para el 2 de febrero, Día de la Candelaria, fecha en que a quien le hubiera tocado un muñequito de plástico (simulando un niño Jesús) escondido dentro de la rosca de reyes del ya mencionado 6 de enero, le tocaba comprar los tamales para todos.

Nuestras conversaciones solían ser muy profundas. Como artistas, algo que nos caracterizaba a todos era que éramos personas muy sensibles y siempre estábamos desarrollando el sentido de la imaginación.

VIII
Daniel y la convocatoria

Un día, una mañana cualquiera, llegó un señor, artista también, de unos 60 y muchos años de edad aproximadamente, llamado Daniel. Llegó para integrarse a nuestro grupo. Era de gran tamaño, robusto, con bigotes y barbas blancas muy abultadas, ojos profundos y manos gruesas y grandes. En una de ellas tenía un lunar grande con forma de un sol. Su estilo era digno de un personaje de película de historia y aventura y, por alguna razón, a mí en especial me llamó mucho la atención. Cada que podía volteaba a verlo con cuidado de que no me descubriera haciéndolo; no podía evitar hacerlo.

Ese día todos le dimos la bienvenida con café y galletas, y rápidamente se adaptó a nuestra dinámica habitual. Quizás había pasado una semana cuando, en una de nuestras largas conversaciones —las que nos llevaban a veces hasta hora y media detenidos en el zaguán del taller antes de partir cada uno a su casa o a otras actividades—, Daniel se me quedó viendo y me dijo:

—Yo a ti te conozco de hace mucho. —Señalándome con su dedo índice y con una mirada de gusto y certeza.

—¿A mí? No creo —abrí bien grande los ojos y contesté segura de lo que decía, aunque su mirada me inquietó y hasta me puso nerviosa.

—Quizás me equivoqué. Tal vez de otra vida.

Me quedé fría. Acto seguido, todos comenzaron a hablar del tema de la reencarnación. Me alegró escuchar que no había fanáticos del catolicismo en el taller de arte y que todos fueran abiertos al hablar de esos temas. Siempre me ha llamado la atención lo intangible, lo misterioso, y siempre tuve la certeza de que yo era un alma vieja, así como dos de mis hijos. Nunca investigué a fondo el tema; más bien, toda la información al respecto había llegado a mí de manera fortuita, y no desatendía lo que fuera que llegara a escuchar acerca de eso, porque todo me hacía sentido y me inquietaba.

Me fui a mi casa y los días transcurrieron como siempre, pero no eran iguales. Mi mente ya pasaba más tiempo ocupada en cuestionamientos sobre mí, tratando de encontrar una explicación a muchas cosas que desde mi infancia había notado que me sucedían con cierta rareza. Algunas tardes aprovechaba para hacer las compras; una vez por semana, para subir mis obras a las plataformas de arte y ofrecerlas en venta. Otros días iba a visitar a mi madre o salía con mis hijos a tomar café, a cenar o al cine, y todos los días leía un poco antes de dormir.

Siempre me costó trabajo dormir. Daba muchas vueltas en la cama desde que era pequeña; el descanso tardaba mucho en llegar. Venían a mi cabeza imágenes dolorosas, cortas, instantáneas, pero no se trataban de recuerdos. En realidad, siempre pensé que esas imágenes tenían que ver con películas o noticias que me hubiesen impactado en algún momento de mi vida y que no recordaba de dónde.

Así pasaron tres meses y la amistad entre los compañeros artistas se fortalecía. Todos nos llenábamos de halagos con nuestros trabajos, y el que lograra la venta de una de sus obras nos invitaba un desayuno a todos en agradecimiento a todo el apoyo que nos dábamos diariamente. En tres meses yo los invité cuatro veces, lo cual me hacía muy feliz, y mi costumbre era llevarles unos tamalitos especiales que preparaba mi tía Consuelo. Ella vivía cerca del aeropuerto de la Ciudad de México. Mi tía nació aquí mismo, pero cuando se casó vivió muchos años en Nicaragua, donde su entonces suegra le enseñó a preparar unos tamales de exquisito sabor: la masa tenía un toque delicioso y distintivo de los que se acostumbra a comer aquí en nuestra ciudad. Mi tía enviudó y se regresó a nuestro país, y quienes sabíamos de sus exquisitos tamales solíamos encargarle pedidos grandes.

Mis favoritos, y los que encargaba para mis amigos, eran los tamales rellenos de flor de calabaza con rajas y requesón; los rellenos de frijol con epazote y carne de cerdo; también los rellenos de pollo pibil y tamales dulces de piña con arándano, de pistache y de arroz. Todos los acompañábamos con atole de guayaba y de coco. Parecía que todos querían que mis obras se vendieran con frecuencia, pues siempre me halagaban los tamalitos que les invitaba.

Un martes del mes de noviembre, nuestro profesor nos compartió una convocatoria para participar en un concurso que se celebraría en el museo de San Ildefonso en el mes de febrero, en la Ciudad de México. El tema de la convocatoria era «Mujer fuerte». Teníamos que enviar una obra plástica, escultura o fotografía que representara a la mujer fuerte. Las dimensiones de la obra eran libres, sin exceder los 60 cm de alto por 60 de ancho. El ganador a la mejor obra se llevaba un reconocimiento expedido por la máxima casa de artes de México, el Palacio de Bellas Artes, y un viaje a Madrid, España, con todos los gastos pagados por 7 días para presentar la obra ganadora en una exposición que se presentaría en el Museo del Prado.

Todos nos emocionamos y no tardamos en inscribirnos para la convocatoria. Se estaba cumpliendo uno de mis sueños y quise participar con una de mis esculturas. El proyecto se desarrolló en esta ciudad a partir de un movimiento feminista que surgió en toda Latinoamérica y España. El proyecto llevaba 2 años activo y era liderado por un grupo de artistas mujeres que constantemente organizaban eventos y numerosas manifestaciones para recordarle a la MUJER que no estaba sola, que tenía una fortaleza propia y que es reconocida por todas las mujeres como un ser independiente, capaz, virtuoso, fuerte, bondadoso y expresivo.

La presencia femenina en nuestro país era cada vez más convincente, sobre todo en el entorno social, político y laboral. La sororidad se manifestaba en todos lados:

en las familias, en las empresas, en el transporte y en las calles. Pero todo se sentía aún más hermoso cuando eran cada vez más hombres los que también asistían a los eventos, a las caminatas y a cualquier manifestación. Conforme pasaban los meses se sumaban más esposos, novios, hermanos, hijos y padres a los eventos. En el taller, todos mis compañeros eran respetuosos y muy amables; se vibraba la energía femenina en todos lados.

Siempre he pensado que la lucha debe ser por el respeto al otro ser humano, sin importar si es mujer u hombre, niño o niña, viejo o vieja. La etiqueta no debería ser feminismo o machismo, sino humanismo, amor y respeto al prójimo (o al próximo), sea cual sea la condición de cada quien. A nadie nos debería importar si el que viene a un lado nuestro es físicamente diferente a nosotros, o si sus preferencias sexuales son como las nuestras o no, o si se viste como a nosotros nos parezca bien o no. Con nombres, referencias y etiquetas diversas, la misma sociedad ha impuesto las diferencias entre los humanos y eso solo ha logrado que sean más vistos y más juzgados por los demás, triste y tontamente.

Los días no se hicieron esperar e inicié mis bocetos cuanto antes; trabajaba en ellos todos los días por las noches. Tenía que elaborar una escultura con una imagen que fuera totalmente opuesta a aquella primera pieza que logré en el taller. Tenía que verme a mí misma como a una mujer fuerte para poder sentir la fortaleza de la mujer desde las entrañas, a ver si así lograba transmitir la fortaleza femenina desde mi propia experiencia. Investigué sobre la vida de mujeres que habían destacado en nuestra historia y observaba con todo cuidado su postura, sus facciones en todas sus facetas, etc.

Intenté sentirme fuerte los siguientes días. Salía a la calle con la cabeza en alto, el cuerpo erguido, y para lograr eso empecé a hacer cosas que para mi mente eran difíciles de hacer y que implicaban sentir esa valentía que va de la mano del miedo, aunque para otras personas no lo fuera tanto. Empecé por llamarle por teléfono a mi padre; tenía más de 4 años de no hablar con él.

Nuestra relación siempre fue difícil. Mi padre era un hombre muy correcto en su forma de actuar; se separó de mi madre desde que yo tenía unos 9 años. No sentí que fuera un padre tan dedicado a sus hijos: sus negocios eran siempre su primer lugar. Aunque nunca nos faltó nada económicamente, sí nos faltó el papá cariñoso que jugara con nosotros o pusiera atención en nuestros logros escolares. Nunca visitó mi escuela, ni los días que se festejaba el Día del Padre y que, por ser yo de las más bajitas del salón, encabezaba el grupo que organizaban las maestras para cantar unas tres canciones a los papás de la escuela. Solo veía a decenas de papás tomando fotos a sus hijos, mas nadie me tomaba fotos a mí. No sabía ni siquiera si mi papá sentía pena de haber faltado o tal vez ni siquiera se acordaba. Nuestra distancia se debía a que para mi papá era una práctica frecuente opinar sobre mi vida en forma de juicio, y yo simplemente puse mis límites con una contestación que no le pareció. Sin más ni más, me corrió, me dijo que no volviera a poner un pie en su casa y me retiró el habla.

Tomé el teléfono y, aunque mi orgullo siempre estuvo por encima de toda relación con él, le marqué. Después de unos 45 minutos de llamada colgamos. Hice una pausa, respiré profundo y mi alma se sentía en paz. Le gustó a mi padre que le marcara. Nos saludamos sin ningún tipo de rechazo, nos pusimos al día de lo que nos había sucedido en los últimos años. No fue novedad para ninguno porque yo sabía de él y él sabía de mí gracias a la comunicación que ambos teníamos: yo con mi madre y él con su exesposa. Me di cuenta de que estar en paz con alguien es una forma de vivir más ligero. Sentí como si me hubieran quitado una espina clavada en uno de mis pies; de hecho, sentía otras más, imaginarias claro, de las cuales unas sí sabía por qué dolían y otras no, pero dolían.

Los siguientes días transcurrieron entre bocetos, emociones y mucha investigación; sin embargo, algo en el fondo de mi corazón se sentía con mucha fuerza: era una ansiedad incontrolable, pero más como un presentimiento. Iba y venía todo el tiempo, todos los días; como cuando sabes que algo importante va a suceder: no lo sabes y sigues tu vida sin contratiempos, pero se sentía. Yo justificaba esa sensación porque iba a participar por primera vez en un evento de arte muy importante. Empecé a comportarme de manera diferente con la gente: era más sonriente, más amable. Siempre fui respetuosa, pero ahora me sentía optimista, emocionada.

Paso a paso los bocetos empezaron a tomar forma y ya empezaba a modelar la figura en el taller. Todos ahí trabajábamos más concentrados que nunca. Empecé por formar una pieza de plastilina de unos 45 cm de alto por unos 50 cm de ancho. Me colocaba mis audífonos para escuchar música inspiradora; la número uno siempre era *Gnossienne: N.º 1* de Erik Satie y Alexandre Tharaud. Preparaba mis manos haciendo ejercicios para calentarlas y las consentía con aceites naturales antes de empezar; ellas serían las responsables de crear lo que mi mente les ordenaría. Tenían que ser delicadas y fuertes a la vez.

El inicio de la escultura era burdo y desproporcionado, entonces le pedí a mi amigo Tony —vecino mío y amigo por coincidencia— que me tomara unas fotos en la misma posición en la que yo quería que se viera mi escultura. Tony era un amigo que se autodenominaba «gay». A mí nunca me importó el gusto o preferencias sexuales de las personas y mucho menos las etiquetaba. Lo que me gustaba de Tony es que era un chavo afeminado, muy amable, súper simpático y feliz. Todos los días pasaba por mi casa a las 7 de la tarde y me preguntaba cómo había estado mi día. Siempre me dejaba algo de comer; sabía lo que me gustaba. Algunas veces me dejaba un pan dulce de harina integral, otras me llevaba un par de frutas y otras me llevaba una cerveza artesanal, especialmente si era viernes. Él era diseñador gráfico, como yo, y trabajaba para una agencia de renombre. Sus gustos por la moda eran muy excéntricos: siempre estaba impecable, no tomaba, no fumaba y hacía mucho ejercicio. Me daba *tips* para mejorar ciertos aspectos evidentes de estrés que resaltaban en mi cara o cuerpo. Me regalaba mascarillas para hidratar mi rostro y eliminar las ojeras. Creo que me quería porque me hacía reír mucho y, claro, porque yo lo escuchaba cuando tenía una decepción amorosa o se peleaba con su madre. Fue el mejor fotógrafo que pudo haberme ayudado porque corregía mis posturas sin la menor pena y a regañadientes.

Al cabo de unas semanas de trabajo mi escultura ya estaba lista para el siguiente paso: moldear con caucho de silicón y verter la cera en los moldes. De esta manera se crea una réplica del diseño original para después agregar el bronce fundido. Todo eso era el trabajo de mi profesor y, al final del proceso, de nuevo me correspondía a mí limar cualquier rebaba que pudiera quedar y agregar ácidos para patinar la superficie con tonos azulosos.

El resultado: Mi escultura era una mujer de complexión delgada a gruesa, con un vestido tipo túnica que dejaba ver la forma de sus caderas, sus piernas y su columna huesuda. Estaba hincada sobre un tapete tejido y recargaba sus muslos gruesos sobre sus pantorrillas, descalza, con la espalda recta inclinada hacia adelante. Sus cabellos eran largos pero agarrados por un chongo mal hecho, alborotado, que dejaba caer unos cuantos cabellos alrededor de su cabeza; especialmente se veían unos cabellos pegados a su frente por sudor. No tenía joyas, pero sí lucía unos aretes pequeños; quería que no se sintiera una mujer con algún tipo de estatus. De expresión facial aguerrida, con ojos brillantes, acuosos, dejando caer una lágrima del ojo derecho, ceño fruncido y labios apretados. Sus brazos eran fuertes con venas un poco saltonas. Sus manos huesudas sostenían con fuerza, cada una, un extremo de una soga gruesa que tenía en medio varios nudos que simbolizaban los obstáculos de su vida. Su pecho dejaba resaltar ligeramente un corazón. Ese corazón era su fuerza. Ella se llamaba Lupe.

Todos los trabajos eran hermosos; logramos entre todos cuatro esculturas y dieciséis pinturas en óleo. Algunos compañeros llegaron a decirme en secreto que el mío era especialmente bonito y significativo, y sus opiniones eran muy importantes para mí. Todos estábamos listos para enviar nuestros trabajos al museo. Rentamos una camioneta para poder llevarlas todas juntas. En la descripción de cada obra se detallaba el nombre del autor, el de la obra, las medidas, la técnica y el lugar donde se habría elaborado cada pieza (y era, por supuesto, el nombre del taller de nuestro maestro), ciudad, país y fecha.

Autor: Elisa Dávila
Título: «Lupe»
Medidas: 45 cm de alto por unos 50 cm de ancho
Técnica: Bronce
Lugar: Taller «La vida es arte», col. Escandón, Ciudad de México, México, 2020.

Se sentía un orgullo colectivo; la alegría no cabía en nuestros corazones esperanzados y emocionados. Por fin entregamos las piezas y fuimos a festejar a un restaurante mexicano de la colonia Roma. La especialidad de la casa eran los chiles en nogada, mismos que no dudé en pedir junto con un par de tequilas reposados Don Julio. Estábamos todos tan felices. De alguna forma nos habíamos convertido en una familia. Algunos teníamos hijos, padres; otros no, pero nuestra convivencia diaria nos había convertido en entrañables desde el alma, porque es el alma la que se deja en cada obra y la inspiración de cada día tenía un olor especial en el taller: olía a amor al arte. Daniel, quien afirmaba que ya me conocía desde hace tiempo, me comentó algo que me dejó fría.

—Elisa, tu escultura eres tú misma.

—¿Por qué dices eso, Daniel?

—Porque llevas toda tu vida luchando contra un pasado que no te ha dejado vivir realmente en paz, y aun así te has demostrado fuerte y valiente —dijo Daniel con tanta seguridad que daba miedo.

—No entiendo nada de lo que dices, mi vida ha sido bastante buena, de hecho me siento muy afortunada. Aún tengo a mis padres, mis hermanos, tengo hermosos hijos, talentosos, amorosos y mi historia ha sido buena; aprendí a no darle tanta importancia a las cosas o las personas que no la merecen, y eso me ha alivianado la vida. ¡Y mejor aún, tengo grandiosos amigos y estoy haciendo lo que más me gusta! —se lo dije en un tono sarcástico, ya teníamos todos unos tequilas encima y me molestó un poco que me hablara como si me conociera bien y supiera mi historia de vida—. ¡Salud!

—Ya entenderás, te lo juro. Me gusta mucho que hayamos coincidido en esta vida también.

Lo volteé a ver con ojos de hartazgo y pensé: «¡Ay, este tipo!». La verdad me caía muy bien, pero esa insistencia suya de que habíamos coincidido en otra vida me estresaba. No podía ni siquiera imaginar que Daniel pudiera haber sido algún tipo de pareja en otra vida, no era mi tipo para nada y, aunque sentía mucho aprecio por él, no había de mi parte ninguna atracción por él.

Los tequilas siguieron; el ambiente era muy divertido. Todos reíamos a carcajadas, cantábamos boleros en conjunto, contábamos chistes, brindábamos y hasta nos parábamos a bailar. El ambiente era muy familiar. Al cabo de unas horas cada uno pidió un taxi y nos fuimos a nuestras casas enfiestados.

Llegando a casa lo primero que hice fue llamarle a cada uno de mis hijos para contarles que ya había entregado mi escultura en el museo. Todos me escucharon con el corazón y me mandaron la mejor de las vibras. Después de eso busqué en un cajón de la cocina un cigarro que tenía escondido en la parte de atrás. Tenía más de dos años de no fumar y ese cigarro lo tenía para una emergencia. Nunca supe qué tipo de emergencia pudiera requerir agarrar ese cigarro y fumarlo. Solo sentí la enorme necesidad de hacerlo. Lo tomé, lo encendí y salí a la terraza del departamento. La luna estaba preciosa. Encendí mi cigarro, di una fumada y sin razón alguna comencé a llorar como una niña pequeña. Algo dentro de mí dolía profundamente. El llanto fue tal que había espacios en los que jalaba aire tan profundo para poder llorar y hacer un berrido con una tristeza inexplicable. No sabía qué dolía, lo que le había comentado a Daniel era real, tenía una historia de vida afortunada, y al no saber qué era eso que dolía tanto hacía que llorara más. Me senté en el suelo y abracé mis piernas para esconder mi cabeza y empezar a balancearme. Así estuve por 15 minutos. Me preparé para dormir, limpié mi cara, me puse mis cremas y me acosté. Intenté leer como de costumbre pero no lo logré, algo me distraía y sentía un agotamiento emocional. No supe en qué momento me quedé dormida, solo descubrí que me dormí en posición fetal abrazada de la almohada.

Al día siguiente desperté muy agitada y asustada, estaba empapada en sudor. Me di cuenta de que ya se me había hecho tarde; solo me dio tiempo de sacar a Chocha a pasear unos 15 minutos en pijama y cabellos aplastados por la almohada, darme un baño rápido y salir corriendo al taller en bicicleta.

Llegando al taller, unos crudos y otros no, nos preparamos para empezar una nueva obra. Todos me veían raro, dejaban de pintar para ver algo en mí que les llamaba la atención.

—¿Qué? ¿Qué me ven? —les pregunté.

—Elisa, tienes el peto puesto al revés —Laura hizo una pausa— y…

Juanjo interrumpió a Laura para decirme las cosas más directas, en un tono de voz altísimo y burlón:

—¡Que vienes toda zarrapastrosa, hija! ¿Qué te pasó? ¿Seguiste la peda en tu casa? ¿O a dónde te fuiste, que no invitaste?

Todos comenzaron a reírse de mí y lo entendí perfecto: no solo traía el peto de mezclilla al revés, al salir de casa con la cabeza escurriendo y manejar la bici lo más rápido posible, mis cabellos castaños y largos hasta el hombro parecían haber salido de la secadora de ropa, como le pasó a la pantera rosa cuando salió de una de ellas con aspecto de nube rosada en uno de los capítulos de aquella época en que a los niños aún nos emocionaban las caricaturas. Mi cara sin gota de pintura y con los ojos rojos e hinchados de llorar tanto la noche anterior dejaban claro que no era un día normal para mí. No me quedó más remedio que inventar que efectivamente seguí la fiesta.

—¡Ja, ja, sí! Fui con mis hijos a celebrar que mi escultura estaría en tan importante exposición y regresé tardísimo a mi casa y, bueno, hoy se me hizo tardísimo. ¡Salud! Ja, ja.

IX
El gran día

Era el día de decidir qué hacer, cómo arrancar después de haber concluido las obras que fueron entregadas en el museo. Pusimos nuestra música de costumbre y empezamos a hacer nuestros bocetos. El profesor tenía material nuevo y usado que podíamos utilizar, y el mismo que agregaba a la cuenta de la siguiente mensualidad, incluyendo los refrescos que tenía en un refrigerador. Yo estaba muy distraída con lo que me había sucedido la noche anterior; me sentía confundida y hasta incómoda. Daniel aún no llegaba al taller y no quería que llegara. Quería evitar a toda costa que me volviera a decir algo relacionado con mi vida actual o las pasadas. Tomé un lienzo de mediana dimensión y pinturas azules de varios tonos y el blanco. Traté de hacer bocetos de todo tipo, pero llegaban a mi mente imágenes tristes de los sueños que había tenido por la noche, los mismos que había tenido desde niña y que regresaban a mi mente una o dos veces por año.

Daniel llegó al taller un poco más tarde, saludó a todos incluyéndome y esbozó una tierna sonrisa cuando me dio mi abrazo. No pude evitar sentir ternura por él; su actitud era tan amable como siempre. Sentí un poco de pena al verlo porque el día anterior le contesté arrebatada y hasta sarcástica. Todos en el taller lo querían mucho y le teníamos un respeto especial, quizás porque era el que tenía más años de ser artista y sus palabras siempre se escuchaban tan sabias. Su forma de platicar era tan interesante y calmada que nos dejaba a todos perplejos. Preferíamos escucharlo con atención y no interrumpirlo con nuestras propias ideas; eso se convertía en una escucha exquisita. Le gustaba platicarnos acerca de sus viajes y de lo que había aprendido de cada uno de ellos. No lo hacía de forma presuntuosa; al contrario, nos dejaba ver lo importante que era viajar para conocer otras formas de vida, otros criterios. «**Cuando notas las diferencias, te ubicas en tu realidad y exaltas el agradecimiento**», decía. Él ya tenía la experiencia de haber participado en otras exposiciones y nos daba tips. El profesor y Daniel se llevaban de maravilla, y no por la edad, porque el profesor tenía cerca de 70 años, sino por la sabiduría que les caracterizaba. Daniel era muy comedido con el profesor y siempre se quedaba hasta el final para ayudarlo a dejar el taller arreglado. Todos nos hacíamos cargo de recoger nuestro tiradero y de limpiar nuestra mesa y nuestros pinceles, pero ellos dos acomodaban las mesas y sillas y organizaban todo en general. El dinero no era problema para él, tenía todo resuelto, lo tuvo desde niño. Venía de una familia de abolengo y la preocupación que muchos teníamos (o habíamos tenido algunas veces en nuestra vida) de tener que pensar qué comeríamos ese día y/o el resto de la semana, nunca fue una preocupación para él. Su forma de ser destacaba por ser una persona sencilla en su actuar, vestir y hablar. Todos lo admirábamos muchísimo y estoy segura de que los comentarios que me hacía no eran en absoluto con el propósito de molestarme, sino todo lo contrario: quería darme paz, pero no sabía cómo hacerlo. A mí me inquietaban porque sabía en el fondo que algo en mi interior me estaba lastimando, y me daba mucho miedo descubrir por qué. Pero eso fue el principio de todo.

Daniel no tenía familia, salvo una sobrina, hija de su única hermana, que vivía en un pueblito llamado Aranjuez en Madrid, España. Su sobrina de 26 años era música profesional, tocaba el flautín en una orquesta sinfónica y vivía con el novio desde hace 4 años en ese pueblo. La demás familia de Daniel había fallecido por circunstancias casi todas dolorosas y repentinas, salvo una tía que vivía en un pueblo de España, pero que a pesar de que supuestamente era la hermana de uno de sus padres biológicos y que cuidó de él antes de ser adoptado por sus padres, Daniel nunca la conoció; incluso no sabía bien a bien quién era o cómo era. La que más me impactó y tuvo la confianza de contarnos fue la de su amada esposa. Tenían 10 años de casados, sin hijos. Susana era su nombre, maestra de ballet y directora de una fundación que se dedicaba a proporcionar a los niños de escasos recursos un desayuno completo todos los días de escuela, y a los que no estaban dentro de una les proporcionaban alojamiento y escuela en diferentes centros de la Ciudad de México y el Estado de México. Ella deseaba que su proyecto se extendiera a todos los estados de la República; era su mayor anhelo. Un día como todos, Susana fue invitada por las esposas de algunos funcionarios públicos a una subasta de arte que tendría lugar en la ciudad de Guadalajara y que sería en beneficio de otra fundación que atendía niños que sufrían de violencia intrafamiliar en aquella entidad. Los compromisos de Susana eran demasiados, así que para poder llegar a dicho evento, pidió el favor a uno de sus benefactores de que le rentara una avioneta pequeña que la llevara directo a la ciudad. Daniel y Susana conocían a casi todas las familias más ricas de la ciudad y no les representaba ningún problema pedir ese tipo de favores. Daniel, en esa ocasión, no pudo acompañar a Susana; tenía que comer con su hermana y su sobrina para después llevarlas al aeropuerto y despedirse de ellas porque se irían a vivir a París. El vuelo de Susana comenzó a las 6 de la tarde, se estimaba llegar a las 7:10 de la noche al aeropuerto de Guadalajara. El clima no era bueno, había tormenta eléctrica y mucha lluvia. Dos horas después, mientras Daniel estaba ya en el aeropuerto acarreando maletas junto con su hermana y sobrina, recibió una llamada telefónica donde le avisaban que la avioneta donde viajaba su esposa había sufrido un accidente debido al clima. Daniel sintió que su propia alma se iba junto con la de su esposa; la única persona a la que había amado con toda el alma se había ido para siempre. Lo que sucedió después nunca lo supe; el día que nos contó la tragedia, soltó a llorar y no volvió a tocar el tema nunca más. Los días siguientes transcurrieron con normalidad, hablábamos de otros temas y él seguía tan sonriente y cariñoso como siempre.

El día de la inauguración de la exposición había llegado. Mis hijos, mis padres y mis hermanos habían recibido una invitación al evento un mes antes y todos llegaron puntuales a las 7:00 de la noche para acompañarme. El código de vestimenta era formal: de largo para las mujeres y de traje para los hombres. Era una gran noche para mí, realmente me sentía muy agradecida. Todos mis compañeros y los demás artistas participantes asistieron con su familia o amigos más cercanos; Daniel llegó con un par de amigos que además eran benefactores de la causa. Los artistas éramos invitados especiales de la organización y teníamos un boleto extra para un acompañante. Los demás boletos me salieron como lumbre, pero fue un gusto enorme para mí poder pagarlos. Me sentía realmente muy agradecida; todos llegaron tan guapos, tan sonrientes y orgullosos. No cabía en mí tanta felicidad y tanta emoción.

Todas las obras estaban a la venta ese mismo día excepto la que ganara el primer lugar, que sería la que se iría a Madrid al término de la exposición, y ninguna podía ser retirada hasta 3 meses después, aunque ya estuvieran vendidas.

Mis hijas llevaban vestidos largos hermosos en colores negro, verde botella y vino, y mi hijo portaba un traje azul marino impecable. Ninguno se apartaba de mí, incluso sus parejas eran parte también de mi rebaño.

Éramos 15 en total y necesitábamos compartir una mesa con alguien más. De modo que toda mi familia de sangre conoció a toda mi familia de arte. Yo me sentía tan contenta; estaba en el lugar de mis sueños, cumpliendo uno de ellos y acompañada de las personas que más amaba. Sin embargo, entre tanta sonrisa y festejo había algo que me hacía sentir cierta nostalgia. Era por momentos, segundos; sentía que algo me faltaba y no lograba descubrir qué era.

El evento incluía una cena de gala que era amenizada por un cuarteto de cuerda. Nos sirvieron vino blanco o tinto, a elección de cada quien; una tártara de atún sobre una pequeña tostada de maíz azul; una ensalada de arúgula con frutos rojos y aceite de oliva; una crema de aguacate con nuez caramelizada y, como plato principal, terrina de pato con salsa de arándano. El postre eran duraznos flameados con helado de vainilla sobre una torreja de almendra.

Después de la cena fue la presentación de cada obra y la premiación. Las manos me sudaban; hacía mucho que no me sentía tan nerviosa. Los jueces ya habían evaluado y calificado las obras unas semanas antes. Quien dirigió el evento fue la cabeza del movimiento, una mujer con muchas tablas, educación y cultura. Empezó por el agradecimiento, que fue para todos los participantes, y con música clásica de fondo hicieron de la presentación de cada obra una descripción majestuosa. Ninguna de ellas se sintió menospreciada; todas fueron hechas con tanta expresión y minuciosidad que era inevitable derramar una lágrima observando cada una de ellas.

El momento había llegado para mencionar las tres finalistas. Desde mi lugar sentía una adrenalina inexplicable por no saber si alguno de mis compañeros estaría en esa lista. Nunca contemplé mi obra como finalista, menos como ganadora; siempre aposté por la de Laura, la de Francis y la de Daniel, mis amigos. La falta de confianza en mí misma era la explicación a esa incredulidad. Desde niña dudaba de mis capacidades y mis logros, y tampoco nadie los exaltó, así que el nervio era más por mi familia del arte que por mí misma. Aún sentía ese hueco inexplicable.

—Y las tres obras finalistas son para las siguientes obras: «Tempestad» de María José Espinoza, «Agua turquesa» de Daniel Mujica y «Lupe» de Elisa Dávila —anunciaron al micrófono en voz muy alta.

Después de cada mención los asistentes aplaudían poco para callar pronto y escuchar la siguiente. El murmullo se sentía muy fuerte en el salón. Mis ojos se abrieron como si los jueces hubiesen cometido una equivocación; dejé de masticar un pan que andaba picando, sentí un frío y adormecimiento en todo el cuerpo hasta hacerme temblar. Mis hijos, familia y amigos, tan emocionados, comenzaron a mencionar mi nombre y se tomaban de las manos cerrando los ojos para escuchar con atención el primer lugar de los finalistas, todos rogando a Dios que fuera mi turno. Todo el salón permanecía callado y entonces sí, sentí nervios por mil. Pasó la directora del Instituto Nacional de Bellas Artes, quien sería la que anunciara al ganador.

—Amables amigos y amigas, es un enorme placer para mí anunciar al gran ganador de este concurso. Quiero agradecer en primer lugar a todos los participantes por dejar en cada una de sus obras todo su talento, su amor al arte y la búsqueda por el reconocimiento de la fortaleza de la mujer a través de la expresión artística. Agradezco también el apoyo de todos los asistentes, así como a los compradores. El arte es necesario en nuestros hogares y en nuestros corazones para que nos recuerde que nos conviene vivir con sensibilidad, solidaridad y amor. (*Hizo una pausa de 10 segundos*) La obra ganadora es... «Lupe» de la artista Elisa Dávila.

Las dos mesas en las que estaba mi familia y todos mis amigos gritaron al mismo tiempo y se pusieron de pie para aplaudir y gritar de emoción. Yo me quedé sentada unos segundos tratando de entender lo que estaba pasando; estaba confundida. Creo que era la segunda vez en mi vida que ganaba un premio; el primero fue en quinto de primaria en un concurso de oratoria donde también gané el primer lugar. Me levanté de mi asiento apenada. Todo lo sentía como en cámara lenta; veía a todos levantados, aplaudiendo y viéndome con una sonrisa de oreja a oreja. Pasé al frente con mi vestido vaporoso y largo de varios tonos azules como mi escultura. Caminé hacia el frente de todas las mesas para recibir mi premio y mientras lo hacía, con la cabeza agachada, llegaron a mi mente las mismas imágenes que me atormentaban desde siempre; volví a sentir ese profundo dolor, esa presión en el pecho, ese vacío en el estómago y las comisuras de mi boca se colgaron hacia abajo. Volteé a ver a Daniel de reojo; él me aplaudía muy orgulloso, pero no vi en su cara ninguna expresión que concordara con mi dolor. Busqué con miedo una respuesta, pero no la encontré. Llegué al micrófono y vi a toda la gente levantada y feliz, y poco a poco se fueron sentando para escucharme. Me llené de fortaleza como Lupe, alcé mi cuello, me arreglé el vestido y tomé la palabra.

—Gracias, Dios, por este momento, y momentos como este se los deseo de corazón a todos los presentes. Gracias, hijos, ustedes son mi más grande amor e inspiración. Gracias, mamá, papá y hermanos, por estar siempre. Gracias, profe Samuel, por enseñarme a esculpir y por la gran amistad. Gracias a todos mis compañeros y amigos del taller, todos ustedes fueron parte de este proyecto desde el día uno hasta el día de hoy, así que este premio también considérenlo completamente suyo. Y gracias especiales (*se me quebró la voz*) a eso que no sé qué es pero que me está esperando no sé dónde y que pienso buscar incansablemente, eso que ha llenado mi cabeza de imaginación, creatividad y esperanza.

Nadie entendió lo que dije. Solo yo sabía a qué me refería, y sabía también que me refería a una persona; ya lo sabía, lo descubrí esa noche. Daniel me vio con una expresión muy singular que yo interpreté como «por fin lo tienes claro».

Me entregaron un reconocimiento, un escrito enmarcado con molduras de madera tallada y de color oscuro con la ficha técnica de la obra, los datos del concurso, la mención y la foto de «Lupe». Y la fiesta continuó. Yo regresé a mi lugar y mis hijos me dijeron:

—¿Qué fue eso, má?

—No lo sé, amores, salió del alma. Cuando lo descubra se los platicaré.

Esa noche fue mi noche y todo terminó de maravilla. Estuve llena de abrazos y felicitaciones. Los organizadores también lo hicieron y me citaron al día siguiente para que me dijeran toda la logística del viaje que haría a Madrid dentro de dos meses. Dos de mis hijas se quedaron a dormir conmigo esa noche. Platicamos en la cama como tres adolescentes empijamadas; era mucha la emoción que sentíamos las tres. Me decían constantemente que siempre supieron que pronto ganaría un premio por alguno de mis trabajos, ya que todos los describían como hermosos y especiales.

Al día siguiente nos fuimos a desayunar barbacoa de borrego. Ya nos esperaban ahí todos los demás: mis otros dos hijos, primos, tíos y amistades. Las bromas no se hicieron esperar sobre lo que había acontecido la noche anterior con ciertos personajes, como al que se le pasaron las copas y se cayó enfrente de todos, la que fue vestida de manera exagerada, el que habló al micrófono y dijo alguna insensatez, etc. También platicamos de todas las obras; me dio mucha alegría ver que todas las piezas habían logrado transmitir el verdadero mensaje: el reconocimiento a la mujer fuerte.

El día lunes me presenté en el taller a las 10 en punto de la mañana y ya estaban todos ahí. Me recibieron todos con un aplauso, abrazos, besos y muchas sonrisas. En la mesa había un refractario con chilaquiles verdes, una cazuela con tinga de pollo y otra con chicharrón en salsa roja. Café, jugo de naranja, un pastelito de elote y una gelatina de queso con piña. Solté a llorar por todas las muestras de cariño; la verdad, no me lo esperaba. Todos me felicitaron y dijeron que se sentían muy orgullosos de mí. Definitivamente yo pertenecía a ese lugar y quería quedarme ahí para siempre. Se sentían parte del premio, pues participaron más de 70 obras en el concurso —muchas como artistas independientes, otras como parte de un taller como el nuestro y en su mayoría éramos artistas emergentes—, y el taller del profe también había recibido un reconocimiento especial. Eso nos dio mucho gusto a todos. El desayuno también era para él y para todos; era un festejo interno y mutuo. La hermandad era innegable.

Tres horas después ya se habían ido todos. Solo quedábamos el profe, Daniel y yo, pero antes de irme le pregunté a Daniel:

—Tú sabes que cada vez que mencionas que me conoces de otra vida me inquietas muchísimo, ¿verdad?

—Claro que lo sé. De la misma manera que me inquietó a mí cuando me di cuenta que he conectado con personas en este plano que fueron parte de un camino que yo viví en otra historia de vida. Lamento mucho haberte inquietado, no era mi intención. Desde que Susana murió he tratado de investigar, leer y aprender de todo esto. Saber que en otra vida la volveré a ver me mantiene vivo en esta. La esperanza que tengo de volver a estar con ella es la que dibuja en mi cara la sonrisa que tú ves todos los días. Y sí, cuando te vi por primera vez supe que te conocía, no a ti, no a Elisa, sino a tu alma. Y te veo diario, y diario lo confirmo —dijo Daniel con tanta seguridad.

—No sé qué pensar, Dan. No estoy negada a creer en esto, pero es la primera vez que alguien me dice que conoce mi alma de otra vida. ¿Te está ayudando alguien? ¿Asistes a algún curso o terapia? ¿Tú puedes ayudarme? —le contesté.

—¿Por qué me preguntas? ¿Quieres investigar más? ¿Has sentido más cosas? —preguntó Daniel intrigado.

—Sí, exacto, y me imagino que te diste cuenta el sábado que me dieron el premio. —Hice una pausa—. Siento un vacío aquí en mi corazón, Daniel —puse mi mano sobre mi pecho y comencé a llorar, no de manera fluida, era de esos llantos que no quieres que salgan pero salen, haciéndote dar pequeños brincos; mi llanto parecía el de una niña, gemía como niña—, y no sé qué hacer con eso, y lo traigo desde que era niña y nunca lo había externado a nadie, y me siento bloqueada, no sé qué hacer ni a quién pedirle ayuda.

Mi profesor asintió con la cabeza como si entendiera todo lo que yo decía o lo que mi alma expresaba y me dijo:

—No sientas angustia, Eli, la vida te irá llevando sola. Tú misma descubrirás qué es eso que te hace tanta falta.

—Yo tengo un buen amigo que es psiquiatra y se dedica a hacer regresiones, quizás él pueda ayudarte. No es un charlatán, es un médico reconocido y me puede hacer el favor de verte lo antes posible porque siempre están agotadas las citas —comentó Daniel.

—Sí, está bien, sí quiero, gracias, Daniel —dije moqueando.

—¡Pero no estés triste, hija! Eso debe tener solución, tienes que prepararte para tu viaje a Madrid. ¡Estamos celebrando tu éxito! Enfoca tu mente en tu viaje, en el éxito que te espera después de presentar tu obra en el Museo del Prado. ¡Estoy seguro de que te cambiará la vida drásticamente en ese viaje, Eli! —exclamó el profe.

—Sí, profe, tienes razón. Acabo de ganar un sueño y tengo mucho que pensar y hacer para extenderlo aún más lejos. Y todo este logro se lo debo a usted, profe; sin su ayuda no lo hubiera logrado nunca. Además, me he sentido como en mi casa aquí en el taller, todos ustedes son mi familia, por eso insisto que sola no lo hubiera logrado nunca; el logro es de todos nosotros.

—Nosotros somos tus amigos, fuimos tus compañeros durante el proceso, pero la idea original, la pasión con que fue hecha Lupe, el detalle y la expresión es totalmente tu logro. Por eso es tan importante estar siempre donde nos gusta estar, donde nos sentimos queridos, admirados, para que nuestra creatividad fluya de manera natural, como te pasó a ti —me dijo el profe con tanto cariño.

—Pues bendita vida que me puso en este camino —dije.

—Y te va a sorprender aún más la vida, Elisa —dijo Daniel—, lo sé, lo presiento. Así como me sorprendió verte por primera vez, cosa que no me sucede con casi nadie, así mismo estoy convencido de que tu vida va a cambiar radicalmente y de manera muy positiva. Se nota en tu brillo, porque brillas, ¿sabías?

—En realidad no, nunca he sentido eso; tal vez ese es el problema. Desde niña siempre he tenido miedo a todo. Creo que desde que me divorcié estoy más echada para adelante porque no me quedó otra, pero me falta mucho que aprender. Espero que todo lo que ves en mí, Daniel, se haga realidad, pero créeme que jamás imaginé que la vida me diera tantas sorpresas increíbles como las que he tenido los últimos 8 meses. Me voy, gracias por todo, profe y Dan. Nos vemos mañana. Ya empecé con mis nuevos bocetos, espero seguir sorprendiéndolos y sorprendiéndome —dije.

Nos dimos el abrazo de hermandad y me fui.

Los siguientes días fueron de mucho estrés. Fui con los organizadores del concurso para ver lo de mis boletos de avión, mi estancia, las actividades que planearon para mí en ese viaje, mis viáticos, así como investigar qué más cosas podría hacer para sacar el mayor provecho a tan grande oportunidad. Mi vida seguía casi igual: mi dieta, mi yoga, mi perra, mis plantas, mis bocetos, mis amigos, mi taller, mis hijos, mis cafés, mi mamá, etc. Tal cual había transcurrido los meses anteriores. Un par de veces me di una vuelta con ropa holgada y lentes oscuros al museo de San Ildefonso para observar con detalle cada obra y me sentaba en una de las banquitas para ver a las personas que se detenían a ver a Lupe. Yo misma me paraba enfrente de ella para observarla con detenimiento y entender cómo se sentía Lupe; quería saber si Lupe era yo, como me dijo Daniel. Llegué a estar hasta una hora parada enfrente de ella viendo cuidadosamente su expresión. Uno de esos días tomé el teléfono y le marqué a Daniel.

—Hola, Dan, ¿cómo estás? Soy Elisa.

—Hola, Eli, bien gracias. ¿Qué pasó, qué onda?

—Nada, quería preguntarte si querías ir a tomar un café. Mmm… Estoy inquieta, ¿puedes? Yo estoy en la Condesa ahorita, ¿te queda?

—Sí puedo, llego en unos 30 min, aguántame… oye… ¿todo bien?

—Todo, al menos eso creo. Acá te veo, te mando la dirección.

Daniel llegó 40 minutos después. Traía cargando una bolsa de manta que tenía impreso el logo de una fundación; supuse inmediatamente que se trataba de la fundación de Susana. No sabía qué traía dentro de ella.

¿Cómo cstás, Eli? Mc sorprcndió tu llamada, ¿todo bien?

—Pues, creo que sí sabes para qué te invité a tomar café.

—Sí, lo sé. Lo dijiste clarísimo el día que recibiste el premio, en el micrófono, ante todos, ¿te acuerdas? Porque además se te subieron un poco las copas —dijo Daniel en tono de gracia y recordó mis palabras—: «Gracias a eso que no sé qué es pero que me está esperando no sé dónde y que pienso buscar incansablemente» —sonrió con gestos de ternura—. Mira, no sé cómo ayudarte y te traje unos libros que pueden hacer mucho más por ti de lo que yo pueda hacer por ti.

Daniel sacó 4 libros de su bolsa de manta. Sus formas eran amables, delicadas, tiernas. Era un hombre fuera de lo común. Me inspiraba una confianza más allá de una simple amistad; sin embargo, el cariño que sentía por él no era romántico ni carnal, era una cosa que no sabía describir pero que se sentía muy espiritual. Él me miraba con mucha ternura y parecía que cuando ambos nos veíamos había una conexión que no podía explicar.

—Creo que has estado inquieta estos días porque has tenido cambios muy importantes en tu vida, y se nota y se siente que los cambios seguirán sucediendo. Yo te sugiero que estés tranquila. No trates de buscar nada, las cosas suelen llegar en el momento exacto y todo tiene explicación, aunque nosotros no lo entendamos —dijo Daniel.

—No estoy buscando nada porque no sé qué buscar o a quién buscar. Mi inquietud la traigo en la boca del estómago. Pareciera que todos los días me siento nerviosa, ansiosa, como si yo presintiera que algo va a suceder, ¿me entiendes? Imagínate mi desesperación. No entiendo si voy a morir, si voy a tener un accidente, o si algo le va a suceder a alguien que amo, o no sé. Es horrible, ¿me entiendes?

—Pero ¿por qué piensas cosas tan feas? ¿Por qué no mejor piensas que algo muy bueno está por venir? —preguntó Daniel extrañado de mi fatalismo.

—¡Porque sueño con eso, Dan! Desde muy niña tengo horribles pesadillas. Las he tenido siempre, y siempre las mismas escenas; solo que de niña las tenía hasta tres veces por año, en la adolescencia rara vez las tuve, cuando me casé y tuve a mis hijos quizás tuve esa pesadilla 4 veces en 20 años, no sé, pero desde que empecé a vivir sola la pesadilla ha sido recurrente y, no te ofendas, pero desde que te conocí incrementó muchísimo más.

Mientras platicábamos nos sirvieron un café negro. Daniel sirvió un poco de crema sobre la superficie sin mover y le dio el primer trago. Yo no dejaba de observarlo, pues era la primera vez en la vida que yo veía a una persona servirse el café exactamente igual que como yo lo hacía, y por la misma razón yo preferí dejar mi café negro sin crema y sin azúcar. Ambos compartimos un pan de hojaldre relleno de crema pastelera y guayaba.

—¿Qué es muchísimo más? —adelantaba Daniel.

—No sé, tal vez de tenerla una vez al mes, empecé a tenerla una vez por semana y luego hasta ¡3 veces por semana! Algunas veces la pesadilla es larga; otras, se corta a la mitad, y otras me levanto sudando y llorando ¡a cántaros! —contesté.

—¿Por qué te refieres a «unas pesadillas» y luego hablas de solo «una pesadilla»? No estoy entendiendo bien —preguntó confundido.

—Imagínate que tienes oculto en tu cabeza una pequeña parte de una película. Una escena de unos 5 minutos. Cuando era niña soñaba con solo una parte de esa escena, y luego otra parte de la misma escena y así de manera revuelta; eran cortos, rápidos, momentáneos, algunas veces de un segundo, como flashes. ¿Me entiendes? Pero después soñaba con la escena completa, pero no como película, sino como una vivencia; los sentimientos y el dolor en especial siempre han sido muy profundos.

—¿Quieres contarme qué sueñas? —preguntó Daniel.

—No sé, nunca le he contado a nadie lo que sueño, y no estoy segura de hacerlo ahora. Siento que me puedo soltar a llorar —contesté indecisa.

—Entonces no lo hagas. Lee los libros que te di, les puse una etiqueta con un número. Es el orden en el que yo te sugiero que los empieces a leer —y me entregó Daniel los libros.

—Dime algo, Dan, ¿sigues sintiendo una conexión conmigo? Es decir, ¿aún sigues pensando que ya nos conocíamos?

Daniel me tomó las manos y esbozó su sonrisa de siempre y me dijo sin titubear:

—Estoy seguro de ello, Elisa. No sé exactamente qué fuimos, pero estoy seguro de que estuvimos juntos en otra vida o en todas, para ser más específico. Y no me malinterpretes, no fuimos pareja ni tengo ninguna intención de acercarme a ti en otro sentido; todo lo contrario, y por lo contrario me refiero a algo que aún desconozco. Tengo que hacer muchas cosas para descubrir qué me conecta a ti, pero sinceramente a veces prefiero dejarlo así, sin saber, y darle a la vida el chance de sorprenderme.

—¡Sí, claro! Y yo no lo sentí así para nada, pero siendo sinceros quiero decirte que también siento un cariño muy especial por ti, sobre todo siento agradecimiento por todo el apoyo que he recibido de ti todos estos meses y que, además, fuiste respetuoso cuando yo con mis actitudes y contestaciones te di a entender que no quería hablar sobre todo este tema; me asustaba mucho. —Cuando me di cuenta de que al hablar con él mis manos seguían sosteniendo las suyas y, mientras más me expresaba, más las apretaba, las solté de pronto con pena y susto a la vez—. Pero quiero que me cuentes una cosa: qué es lo que haces para saber si realmente coincidimos en otra vida y la conexión que pudimos haber tenido o que hayas tenido con otras personas —le pregunté con mucha intriga.

—Bueno, no tengo duda de la conexión; de la coincidencia, me refiero. La vida se encarga de juntar a las almas que en otra vida estuvieron juntas por la razón que quieras. ¿Qué fuimos en otra vida? Eso sí no sé, es difícil saberlo. Lo que yo sé es que en algunas regresiones se puede descubrir eso o con mensajes que la vida nos manda y que, además, algunas veces son obvios. Yo, por ejemplo, solo he sentido esta conexión con Susana, con mi abuela que también ya falleció y contigo. Desde que Susana murió he trabajado mucho en mí, en mi espíritu, para seguir conectando con ella desde este plano, y estoy seguro de que cuando sea el turno de irme, ella y yo estaremos juntos de nuevo. Mi vida se ve muy simple, muy relajada, muy desahogada, y sí lo es, pero espiritualmente está muy trabajada, aunque aún me falta. Desde muy pequeño crecí en una familia chica pero muy ocupada. Nunca me faltó nada, nunca sentí carencias físicas; por el contrario, siempre tuve lo que quise: carritos, juguetes, dulces, todo. Mis padres me adoptaron cuando yo apenas tenía 2 años de edad y a mi hermana, 4 años antes, la habían adoptado recién nacida. Ellos eran infértiles. Eran personas con una vida social muy agitada, se codeaban con gente de alcurnia; a mí solo me tenían entretenido con todo lo que yo les pedía. Mi hermana, que era mayor que yo, también era compensada con cosas materiales todo el tiempo. Las paredes de nuestra casa eran muy grandes y llenas de cuadros. Desde ahí comencé a amar la pintura. Podía quedarme parado enfrente de cada una de ellas hasta por una hora completa desde mis 5 años, y mis mejores compañías eran las personas de servicio en mi casa, especialmente la de mi nana Delia, que podía estar persiguiéndome por mucho tiempo en el enorme jardín de mi casa. Yo comía todos los días en la cocina con Delia, Jesusa y Mercedes, que eran quienes se encargaban del aseo de todo el lugar y de preparar la comida. Las reuniones en mi familia eran muy escasas, no tenían buena relación entre ellos y, cuando nos llegábamos a reunir, solo se les escuchaba hablar a los adultos de dinero, inversiones, obscenidades de la política y de las señoras de sociedad. Yo crecí sin poner atención a todo eso; adonde fuera, yo me perdía en el arte que iba encontrando en mi camino para después llegar a mi casa, sacar hojas blancas y colores para intentar reproducir lo que mis ojos habían captado y mi mente había guardado. Así crecí, solo. En mi adolescencia me convertí en un chico rebelde, grosero con mis padres y hasta con los maestros de la escuela. Me dejé el pelo largo y probé muchas veces la marihuana. Cuando mis padres no estaban metía a mis amigos a la casa para fumarla y decir pendejadas para reírnos como unos tontos. Eran de mis mejores experiencias a esa edad. Me gustaba sentir que el tiempo duraba demasiado, que las distancias y los espacios se hicieran eternos, y es que mi vida carecía de emoción y de atención. Delia se daba cuenta de todas esas locuras, pero no me acusaba; solo me ayudaba a correr a mis amigos antes de que mis padres llegaran.

»Uno de mis amigos, Fabio, tomó alcohol uno de esos días que estuvieron todos mis amigos en mi casa. Se robó de la cantina de mi papá un coñac y le estuvo dando sorbos mientras los demás nos pusimos a fumar. Al día siguiente que fui a la escuela ya estaban en el aula el director, la coordinadora, mi maestra de historia y el profesor de educación física. Conforme íbamos llegando todos al aula nos fuimos sentando con la sospecha de que algo no muy bueno había pasado o estaba por pasar. Una vez que ya estábamos todos, nos mandaron llamar a mí y a otros 4 amigos para ir a la dirección. Vi que Fabio no llegó ni lo mencionaron; en ese momento sentí un hueco en el estómago: sabía que algo estaba mal. Nos dejaron sentados en la dirección vigilados por el profesor de Educación Física, que solo nos miraba y no decía nada. Nadie decía nada. Creo que ya todos sabíamos que algo estaba muy mal. Llegaron mis padres y los padres de todos los demás, uno a uno, y entonces sí, el director nos dijo que lamentaba mucho decirnos que el día de ayer, por las 8 de la noche, Fabio había conducido el auto de sus padres bajo las influencias del alcohol y de las drogas, que perdió el control del auto y cayó de un puente que estaba rumbo a su casa, para después caer sobre otro auto que pasaba por debajo... Señalaron que Fabio había salido en esas condiciones de la casa de alguno de nosotros.

»En ese momento todos nos quedamos helados. Nos miramos todos y parecía que habíamos visto un fantasma: pálidos, nerviosos y callados. A mí me empezó a temblar la pierna derecha; era incontrolable. La reacción de los padres era exactamente la misma: ninguno sabía de qué casa salieron así y que, por tanto, no sabían si los volverían responsables de todo lo sucedido por no cuidar a sus hijos y, peor aún, por tener acceso al alcohol. Yo pregunté con voz de silbido, agudo y tieso:

> «¿Fabio está muerto?».
>
> «No —contestó el director—, pero está en coma. Se está debatiendo entre la vida y la muerte con una fractura de cráneo y múltiples fracturas en todo el cuerpo. ¿Usted tiene algo que decir, joven Daniel?».
>
> «Yo estuve en casa todo el día de ayer —replicó inmediatamente el papá de Antonio—, no recibí la visita de los chicos ni mi hijo me comentó que habían tomado».

> «Papá, yo no tomé, nadie lo hizo —dijo Antonio con voz altanera y defensiva—. Fabio fue el único porque se robó una botella de coñac de la cava del papá de Daniel».

»En ese momento me quería morir junto con Fabio. Solo volteé a ver a mi padre con el temor más grande que había experimentado en mi corta vida, y mis ojos entre llorosos alcanzaron a ver su cara furiosa y llena de vergüenza.

> «No tenía idea de que mi hijo había invitado a los hijos de todos ustedes a pasar un rato a la casa —comentó mi padre—. Efectivamente yo no estaba en casa y está claro que mi hijo abusó de nuestra confianza para permitir que su amigo tomara lo que no le pertenecía. Y no lo tomen a mal, por favor, toda esta situación me llena de vergüenza por no estar pendiente de mi hijo, pero creo que aquí hay muchos responsables, empezando por todos los padres aquí presentes que tampoco sabían dónde estaban sus hijos a esa hora, así como los padres de Fabio, que además de no saber de él, lo educaron mal por tener esas malas mañas de tomar una botella de alcohol en una casa ajena. Claro, lamento mucho la situación actual del chico, pero, por Dios —dijo alterado—, ¿puede alguien explicar exactamente lo que sucedió?».

> «Sí, papá —dije—. Yo invité a mis amigos a la casa a las 6 de la tarde y estuvimos fumando marihuana un par de horas antes de que tú y mi madre volvieran de su compromiso. Nadie nos dimos cuenta de que Fabio estaba tomando alcohol hasta que ya era muy notorio. Antonio me advirtió del estado de Fabio; yo revisé su chaqueta, vi la botella, me asusté y lo corrí inmediatamente para no tener un problema contigo y con mamá. Los demás también se fueron enseguida, cada uno por sus propios medios, y no supe más. Yo mismo guardé la botella de vuelta en su lugar y sí me di cuenta de que tomó demasiado».

»El director no nos suspendió ni nada porque todo fue fuera de las instalaciones del colegio y del horario escolar. Pero no nos salvamos de una cátedra respecto a los peligros que corremos todos los días.

»Así quedó claro todo. Mi padre tuvo que hacerse cargo de todos los gastos de hospitalización de Fabio por 16 días; después murió. Sus padres demandaron al mío por negligencia, pero la demanda no procedió, ya que Fabio había incurrido en un delito dentro de una casa ajena. Sinceramente creo que fueron las influencias de mi padre las que no lo llevaron a la cárcel, injustamente, porque fuimos mis amigos y yo los que abusamos, aunque éramos ajenos de saber las terribles consecuencias que nos podría traer tener un comportamiento como el que tuvimos. Yo tuve la mala idea de asistir al funeral de Fabio. Fue la peor decisión. Sus padres me corrieron a gritos diciéndome asesino, y después de ellos 3 o 4 personas más. Quería meterme a la caja con Fabio, hasta que un señor me tomó de los hombros y me sacó del insulto y la agresión. En ese momento decidí que no quería tener hijos nunca: yo, adoptado porque mis padres biológicos murieron trágicamente, y los padres de Fabio, muriendo en vida por perder a su hijo en situaciones tan dolorosas. Siempre pensé que solo traemos a los hijos a sufrir o uno como padre sufre con lo que los hijos hacen.

»Después de ese amargo episodio, la perspectiva que tenía de la vida cambió radicalmente. A mis 17 años ya había madurado como 20 más. Me sacaron de la escuela, al igual que a la mayoría de mis amigos involucrados; para mis padres esa escuela era la mejor de la Ciudad de México y un acontecimiento así era muy bochornoso para ellos. Corrieron a Delia, mi nana. Esa fue la que más me dolió, porque me quería muchísimo. Yo siempre supe que era adoptado, y mi nana Delia me decía constantemente y en secreto:

«Yo conocí a tus papis, eran muy buenos, muy guapos y muy sensibles como tú».

»La extrañé muchísimo. Después mis padres me inscribieron en un colegio de menor nivel; no tenía amigos porque todos me veían con cara de culpable —conocían la historia porque salió en todos los periódicos—, y eso de alguna manera me ayudó a enfocarme en los estudios. Terminé ahí mi preparatoria con mención honorífica y me mandaron a Inglaterra para estudiar una carrera. Allá estudié Historia del Arte en la Universidad de Cambridge. Los 6 años que pasé ahí salvaron mi vida. Llegué ahí hundido en la tristeza y el coraje, y salí de ahí con esperanzas de vivir sin recordar. Regresé a México, a casa, con 24 años, un inglés perfecto y mis maletas. Mis padres me recibieron con una comida en casa. Fueron mis tíos, mis primos y mis abuelitos. Me dio mucho gusto verlos a todos; sabía muy poco de ellos, solo lo que mi mamá me contaba en las cartas que recibía cada 6 meses.

»Entré a trabajar al Museo de Antropología como subdirector por las palancas de mi padre. Ahí conocí a Susana. Ella era una hermosa joven de 24 años que se encargaba de hacer los programas para el museo: eventos, visitas escolares, exposiciones, etcétera. El impacto al verla fue inevitable. Ambos conectamos con los ojos inmediatamente. Ahí sentí una conexión muy parecida a la que sentí contigo, pero diferente. Cuando vi la cara de Susana y enfoqué mi mirada en sus ojos marrones, vi su alma; sentí que un frío recorría todo mi cuerpo, me llené de emoción como si la hubiera vuelto a ver después de muchos años. No sabría describirte cómo fue esa sensación. Un tiempo después, cuando ya éramos novios, ella me dijo que sintió exactamente lo mismo cuando me vio por primera vez. Gracias a eso entendí todo: los dos sabíamos que había sido un reencuentro de almas y sabíamos que era para continuar algo que quedó pendiente en otro momento.

—¿Desde entonces lo sabes? —le pregunté atónita por tan increíble historia.

—Desde entonces lo sentí, no lo supe a ciencia cierta sino hasta que murió Susana. Investigué por todos lados cómo podría hacer para volver a estar con ella. Fui 3 años al psiquiatra, tomé clases de yoga, empecé a comer muy sano, aprendí a hacer respiraciones para conectar con mi espíritu. Para entonces ya había perdido a mis padres y mi hermana falleció unos años después en París de cáncer en el páncreas. La única familiar que tengo es mi sobrina Regina que vive cerca de Madrid —contestó Daniel con absoluta serenidad.

—Wow, Daniel. Lamento que haya sido tan dura tu vida, nunca lo imaginé. ¿Y qué es lo que haces ahora además de pintar? —le pregunté sorprendida.

—Me voy a comer o a cenar con los benefactores de la fundación de Susana. Ella tenía mucha ilusión de expandir los centros de ayuda a todos los estados de la República, y aún queda mucho por trabajar, pero al menos ya logramos abrir 4 centros más, en Colima, Hidalgo, Guanajuato y Aguascalientes. Digamos que yo me encargo de exprimir el bolsillo de mis amigos para que la fundación siga viva.

—Admiro tu labor, Daniel, me da mucho gusto que hayas continuado con el legado de Susana. Ella está pendiente de todo lo que haces con seguridad.

—Gracias, Eli, es lo que tengo ahora y me gusta. En especial mis amigos del taller —tomó mis manos de nuevo, esta vez ya no me sentí incómoda—, y no sabes qué alegría fue encontrarte.

Sus manos eran tan cálidas, suaves. Y dejé que tomara mis manos sin preguntar más; ya todo estaba claro. La vida me iría dando pistas.

X
El viaje

Todos los días me apuraba con mis tareas para lograr leer antes de dormir al menos una hora los libros que Daniel me había prestado. Algunas veces me dormía un poco más tarde con tal de leer una hora más. A diario sentía el apuro de llegar a la noche para leer y saber más y más, hasta que un día sábado desperté de nuevo sudando y llorando. El mismo sentimiento de siempre invadía mi corazón y mi mente; sentía agonía y tristeza. Decidí darme un descanso y salí muy temprano a caminar. El aire era fresco, pero la temperatura muy agradable; no sentía ni frío ni calor. Me senté un rato en una banca cerca de la Fuente de Cibeles (una copia exacta de la Fuente de Cibeles original que se encuentra en España). Ahí me puse a observar a la gente. Antes me había comprado un café negro, al que le añadí la crema en la superficie, tal como lo hacía Daniel. Solo miré y miré a mi alrededor hasta por dos horas. Le di un receso a mi mente; trataba de no pensar en nada que se relacionara con lo que soñé la noche anterior, solo enfoqué mi mente en observar detenidamente a las personas que por ahí pasaban: al joven que caminaba con prisa para llegar a su destino; a un par de turistas que esperaban el Turibús de la ciudad; a una pareja de extranjeros que andaban en bicicleta, gafas oscuras y tenis fosforescentes; a la familia que tenía el tiempo de pasear a los hijos; a las amigas que se les hacía tarde para llegar a la cita que tenían en el restaurante; a los maratonistas que pasaban corriendo observando en su reloj sus tiempos récord; a los señores que ocupaban un lugar alrededor de la fuente para ofrecer en venta los algodones de azúcar de colores con pequeños juguetes para los niños, los globos y las tortuguitas de cabeza bailarina. Con cada uno de ellos me inventaba una historia que justificara que todas esas personas estuvieran ahí y que todas coincidieran.

Ese sábado por la tarde me reuní con mis hijos. Solo faltaban 15 días para irme a Madrid y quería compartir con ellos mi emoción y mi felicidad. Organizamos una comida en casa de una de mis hijas; llevamos cada uno un platillo y algo de tomar. Las reuniones en familia siempre eran un deleite para mí; eran de mis momentos favoritos. Todos estábamos en calma y sonrientes, la mayoría con sus parejas, contentos, con ganas de convivir, y con nuestra peculiar sobremesa acompañada de vino tinto, tarta de durazno y pastel de moca, el favorito de mi hijo. Entre abrazos, besos, carcajadas, anécdotas y preguntas, surgió una muy especial por parte de Sofía, mi hija menor:

—Ma, ¿y si te ligas a un español en Madrid, te lo traerías?

Solté la carcajada y escupí el vino que estaba a punto de deglutir.

—¡Sofía! Date de santos que no he ido a comprar mis hábitos. Ya no tengo ganas de andar en esos trotes. Ahorita estoy enfocada en el arte, en mi escultura, y por supuesto que mi deseo es seguir esculpiendo. No saben lo agradecida que estoy con la vida de tener esta oportunidad tan grande de que una de mis obras se presente en un museo tan importante. Yo sé que hay muchísimo talento y que, como yo, todos los artistas anhelamos un reconocimiento internacional, pero no sé, la verdad, hoy, me siento única.

—¡Eres única, má! —exclamó mi hijo—, y por si no te habías dado cuenta, estás guapísima y eres una chingona, ¡y claro que llamarás la atención de muchos!

—¡Ay, sí! Pero no, no, no, no, no, estoy negada en serio. ¡Qué flojera! —contesté al halago.

—¡Ay, cállate, má! ¿En serio flojera? Si eres la persona y mamá más divertida que conozco —interrumpió Dara, mi otra hija—. Pero mi má tiene razón, ahorita está concentrada en hacer lo que siempre había querido hacer. ¡No la distraigan con pendejadas!

Los gestos de cariño eran muchos, de todos; era lo mejor que tenía en la vida. Ni el sueño de ser la mejor escultora podría ser mejor que esos momentos en los que me sentía tan amada y aplaudida por las personas que más amaba.

Los días siguientes traté de hacer mis días como de rutina y dejaba espacio para ir metiendo cosas a la maleta, leer los libros que me dio Daniel y preparar regalitos mexicanos como llaveros, plumas, libretas pequeñas e imanes para el refrigerador, por si tuviera oportunidad de regalar a quienes me ofrecieran un servicio en España o a los organizadores de la exposición. Más cerca de la fecha de mi viaje dejé un último libro para leer en el avión y los ratos que estuviera en mi hospedaje. Los otros libros los leí como agua; todos hablaban de almas gemelas, llamas gemelas, la reencarnación, las regresiones, etcétera. Asimilé cada palabra que leí en cada uno de los libros, tomaba nota de los conceptos que más me impactaban, subrayaba con lápiz lo que me hiciera sentido volver a leer después. En hojas aparte hice muchos dibujos a lápiz, un árbol genealógico y trataba de pensar en cada una de las personas que habían existido en mi historia de vida de manera significativa; quería situar a cada una de ellas en un lugar importante en mi corazón. Empezando por mis hijos, que era a los que más agradecía a la vida por haberlos tenido; después mi familia primaria, mis padres y hermanos; algunos tíos o primos (no todos figuraban como importantes en mi lista) y, por supuesto, los amigos y amigas que habían dejado huella en mí, sobre todo de los que había aprendido algo importante. Incluso aquellas personas que me habían traicionado o me habían lastimado, entendí que tenían que haber pasado por mi historia, pues de ellos o de esas experiencias yo maduraría mi criterio y engrandecería mi espíritu y mi humildad.

Entendí que en algunas personas yo también influí, también serví para que otros crecieran en algún sentido; que las almas vienen a aprender de lo bueno y de lo malo para evolucionar y cumplir la misión de la vida que nos toca vivir. Supe por qué Daniel espera reunirse con Susana otra vez, en otro plano; entendí por qué él se ve contento y su alma se siente en paz después de tan dolorosa experiencia: él ya había procesado la manera en que Susana tuvo que irse para que él se convirtiera en su mejor versión y estar listo para irse con ella. Aún no sabía si Daniel tenía algún pendiente que cumplir en esta vida para sentirse listo de verdad; por lo pronto me quedaron claras muchas cosas.

Siempre que leía trataba de poner un par de velas encendidas en las esquinas del departamento, tomaba un par de copas de vino tinto, prendía un incienso de palo santo y ponía en volumen bajo la música clásica que más me gustaba, todo para crear un ambiente de concentración y apapacho.

Faltaban 2 días para emprender el viaje, los nervios estaban a mil. Era la primera vez que viajaba a Europa y los aviones me daban miedo, especialmente después de la historia de Susana, solo que era tan grande el sueño de estar allá con Lupe que cualquier miedo era derribado por la emoción. Fui al taller para despedirme de mis amigos y para que me llenaran de buenas vibras, las necesitaba muchísimo.

Llegando al taller ya todos me esperaban con gran emoción, sabían que yo me iría y hablaría de todos ellos, del taller y de mi profe. Todos me desearon la mejor de las suertes y me encargaron que les enviara fotos de todo. La despedida se sentía distinta, no me la esperaba; parecía que me iba mucho tiempo y no quince días como estaba planeado. Ya casi para irme a casa, Dan se acercó a mí para decirme:

—Eli, ¿puedo pedirte un favor? No quiero comprometerte en absoluto, pero ¿crees que puedas darte un espacio de una hora tal vez para ver a mi sobrina y entregarle esto? Yo hablé con ella ayer en la noche y le comenté que una gran amiga mía iría a Madrid, y me dijo que ella no tenía problema en ir a Madrid para saludarte.

Daniel me entregó una pequeña caja que traía varias cosas dentro. Yo sabía que él nunca iría a España: odiaba viajar en avión, ni siquiera se acercaba al aeropuerto.

—Por supuesto que sí, Dan, cuenta con ello. Me dará mucho gusto conocer a tu sobrina y entregarle tu encargo —contesté y lo abracé fuerte.

—Se llama Carolina, ya te mandé su teléfono al móvil y me atreví a darle el tuyo. Espero que no tengas problema —dijo Daniel.

—Claro que no es problema, Dan, yo me pongo en contacto con ella en cuanto llegue a Madrid.

Nos dimos otro abrazo, largo y sentido. A él se le salieron las lágrimas; tenía muchos sentimientos encontrados: por un lado, me iba yo y me iba en avión —eso era aterrador para él, le era muy difícil despedirse de alguien que viajaba en avión—; y por otro lado, le conmovía que su sobrina recibiría esa cajita que contenía cosas tan especiales y significativas para él y para ella. Yo entendí su abrazo y sus lágrimas, pero al mismo tiempo sentía que era demasiado para solo quince días. Correspondí su abrazo con efusividad, respeto y cariño.

Eran finales de febrero y yo estaba formada esperando ser atendida en el mostrador de la aerolínea. Hacía mucho frío; tenía las manos heladas y las rodillas me temblaban. Escuché un grito a lo lejos: «¡Mamá!». Eran mis hijos que habían llegado para darme el último abrazo. Me llevaron unas pequeñas flores de papel hermosas para poder llevarlas conmigo y unos chocolates para comer mientras volaba. No esperaba menos. Los hijos son el motor de la vida; no es como piensa Daniel. Los hijos son, aunque a veces los lloremos y los suframos tanto, el amor más sagrado que uno pueda sentir.

Eran las 21 horas del día y el avión comenzó a moverse. Era de noche y comencé a leer el último libro: *Muchas vidas, muchos maestros* de Brian Weiss.

XI
Madrid

Madrid, 2020

Después de casi 11 horas de vuelo llegué al aeropuerto Adolfo Suárez en la ciudad de Madrid. Me sentía sumamente cansada y no deseaba nada más que llegar al hotel para ducharme, comer un sándwich y dormir un poco. El primer día lo tenía libre para reponerme del vuelo y ajustar un poco mis horarios. Camino al hotel pude observar lo hermosa que es la ciudad; no distaba mucho de la Ciudad de México, con enormes edificaciones antiguas de belleza extraordinaria. El hotel Iberostar estaba a tan solo 14 minutos del aeropuerto. Era un edificio precioso por dentro y por fuera, con balcones hermosos en las habitaciones, unas escaleras lujosas y muy largas, cafeterías modernas con diseño de la década de los 70, paredes con azulejos y columnas de madera tallada. Ese edificio fue construido entre los años 1915 y 1917. Se le conocía como las «Viviendas del conde de Artaza» y fue por muchos años la casa del conde de Artaza Julián Olivares y Solivian, un madrileño de la aristocracia de aquellos años. Me sentía dentro de un libro de historia; además, la comida era extraordinaria.

No tardé en darme un baño, acomodar mis cosas en las cajoneras del cuarto y ponerme un vestido con botas, abrigo corto y lentes oscuros para salir a comer algo y caminar un poco. Camino a mi destino sin rumbo, con muchísimo frío pero con una sonrisa de oreja a oreja, me encontré una cafetería donde vendían churros con chocolate. No titubeé en entrar a «Los entendidos», donde por fin sentí que me acercaba un poco a sentirme como en casa. Necesitaba ese chocolate caliente para poder nivelar mi temperatura corporal. Vi que había más cosas y no tardé en pedir unos huevos rotos, una delicia.

Caminé por todas las calles posibles y llegué al Museo Nacional del Prado. Mi cara lo decía todo: parecía que había visto a la luna en persona. Me quedé parada enfrente de él solo observando su fachada, sola, sin hacer ningún otro movimiento, solo viéndolo. Fijé mis ojos en cada una de las columnas y los detalles de su arquitectura. Me entró una emoción indescriptible, busqué dónde sentarme y me cuestioné tantas veces: «¿Cómo es posible que ahora estoy acá? ¡Qué suerte tan grande tengo!». Me sentía tan afortunada. No quise entrar al museo hasta el siguiente día, que era la inauguración de la exposición. La organización ya se había encargado de todo y «Lupe» había llegado a Madrid 15 días antes que yo. Dos horas después decidí regresar al hotel para dormir un rato. El rato fue de unas 5 horas; fueron las mejores horas de sueño de mi vida.

En la tarde-noche no sabía si salir o no. El frío estaba brutal y no quería pescar un resfriado, para asistir al día siguiente muy repuesta y llena de energía. Era mi noche, era muy importante para mí verme lo mejor posible. Me recosté en la cama, repasé todos los canales de televisión que se veían en la ciudad: la mayoría eran de películas españolas, juegos o concursos, muy divertidos todos. Me preparé para dormir y retomé lo que me faltaba del libro que empecé a leer en el vuelo. Tomé dos horas y media y el sueño ya no me permitió continuar. Cerré el libro y continué con mi descanso.

El día había llegado y yo estaba más emocionada que nunca. Me levanté, me arreglé y salí a dar una caminata por toda la calle Gran Vía para buscar un lugar donde tomar un desayuno. Logré tomar un café con leche y una caña de crema en una pequeña cafetería. Recorrí la calle lo más que pude; estaba llena de autos, camiones y tumulto. Todas las edificaciones eran preciosas. Me senté a dar un descanso y recordé que no le había marcado a Carolina, la sobrina de Daniel. Tomé el móvil y le mandé un mensaje:

> Hola, Carolina, soy Elisa, amiga de tu tío Daniel. Llegué el día de ayer a Madrid. Aquí tengo unas cosas que Daniel envió para ti. El día de hoy es la inauguración de la exposición a la que vine, en el Museo del Prado. Si tienes oportunidad podemos vernos ahí, los boletos se adquieren en línea. De no ser así, dime qué día podemos vernos. Sé que no vives exactamente en Madrid, pero yo me quedaré 13 días más.

Carolina inmediatamente me contestó:

> Elisa, ¡qué alegría saber que ya estás aquí! Mi tío me dijo de la exposición y ya tenemos nuestras entradas. Nos dará muchísimo gusto saludarte. Ahí nos vemos. ¡Abrazo!

Bueno, al parecer todo iba de maravilla; me sentía tan contenta. Seguí caminando por toda la avenida, había mucho que disfrutar y antes de volver al hotel pasé por algunos alimentos.

XII
Patricio y el museo del Prado

Volví al hotel. Me di un baño con un gel de baño que había comprado en una boutique de la calle Gran Vía de aroma a lavanda y rosas. Entre el vapor de la ducha y el olor de este gel, mi limpieza se volvió un ritual: acaricié mi cuerpo imaginando que lo reparaba y lo preparaba para una noche única que nunca se repetiría jamás y que sería el parteaguas de mi vida. También compré una botella de crema corporal que unté con apapacho. No dudé en poner un poco de perfume en cada pliegue de mi cuerpo; quería ser discreta, sutil. La ropa la escogí con cuidado para ese día. Mi ropa interior hacía juego en color negro con un pequeño encaje en las orillas. Mis manos las había exfoliado, así como a mi rostro. El vestido que elegí para esta ocasión lo elegí en colores naranjas, rosas mexicanos y morados oscuros: de cuello halter, largo y volado hasta los pies, con sandalias en color dorado como el brazalete que puse en mi mano derecha. Amarré mi cabello, usé unos pequeños aretes morados y usé un maquillaje sencillo con párpados oscuros y labios rosa pálido. Con los colores naranjas y rosados quería representar los colores mexicanos, vivos y alegres. Puse demasiada atención a mi arreglo, como si esperara encontrar algo más aparte del reconocimiento y mención de mi nombre, el de mi obra y el de todos los escultores y artistas extranjeros que presentábamos nuestro trabajo esa gran noche. Tomé mi abrigo, mi pequeño bolso y pedí un taxi para llegar lo antes posible.

Llegando al museo me encontré con demasiada gente, mucho glamour, muchos fotógrafos. Parecía que asistirían personalidades de la farándula, del gremio político, social, así como artistas reconocidos, entre otros. Entré sola y caminé entre tanta gente un poco apenada. No sabía a quién mirar o a quién dirigirme; solo entré. Se acercó un amable mesero a ofrecerme una copa de vino blanco y la acepté. Ya se veían las pinturas y esculturas a lo lejos; lucían hermosas, radiantes, eran las protagonistas de la noche. Caminé un poco más entre el murmullo y risas de la gente. Quería llegar lo más cerca posible a la exposición, que se mantenía cerrada por un listón rojo. Cerca de ahí había unas enormes mesas con canapés. No tenía hambre, pero vi que unos tenían salmón ahumado y aceituna negra, la combinación perfecta para mí, y no dudé en probarlos. Comí uno tras otro al no tener con quién platicar. Bebí mi vino y rellenaron mi copa unas 4 veces. Lo necesitaba para poder compensar todo el canapé que me comí, además de no saber qué más hacer. Todos tenían círculos cerrados, no sabía cómo intercambiar palabras con nadie. Aun así, me sentía tan contenta.

La gente comenzó a acercarse al listón rojo, pues la inauguración iba a dar comienzo. Éramos cientos de personas y yo sola, esperando la llamada o el mensaje de Carolina para conocerla y tener con quién platicar. Tomó el micrófono la directora general de Patrimonio Cultural de Madrid y dio una breve introducción enalteciendo la sede —el Museo del Prado— y su historia, agradeció la asistencia de los presentes y reconoció a los artistas que participamos en la exposición. Yo la escuchaba hablar y hablar y cada vez me sentía más sensible y mareada. En un momento sentí la necesidad de dirigir mi mirada específicamente en una dirección adonde sabía que no habría nada interesante que ver, pero adonde tuve que hacerlo porque sentí que alguien me observaba con persistencia, como esas veces que sientes lo que no ves y, aún mejor, sientes cuando alguien te ve. Busqué entre tanta gente a ese o a esa que me miraba con tanta insistencia, pero no logré encontrar a nadie; todos se veían atentos a lo que escuchaban.

Después de las palabras de la directora y fuertes aplausos, tomó la palabra la organizadora del evento y del movimiento «Mujer fuerte», quien, además de agradecer a todos los participantes y asistentes, mencionó a los artistas uno por uno. Al final el aplauso para todos se hizo uno solo e hizo vibrar todo el entorno. Se respiraba alegría y, con una enorme sonrisa y entusiasmo, fue el reconocido pintor y escultor madrileño, el maestro Juan Sergio Urriaga, quien cortó el listón rojo y así dio por inaugurada la exposición. Todos aplaudimos llenos de gozo y entramos con júbilo para apreciar y disfrutar cada una de las piezas. Por supuesto, yo no dudé en buscar a Lupe inmediatamente. En el camino, y gracias a las copas que ya me había tomado, tropecé con mi propio vestido: caí de rodillas y tiré mi bolsa.

—¡Cuidado! —gritaron unas 6 personas al mismo tiempo.

Sentí una mano fuerte que tomaba mi brazo derecho y otra que tomaba mi cintura por el lado izquierdo para ayudarme a levantar mi cuerpo adormecido y aflojado gracias a mi compañero del evento: el vino tinto. Sentí tanta vergüenza que no quería ver quién me había levantado; sin embargo, cuando inevitablemente lo hice, comencé a reír, a dar gracias por triplicado y a justificar la caída con el largo de mi vestido.

—¡Ay, qué pena! Muchísimas gracias. Este vestido es hermoso pero muy traicionero —dije con pena.

—No te preocupes, lo bueno es que estaba cerca de ti para ayudarte. ¿Te lastimaste las rodillas? —contestó mi héroe.

—No, no, todo está bien de verdad —dije.

—¿Te espera alguien? ¿Has venido con alguien? Me llamo Patricio y me dicen Pato —me extendió la mano y le di la mía.

—Soy Elisa, mucho gusto. Vine sola en realidad. Quedé de verme aquí con la sobrina de un amigo mío que no conozco, es decir, no conozco a la sobrina, a mi amigo sí, ja, ja, ¡qué tonta! Pero yo vengo desde México, soy una de las participantes de la exposición y, por lo que veo, eres mexicano también, es decir, tu acento. ¡Qué gusto! ¿Vives aquí en Madrid? —sentía la cara caliente y seguramente estaba roja.

En cada intercambio de palabras, las miradas de ambos no se distraían con nada más, aunque no estaba segura de que mis ojos se iban de repente a otro lado gracias a todo lo que tomé.

—Estamos de suerte, Elisa. No vivo en Madrid; igual que tú, también vengo desde México —contestó Patricio.

—¡¿Elisa?! —gritaron mi nombre desde lo lejos—. ¡Elisa!

Volteé y vi que a lo lejos caminaba hacia mí entre el tumulto una mujer de unos veintitantos con una sonrisa de oreja a oreja, acompañada de un hombre que le tomaba el brazo. Yo la observé sin saber qué hacer y hasta un par de minutos después caminé hacia ella con la certeza de que se trataba de Carolina. Hasta ese momento me di cuenta de que apenas había soltado la mano —después de casi 5 minutos de charla— de quien me había levantado del suelo. La comodidad que sentía dejó de ser y sentí un cambio de temperatura de muy cálido a muy frío. Al darme cuenta, miré hacia atrás buscando a mi compatriota, pero lo perdí de vista.

—Eres Elisa, ¿cierto? ¡Qué gustazo! Soy Carolina y él es mi novio Juan.

—¡Carolina, qué gusto conocerte! ¿Cómo diste conmigo?

—¿Estás de broma? Mi tío me ha mandado sinfín de fotos del día que ganaste el concurso en la Ciudad de México —dijo Carolina.

—¿Sí? ¡Ese Daniel! ¡No sabía! ¿Ya bebiste algo? ¡Por allá hay canapés y vinos deliciosos! —le dije muy feliz y muy copeada.

—Vamos a ver tu escultura, Elisa. Morimos de ganas de conocerla; mi tío nos platicó tanto de ese día.

Y nos fuimos los tres tomados del brazo a explorar toda la exposición. Me sentía tan contenta de andar así, aunque me quedé inquieta por haber perdido a Patricio. Y al decir inquieta me refiero a quedarme con sentimientos encontrados: por un lado me sentía relajada y feliz y, por otro, me sentía incompleta. Por fin encontramos a Lupe y mi corazón se exaltó con tanto gozo; sentía que había encontrado a otra hija mía. Las lágrimas se me salían de tanta felicidad y Carolina y Juan me abrazaban y felicitaban como si nos conociéramos de años atrás. No dejaba de verla y no dejaba de sonreír.

Carolina y Juan llevaban unos 4 años de ser novios. Ya vivían juntos. Los dos habían encontrado en ellos la clave perfecta de la felicidad, y esa era divertirse con todo y con todos. Su sangre era tan ligera (un poco como la del tío Daniel) y sus formas de ser, tan relajadas y confianzudas, hacían sentir al resto como parte de ellos y de su libertad.

La noche continuó llena de admiración, glamour y excitación. Me acerqué a quienes reconocía como a los artistas que participaron en la convocatoria al igual que yo para darles mi felicitación; realmente sus obras eran fascinantes. También me acerqué a los artistas reconocidos para expresarles mi admiración y, finalmente, una televisora se acercó a mí para hacerme una pequeña entrevista, como a varios de los artistas que participamos. Todo empezó a fluir y yo me sentía una auténtica mujer fuerte: como nunca me había sentido, como nunca nadie antes me había hecho sentir, como Lupe.

Carolina y Juan me acompañaron al hotel a medianoche. Nos fuimos caminando entre el viento frío y los pies más cansados que nunca. Llegando a mi habitación, ya sola, sentía una enorme felicidad. Gracias al cielo ya había terminado el evento y todo fluyó bien; mis temores se disiparon y mi autocrítica se puso medallas de oro. Aventé los zapatos, desamarré mi cabello, me quité los accesorios y me acosté boca arriba en la cama mirando hacia el techo. Venían imágenes de la inauguración a mi mente de manera consecutiva: cuando llegué al museo, cómo entré, cómo observé a la gente, lo que hice después y así sucesivamente. El momento en que llegaba al punto de mi vergonzosa caída, repetía en mi cabeza la escena en que fui rescatada una y otra vez. Me detenía justo cuando veía los ojos de mi compatriota, de Patricio, y volvía a repasar la escena, así unas 10 veces, y cada vez que la repetía lograba ver un detalle más en su rostro: la ceja poblada, la pestaña abundante y rizada, el color marrón de sus ojos, su particular brillo, la profundidad de su expresión, la profundidad y la profundidad, y más profundidad, hasta que me quedé dormida.

Al día siguiente desperté tumbada en la cama, vestida y sin tapar. Sentía la cabeza que me volaba y los ojos hinchados. Vi la hora y pasaban de las 10 de la mañana. Tomé un baño relajado y me puse lista para ir a conocer la ciudad. Unos jeans y unos buenos tenis eran mis mejores aliados; ya tenía planeado caminar por toda la ciudad para conocer lo más que pudiera. Empecé por tomar un desayuno en la cafetería del hotel. Cuando revisé el móvil ya tenía más de 25 mensajes. Mis hijos buscándome para saber cómo me había ido en la inauguración; pedían que les mandara fotos. Daniel, el profe y Laura pedían ver lo mismo, aunque en el grupo de chat que teníamos con todos los del taller, Daniel ya había subido algunas fotos que Carolina le había mandado desde la noche anterior (por cierto, le mandó las peores; mi cara no era lo mejor de las fotos). Carolina me había escrito también, desde las 7; me estaba invitando a un concierto donde ella participaría con el flautín. Me envió la invitación. Era un evento gratuito en el Conservatorio Superior de Música de Madrid, no muy lejos del hotel, a solo 7 minutos en taxi o a 20 caminando. No puse atención en el programa, solo me enfoqué en la dirección para saber si estaba lejos o no de ahí y en que tenía que ir a comprar un vestido: solo había llevado el que usé para la exposición y el resto de la maleta la llené con ropa de calle.

Fui a un centro comercial llamado Príncipe Pío, a una media hora caminando del hotel, y encontré un lindo vestido verde botella. Aproveché para visitar la Plaza de España, uno de los sitios más emblemáticos de Madrid, con edificios hermosos, una hermosa fuente rodeada de flores, un monumento histórico con esculturas increíbles (entre ellas la de Miguel de Cervantes) y un estanque rodeado de jardines y árboles.

Después visité la Plaza de Oriente, donde están los jardines de Sabatini y el Palacio Real. Subí a la cúpula de la Catedral de la Almudena y desde ahí pude observar la ciudad de Madrid cobijada por los rayos solares y un aire frío pero exquisito. Ponía atención a todo lo que veía, pero le prestaba atención aún más a lo que sentía. Era muy extraño: sentía que yo ya conocía todo eso, que ya había estado ahí, un *déjà vu*. Me sentí feliz por esa sensación; empezaba a creer en todo lo que había leído en los libros que Daniel me prestó. «Quizás en estas tierras conocí a Daniel y fue mi mejor amigo o mi padre», pensaba mientras veía todo con entusiasmo.

De regreso al hotel me sentía cansadísima. Creo que era el desvelo y resaca de la celebración del día anterior, el desgaste emocional que tuve, las 4 horas que estuve caminando por la ciudad, el tumulto del centro comercial y la emoción de lo que me faltaba por recorrer los siguientes días durante mi estancia en Madrid.

Me quedé dormida en la tarde-noche mientras descansaba y un par de horas después me despertó un grito lleno de angustia. Me levanté inmediatamente y me di cuenta de que había sido yo quien gritó de esa manera tan lastimosa; mi playera estaba empapada en sudor y los cabellos que cubrían parte de mi frente también. Mi cara se sentía mojada por las lágrimas que había derramado no sé cuánto tiempo. Parecía que mi sueño no había durado dos horas ni minutos, ni los últimos minutos antes de despertar como algunas personas dicen, sino que había durado años, años de sufrimiento. Me fui llena de temor al balcón de la habitación, me coloqué una cobija encima y con mucho temor traté de recrear todo lo que había soñado.

Parecía que los sueños que había tenido de niña, esas pequeñas escenas, empezaban a tomar forma. Soñé con una niña pequeña, feliz, con vestido de color durazno y un pequeño delantal, con el cabello trenzado, corriendo entre flores lilas y mucha felicidad. Después vi a esa misma niña llorando, llorando mucho. Se tomaba de la mano de alguien más, alguien igual de pequeño que ella; caminaban juntos, corrían, se escondían, y de nuevo veía a la niña llorar. Recordé que en el sueño había muchos colores y, seguido de ellos, veía otra vez llanto, soledad. A la niña ya no tan niña la veía muy triste. Después tuve otro sueño: veía a un hombre sufrir lleno de sangre, una joven llorando con mucho dolor, muchísimo dolor, y mientras recordaba yo sentía un dolor profundo en la boca del estómago. No pude evitar llorar.

De niña, siempre que tenía este tipo de sueños lloraba y mis padres no me ponían mucha atención. En repetidas ocasiones les platiqué mi sueño. Sabían que era recurrente y, sin embargo, pensaban que veía mucha televisión y que eso era lo que provocaba que yo tuviera pesadillas. Nunca nadie puso atención en que los sueños eran siempre los mismos: eran las mismas personas con las que yo soñaba y eran siempre las mismas historias. No dejaba de llorar en aquel balcón; quería encontrar una respuesta, me sentía desesperada.

Tomé el móvil para escribirle a Daniel y contarle lo que me pasó, pero me arrepentí de hacerlo. No me gustaba sentir que dependía de él todo el tiempo, que cualquier sufrimiento tenía que buscar su empatía y consejo. No me gustó verme necesitada de alguien más. ¿Dónde estaba la Elisa fuerte? ¿Por qué logré expresar la fortaleza de una mujer en una hermosa escultura y no representaba esa fuerza en mis propias decisiones? Terminé el día llorando sola, haciéndome responsable de lo que me sucedía y pensando cómo podría superar ese dolor que no me pertenecía (no era yo la de los sueños). Tenía que terminar con eso de una vez por todas. Al final también me sentía contenta por todo lo que había hecho en el día, sola.

Al día siguiente tomé la bicicleta para ir más lejos y conocer más lugares. Ese día me atreví a probar los caracoles a la madrileña. No los había probado antes. El platillo, aunque un poco condimentado, era exquisito y lo acompañé con un vino tinto de la casa. Finalicé con unos bartolillos y un café con canela, toda una delicia. Ya en el hotel, preparándome para asistir al concierto, recibí una llamada: era Daniel.

—¡Eli! ¿Cómo estás? ¿Cómo te ha ido en Madrid?

—Hola, Dan, ¡qué gusto escucharte! Estoy bien, gracias, muy feliz. Acá la comida es deliciosa y la gente muy amable.

—Cuéntame bien cómo te fue en la exposición. Le caíste de maravilla a mi sobrina. Me dijo que te invitó a un concierto, ¿irás?

—Me fue de maravilla. Ya viste las fotos, ja, ja, salgo horrible, pero me sentí súper contenta. ¡Tu sobrina, una chulada! Tanto ella como Juan, su novio, me han tratado casi como si fuéramos familia.

—Sí, justo así le pedí que te tratara. Le dije que eras muy importante para mí.

—Gracias, Dan, no sabes qué maravilla. Hoy le entrego a Carolina la cajita que me diste. Después del concierto iremos a cenar.

—Me alegra, Eli. Me encanta saber que no estás sola y que te sientes cómoda con ella y su novio.

…

—Ayer volví a tener ese sueño, Dan. Pensaba escribirte y tú te adelantaste.

—Qué extraño. Ayer me sentí triste y tenía ganas de llamarte, pero no quería ser inoportuno. Solo que hoy no aguanté y por eso te marqué.

—Dios, Daniel, estoy muy asustada. Está bien pensar en la posibilidad de haber coincidido en otras vidas, pero ¿por qué el sufrimiento? Y así ha sido toda mi vida, no me ha dejado disfrutar al cien mi vida actual.

—Debes tener algo pendiente, Elisa, algo que resolver que no lograste resolver en otra. Así es, así pasa. Creo que además tú tienes más desarrollada la memoria de tu alma que otras almas o algo muy profundo debiste pasar en otra.

—Ya no quiero creer en eso, Dan, no me conviene. Aún no termino de resolver lo que tengo que hacer en esta vida y ya quiero resolver lo que dejé en otra; no acabaré nunca.

—Bueno, lo que tienes que resolver en esta no se resolverá hasta que mueras, eso no tiene fin.

—Bueno, sí, eso lo entiendo, pero todo esto me está generando más estrés del que ya tengo, eso es lo que quiero decir.

—Bueno, digas lo que digas, no es algo que tú te estés generando por gusto, ¿verdad? ¡Al menos lo que me has dicho es que es algo que te ha estado sucediendo desde que tienes uso de razón! ¿Cómo puedes ignorar eso? ¿O tú misma provocas el llanto y el sufrimiento cuando despiertas? No es así, Eli. Me preocupas y me interesa que resuelvas.

—¡Basta! ¡Qué agobio! —contesté en tono de desesperación.

—Perdón, solo quiero ayudar, y de paso ayudarme. Sabes que tengo la misma incertidumbre. En fin, lo haré solo por mi lado.

—¿A qué te refieres, Daniel? —pregunté con cierta molestia.

—A que ya no quiero agobiarte con mi insistencia de que busques qué es lo que te está haciendo sentir así para yo saber quién eres o quién fuiste en mi historia. Yo buscaré por mi parte, no sé cómo, pero algo haré —contestó Daniel con determinación; se le escuchaba un poco harto de no convencerme de hacer lo mismo.

—No quise excluirte de esto, Dan, es que me está costando mucho trabajo, pero creo que tienes razón en decir que debemos trabajarlo cada uno por su parte.

—Sí, bueno, yo no he hecho nada más que darte consuelo y libros. Ten una bonita noche, Eli, disfruta el concierto. Te quiero.

—¡Gracias! También te quiero, y mucho.

La llamada terminó y me sentía incómoda. La conversación se tornó en molestia, en reclamo y en hartazgo, algo que no me había sucedido antes con

Daniel. Se sentía como si hubiera discutido con un familiar, con alguien que tuviera derecho sobre mí. Seguí con mi arreglo personal y, ya estando lista, pedí un taxi que tardó unos minutos en llegar por mí y de ahí me fui a la sala de conciertos.

Llegando al evento, me sucedió como en el Museo del Prado: no conocía a nadie y solo me vi rodeada de personas que hacían sus propios círculos. Tuve la suerte de llegar temprano y elegí sentarme en la tercera fila del lado izquierdo del auditorio. El recinto comenzó a llenarse poco a poco y el murmullo cada vez se hacía más fuerte, hasta que en menos de lo que pensé ya estaba completamente abarrotado el lugar. Apagaron las luces y los músicos comenzaron a entrar a sus lugares; hasta que las encendieron de nuevo y ya todos estaban acomodados. Entró el director y todos nos levantamos para aplaudir.

Leí el programa y vi que había artistas invitados de otros países. No terminé de leer cuando la orquesta comenzó a tocar una pieza de Nicolai von Wilm. El invitado especial era el violinista principal y venía de Alemania. Después la orquesta tocó varias piezas hermosas y yo solo me enfocaba en ver a Carolina; quería explicarle a detalle a Daniel cómo se veía y brillaba su sobrina en el foro. Después de 3 piezas, el director invitó al siguiente invitado especial: venía de México. Cuando entró y le dieron las luces en la cara, me di cuenta de que se trataba de mi héroe del día del museo, de Patricio: era el pianista que alegraría tres piezas esa noche. Mi cara se puso pálida, mi boca quedó completamente abierta y mis ojos desorbitados lo contemplaron a detalle mientras mi corazón trataba de salirse desesperadamente de mi pecho. Parecía que había visto a un fantasma. No creí encontrarlo de nuevo nunca más, y ahí estaba, dando una reverencia, seguido de sentarse frente a un hermoso piano de cola color negro, con un smoking también en negro de cola de pato y zapatos de charol muy brillantes.

Todos le aplaudimos. Tomó asiento, colocó su cola detrás del banco y comenzó a tocar *Première Gymnopédie* de Erik Satie. Lo hacía con tanta delicadeza que parecía que las teclas estaban hechas de cristal y podían romperse. Mi cuerpo empezó a sentir un adormecimiento y una agitación inexplicable; mis manos tomadas entre sí se acariciaban con cierto nerviosismo, tratando de calmarse una a la otra. La respiración iba tan rápido que sentí que la persona de al lado, un señor de unos sesenta años, volteaba a verme con cierta preocupación. Al término de esa pieza, mi aplauso era el más fuerte de todos. Me sentía tan emocionada. Con el ceño fruncido anunciando una angustia, parecía que le aplaudía a un ser muy amado y cuando me di cuenta de mi propia efusividad tuve que guardar la compostura y disimular. No quería que Patricio me notara, al menos eso pensé tontamente en ese momento, pues él no alcanzaba a ver a las personas del público, ya que estábamos a oscuras.

Después tocó la obra magistral del concierto, una composición de Sergey Rachmaninov: *Symphony No. 3, op. 30 in D Minor, "Allegro ma non tanto"*. Fue acompañada por la orquesta de manera exquisita. Comenzaron los violines y entró Patricio con el piano. Su interpretación estaba siendo extraordinaria; mi piel se erizaba y los músculos de mis piernas se contraían. Comencé a adentrarme en la música de tal manera que olvidé dónde estaba. Mientras la escuchaba y la disfrutaba, no hacía más que verlo a él. La música parecía que me hablaba al oído y en el minuto 8 me gritaba desesperadamente. Comencé a llorar; lloré tanto como cuando soñaba aquella tormentosa historia. No podía berrear porque había gente, pero derramé lágrimas de manera que era inevitable; podía haber llenado un frasco de un litro de agua salada. Para mi buena suerte traía en mi bolso un paquete de pañuelos que me terminé; de otra forma hubiera tenido que salir de ahí. Mi vestido se veía lleno de pañuelos de papel hechos pelota. En el minuto 12 entró Carolina y dos compañeros más con el flautín. ¡Qué hermosa se veía! Ya la sentía como a una sobrina. La emoción continuó hasta que terminó esa pieza y, cuando así fue, todos los asistentes nos levantamos para aplaudir con extrema emoción, llenos de alborozo. No podía creer lo que mis sentidos habían presenciado: una manifestación absoluta de amor a través de la música.

Después de unos minutos, cuando la euforia había pasado, al sentarme busqué mi bolso y no lo encontré. Traté de agacharme hasta el suelo para buscarlo y me golpeé fuertemente en la frente con el asiento de adelante. Sonó brusco y las personas de al lado inmediatamente me preguntaron si estaba bien. Sí, sí lo estaba, aunque me dolió muchísimo y dejó una marca notable. La siguiente pieza de Patricio era de Claude Debussy, *Arabesque No. 1*, que cerró con su hermosa presentación. Esa composición calmó mi corazón, me dio paz y tranquilizó todo el alboroto que había en mis entrañas. No podía creer todo lo que me habían hecho sentir las manos de Patricio sobre esas teclas: la pasión con la que las tocaba, la delicadeza y la concentración de sus ojos cerrados y su mente cuando lo hacía… Era simplemente inefable.

Después de otro invitado especial que venía de Portugal con la interpretación de 2 piezas y 3 más solo de la orquesta sinfónica, se dio el aplauso final. Uno muy grande para la orquesta, otro para los invitados de Alemania y Portugal, para el director que fue largo y muy emotivo. Finalmente, el director pasó al frente a Patricio, quien recibió el mejor de los aplausos, profundo y ensordecedor. De nuevo se me salieron las lágrimas; no podía controlarlo, estaba demasiado emocionada y sensible. Duró varios minutos, minutos que se convirtieron en uno de los mejores recuerdos que llegué a tener. Patricio daba las gracias alzando sus manos hacia el público y después haciendo reverencia: colocando una mano en el corazón y otra en su espalda baja; continuaba colocando sus dos manos en el corazón y luego tomándolas entre sí dando las gracias. Ahí recordé que tenía una hermosa sonrisa, natural, y que a la sonrisa le acompañaban dos hermosos hoyuelos en las mejillas, nunca los olvidé.

Los músicos ya habían salido del escenario, habían prendido las luces y el público comenzó a salir del auditorio de manera ordenada; todos con una expresión de alegría, de regocijo y satisfacción. Yo me dirigí a la entrada esperando ver a Carolina o a Juan para poder irnos a cenar; traía conmigo la cajita que me dio Daniel para ella. La gente pasaba, otras se quedaban a platicar, otras se saludaban entre ellas y así fueron pasando los minutos hasta que la sala de espera en la entrada del auditorio cada vez se veía más vacía. Yo me empezaba a sentir sola y no hacía más que tocarme la frente para tratar de sobar el tremendo chichón que traía por el golpe que me di. De pronto, sentí muy cerca de mi oído y mi cuello, el vaho tibio y vibrante de alguien que me decía:

—Te emocionaste mucho con el clímax de mi interpretación.

Sentí un escalofrío en todo el cuerpo, casi como un microorgasmo cuando identifiqué esa voz. Era Patricio, que estaba detrás de mí y que, era obvio, deseaba platicar conmigo. De inmediato volteé, seguramente sonrojada y con cara de vergüenza, para poder verlo a la cara, a los ojos, y confirmar que era él quien me estaba hablando. Sonreí al cruzar nuestras miradas, pero la mía se iba al techo, al piso y luego a sus ojos de nuevo, hasta que logré articular algo.

—¡Patricio! ¡Qué sorpresa! ¡Me espantaste!

—Discúlpame, Elisa, no era mi intención.

Patricio esbozaba una sonrisa hermosa, coqueta y atrevida, pero también con cierto nerviosismo.

—No te preocupes, es que estoy sola ahorita y no esperaba que alguien me hablara tan cerquita —le contesté.

—Bueno, yo te reconocí de inmediato cuando di las gracias al público. Te vi emocionada, efusiva, y era notorio que la pieza te sensibilizó hasta las lágrimas —me dijo Patricio con cierto coqueteo.

—No puedo creer lo que dices, yo hubiera jurado que no podías ver a nadie desde allá arriba —le dije sorprendida.

—Tú brillas, ¿sabías? —me dijo Patricio en un tono más serio.

—No… —contesté, perturbada de la conexión que sentía—. No sabía. Bueno, tal vez mi maquillaje no es el mejor, ja, ja, ja, y mi cutis es graso y por eso brillo.

—¡Caray! Ja, ja, ja. Brillas desde el alma. No sé por qué desde el día de la inauguración de la exposición de arte me llamaste muchísimo la atención, por eso me acerqué ese día y, a buena hora, para ayudarte con esa caída. ¿Cómo sigue esa rodilla, por cierto? —dijo Patricio.

—Ay, gracias por los elogios. Mi rodilla, de maravilla; solo tengo una pequeña costra, pero funciona —me sonrojé al contestar.

—Pero veo que el día de hoy no llegué a tiempo. ¿Qué fue lo que te pasó en la frente? ¿Estás bien? —preguntó Patricio.

—Ay, la frente, ¡qué vergüenza! Hace un momento, en el auditorio, cayó mi bolso al suelo, me agaché para encontrarlo y me di con la butaca de enfrente —contesté.

—¡Ay, no! Pobrecita. Vamos a la oficina, allá deben tener un botiquín y, seguramente, habrá una pomada que desinflame el golpe —dijo Patricio, intentando tocar el golpe.

—¿Tan mal está? No sabía. Pues es que estoy esperando a Carolina y su novio; ¿recuerdas que también estaban en la exposición? —contesté.

—Sí, claro. Llegaron por ti ese día y te perdí, en el buen sentido de la palabra. ¿Tienes su teléfono? Le podríamos avisar.

—Sí, le mandaré mensaje —le dije.

Le mandé un mensaje a Carolina en el que le avisaba que había ido a las oficinas a conseguir un remedio para la inflamación de un golpe que había sufrido en la frente. Después de un rato, Carolina y Juan llegaron inciertos a buscarme y me vieron muy entretenida platicando con Patricio, quien me colocaba un hielo en la frente (que había conseguido el mismo Patricio en la cafetería) y una pomada en la mano. Hice la presentación entre Patricio, Carolina y Juan. Se saludaron con sonrisas, pues aunque no habían platicado antes, sabían el uno del otro que ambos habían formado parte del recinto de esa noche, a lo que Carolina no tardó en decir:

—Patricio, ¡qué gusto hablar contigo, qué honor, de verdad! ¿Tienes algo que hacer ahorita? Nosotros iremos a cenar al Pax, que está sobre la Av. Las Letras Gran Vía. ¿Te gustaría acompañarnos?

—Es una idea genial. La verdad, tengo la invitación a cenar con parte de la orquesta y el director, pero creo que no puedo perder la oportunidad de desaparecer, salir corriendo por la puerta de atrás e irme con ustedes para sentirme aún más feliz de lo que ya estoy por coincidir con tan agradables personas —contestó Patricio emocionado.

Yo quedé atónita: apenas nos conocíamos y Patricio ya estaba apostando todo para convivir más conmigo, cerquita. Por supuesto, yo me sentía la más emocionada de los cuatro, aunque reconozco que supe disimularlo y mi actitud fue solo amigable y educada. Los cuatro nos fugamos por la puerta de atrás y nos fuimos de inmediato al restaurante.

Durante el trayecto, la charla en el taxi había sido única: los cuatro platicábamos tal cual si fuéramos amigos de antaño. Patricio nos venía platicando que fue invitado a tocar para este director en especial debido al gran aprecio que se tenían mutuamente desde hace algunos años. Incluso tuvo que llamarle y disculparse por no haber asistido con ellos a cenar: inventó que se había reencontrado con familiares y que lo habían sustraído del auditorio para recordar viejos tiempos.

Esa frase de «viejos tiempos» me cimbró y dejó más que confundida. Yo quería relacionar todo con lo que estaba viviendo últimamente. Llegamos al restaurante y nos veíamos tan contentos los cuatro. Por supuesto que hablamos de arte y de música en general, era lo que nos caracterizaba a todos. El vino estaba delicioso y la cena espectacular. Trataba de ser discreta con mis emociones, pero era inevitable perder mi mirada en Patricio cuando él hablaba: era tan culto, tan amigable y tan entretenido con sus pláticas, siempre con carisma, una chispa sin igual. Además de la música clásica, que era su vida, había estudiado Filosofía y Letras; por eso las pláticas tan razonadas, tan profundas y elocuentes.

«Existen dos tipos de arte —decía—. El arte de expresar sentimientos, que tienen los artistas, a través de un elemento visual o auditivo, y el arte de interpretar, entender y sentir una obra de arte, que tenemos los espectadores, ya sea empatizando con él o la artista, o haciendo propio el sentimiento gracias a lo que la obra nos hace vibrar».

Y sí, yo lo pensaba exactamente igual. Tan artista es el que hace la obra como el que la entiende y la siente. Imparables fueron los grupos musicales de los que todos hacíamos referencia esa noche, como la música más emblemática de todos los tiempos, y aun cuando ellos habían dedicado su vida a la clásica, aceptaron que otros géneros son igual de importantes y formidables, como los Beatles, que con su música pop-rock lograron hacer vibrar a las masas de manera que hasta el día de hoy siguen siendo venerados. Eso me encantó, ya que era beatlemaníaca.

Pronto llegó la hora en que el restaurante tenía que suspender el servicio y cerrar sus puertas. Éramos los últimos en las mesas; parecía que el tiempo había avanzado a pasos agigantados. Saliendo de ahí, con los abrigos puestos, el aire empecinado en despeinar nuestros cabellos y el frío entrando por las narices y las manos, Carolina y Juan se ofrecieron a llevarme al hotel, a lo cual Patricio dijo:

—Si Elisa me permite, yo puedo encaminarla hasta allá.

Desde luego acepté, y ahí nos despedimos de Carolina, no sin antes darle la cajita de Daniel que había estado cargando toda la noche en mi bolso.

—Gracias, Eli. ¿Sabes lo que lleva dentro esta caja? —dijo Carolina conmovida.

—No, para nada, Caro. Seguramente es algo muy importante porque Daniel me lo encargó muchísimo —le contesté.

Carolina abrió la cajita enfrente de nosotros y soltó a llorar. Emocionada, nos dijo que dentro venía un dije que era de su madre y, con ella, una carta hecha a mano por Daniel. Sin pena, tomó la carta y la leyó en voz alta.

Carolina:
Este es el dije que tu madre guardaba celosamente para dártelo cuando te presentaras por vez primera en el Conservatorio Nacional de Música de Madrid. Hoy lo has logrado y este dije te pertenece. Recuerdo muy bien el día que me lo dio a guardar; tú tenías solo nueve años y habías terminado el primer mes de clases de música en el conservatorio de Ciudad de México. Desde entonces aquí se había conservado, en el cuarto que era de tu mamá cuando tenía tu misma edad.
Te quiero y deseo que seas muy feliz con todo lo que estás haciendo en tu vida. Recuerda que esta es la importante, esta vida. Nunca permitas que algo o alguien ponga obstáculos en tu camino.

Tío Dan

Carolina sacó un hermoso dije con forma de flautín, de auténtico oro cubierto con preciosos zafiros y cadena del mismo material. Le agradecí a Carolina por haber compartido con nosotros tan bello detalle; ella también mostró su agradecimiento hacia nosotros por haberla acompañado en este momento, por haber llevado hasta ella tan importante regalo, y a lo cual dijo que desde ese momento y en adelante nos consideraba y consideraría sus grandes amigos. Nos dimos un fuerte abrazo y cada uno marchó para descansar.

Rumbo al hotel donde me quedaba, Patricio y yo veníamos hablando del regalo que Daniel le había enviado a Carolina. Yo le di un poco más de contexto: le conté cómo había conocido a Daniel, cómo había sufrido en la vida y las razones que tuvo para no venir a Madrid personalmente a ver a Carolina. Se veía muy conmovido con la historia.

—¿Eres casada, Elisa? —preguntó intempestivamente Patricio.

Sentí que interrumpió el romanticismo para no seguir con él si es que mi respuesta fuera la que él no quería escuchar: un «sí». «¡Vaya pregunta! —pensé—. ¿Quién pregunta eso si no hay un interés de por medio?». Y contesté:

—Estuve casada. Desde hace 4 años aproximadamente me divorcié. ¿Tú?

—Yo tengo menos tiempo que tú de divorciado, pero separado emocionalmente debo tener más de 10 años. ¿Y todo bien? ¿Prueba superada? —Patricio preguntaba con algo de suspicacia.

—Más que superada, la libertad es un regalo. Y no lo digo en el sentido de que ser libre significa no tener pareja o salir con quien sea; con libertad me refiero a tener el poder de decidir bonito sin consultar a alguien o pedir la aprobación de alguien, y de no sentirse atado a unas cadenas impuestas por la sociedad, como un matrimonio disfuncional. Desde que soy libre me interesé en mí y he tratado hasta ahora de hacer lo que me hace feliz, y mira, ya he logrado llegar hasta acá con una de mis obras y deseo llegar más lejos de esto, ¿me entiendes? —contesté muy orgullosa de mí.

—Claro, comparto tu manera de pensar. Como tú, yo también me sentía encadenado a una vida con la que no lograba sentirme completo y satisfecho. Siempre he sido agradecido con la vida, pero a veces pienso que ese agradecimiento se confunde con conformismo, y pensamos que con lo que tenemos no debemos de quejarnos y quedarnos ahí; y que, aunque en apariencia nos hace felices lo que tenemos, o todo eso que tienes haría feliz a alguien más, en realidad no lo somos. A los ojos de los demás puede parecerlo, pero en el fondo del corazón se siente un vacío inmenso. Tenía todo: una familia, una esposa, 3 hijos, una carrera, estatus, a mis padres y hermanos, cosas materiales, salud... y no, no he logrado sentirme completo. La tristeza llegaba solita en los momentos en que estaba solo. Toda la vida me ha abrumado algo. La mayor de mis pasiones siempre ha sido la música y, para serte sincero, Elisa, mi familia no cojeaba, no sufrió nunca alguna desgracia o carencia que nos mantuviera amargados. Sin embargo, siempre me ha faltado algo, siempre he añorado algo. A veces me siento malagradecido, he sentido culpa de algo que ni yo mismo sé qué es. El cuerpo me habla solito, ¿sabes? Y eso que a mí me sucede es a lo que yo le llamo depresión. Al menos ha sido mi depresión. Nunca he hecho daño a nadie, no soy mala persona. Y bueno, en mi exmatrimonio, la persona con la que estuve no era la mejor compañía para lograr sentir lo contrario. Pero, bueno, ahora estoy aquí y, por increíble que parezca, me siento fenomenal caminando y platicando contigo ahora. Siento ilusión —contestó Patricio en tono de descanso.

—¿En serio? Gracias, Patricio. Yo también me siento muy a gusto contigo, y gracias por compartirme tus sentimientos, lo aprecio mucho.

—Te propongo algo. ¿Cuánto tiempo estarás en Madrid? —preguntó Patricio.

—Me quedan 10 días más, es parte del premio que gané por mi escultura, por Lupe. Yo quería preguntarte si tú vives aquí en Madrid.

—No, yo soy de la Ciudad de México, pero vengo muy seguido a Madrid. Desde que tengo 25 años empecé a venir. La primera vez fue para tomar más clases de piano; en México ya llevaba 10 años tocando, pero aquí surgió la oportunidad de estudiarlo de forma más profesional con una beca que conseguí en el conservatorio. Y, de alguna manera, la ciudad me llama constantemente como si yo fuera de aquí: cada vez que regreso me siento madrileño y cada vez que vuelvo a México me viene ese sentimiento de añoranza y tristeza. Pues te propongo entonces, si tú quieres, mañana paso por ti y vamos a pasear por toda la ciudad y un poco más allá.

—¿Un poco más allá? ¿Cómo? —pregunté intrigada.

—Sí, si quieres mañana te invito a desayunar y te explico el plan —propuso Patricio—. ¿Te parece bien que pase a las 9?

—Está bien, me gusta la idea. Gracias por traerme, Patricio. Mañana estaré lista a las 9 en el *lobby*.

No sabíamos qué hacer con la despedida. Los dos nos quedamos viendo a los ojos, sin decirnos nada, solo esbozando una ligera sonrisa, una que parecía de complicidad. Yo sentí que ambos nos estábamos comunicando con la mirada, que nos decíamos lo mismo, que nos reconocíamos. Nos estábamos diciendo «al fin».

XIII
El reconocimiento

Esa noche no lograba dormir; sentía una paz y una emoción inexplicable. Me preparé con el ritual de todos los días: limpié mi cara, guardé celosamente la ropa que llevaba puesta —el vestido olía a la loción de Patricio—, amarré mi cabello, me puse la crema de dormir en todo el cuerpo con un aroma delicioso, me puse un antifaz, me recosté... y solo logré mantener los ojos abiertos las primeras dos horas, pensando en todo lo que platiqué con Patricio.

Recordé cómo tocó cada una de las piezas de piano. Lo visualicé en mi cabeza justo como yo lo vi y lo sentí esa noche; grabé la forma de sus manos largas y delicadas. Y mientras lo pensaba, empecé a tocar mi cuerpo lentamente. Con mi mano izquierda recorría mi brazo derecho, apenas y lo tocaba, y cerraba los ojos cuando lo hacía. Después, con ambas manos empecé a acariciar mis pechos despacito y desabotoné mi blusa. La música la tenía grabada en mi mente y la reproducía mientras lo veía a él y mientras mis manos iban acariciando el resto de mi cuerpo con delicadeza, con anhelo, con inspiración. Recordé cuando me habló de cerca y sentí su respiración cerquita de mi oído. Y así seguí hasta que logré quedarme dormida, plena y feliz…

La mañana siguiente ya estaba lista desde las ocho; no quería llegar tarde al lobby ni desarreglada. El perfume no podía faltar: un *look* fresco y sencillo pero coqueto. Antes de bajar me di cuenta de que no tuve la pesadilla, ni siquiera recordaba lo que había soñado. Motivo de más para bajar feliz.

No habíamos compartido el teléfono Patricio y yo, así que solo confiaba en que llegara y él confiaría en que yo llegara puntual. Bajé 8:45 de la mañana y Patricio ya estaba allí. Lo vi de espaldas. Sentí una emoción inexplicable. Él no me había visto todavía; hojeaba una revista que tomó del anaquel del hotel. Me quedé parada junto al elevador solo observando cómo ponía atención en lo que veía, pero no contaba con que él sentiría mi mirada, y volteó en un segundo para sorprenderme observándolo con una sonrisa de boba. Sentí mucha pena y él se levantó inmediatamente para ir hacia mí con la mejor de las sonrisas. Ambos nos saludamos con un beso y un abrazo espontáneo.

—¿Desde a qué hora estás aquí, Elisa? —preguntó entusiasmado.

—Apenas acababa de bajar y no sabía si eras tú el que estaba sentado ahí —mentí.

—¡Vaya sorpresa! Esperaba verte hasta las 9, pero qué alegría verte antes. ¿Estás lista? ¿O planeabas hacer algo en el lobby antes? —me dijo Patricio tomándome la mano.

Por un segundo pensé: «Qué atrevido, qué confianzudo». Pero al segundo dos pensé: «Gracias, Dios, qué bonito siento, no lo voy a soltar». Pero lo solté.

—No, de hecho bajé antes para no hacerte esperar e irnos inmediatamente. ¿Ya sabes a dónde iremos? —contesté con la misma emoción que él.

—¡Sí! Te va a encantar adonde iremos. Y tu *outfit*, por cierto, me encantó —dijo viendo de abajo hacia arriba mi vestimenta con ojitos de admiración.

—¡Ja! Gracias. Pues vámonos —contesté a su halago.

Caminamos hacia los taxis, ambos incómodos porque nos hacía falta tomarnos de la mano para hacer del paseo algo más real y congruente con lo que sentíamos. Nos dirigimos a la Plaza Mayor, un lugar con edificaciones hermosas y con una estatua de Felipe II montado en su caballo al centro. Caminamos ahí unos 30 minutos y me sentía tan a gusto; ambos platicábamos sobre la vulnerabilidad de la vida y las maravillas que nos regala cada día. Patricio y yo compartíamos formas de pensar muy similares, me atrevo a decir incluso que casi idénticas, sobre todo nuestros valores, creencias y modo de vivir.

Después de ahí fuimos caminando al Mercado de San Miguel. Me asombró todas las delicias que ahí encontramos. Estaba muy concurrido y casi no había espacio para sentarnos a comer algo, entonces Patricio decidió llevarme a comer una tortilla española al Mesón de la Tortilla. Realmente teníamos hambre; comimos delicioso.

—Elisa, me gustas mucho —dijo Patricio viéndome a la cara sin parpadear, intempestivamente.

Quedé atónita. No contesté nada, solo seguí comiendo mi tortilla viéndolo a él con una sonrisa de oreja a oreja. Seguramente me veía roja como tomate. Él solo sonreía y sus ojos parecían casi cerrarse cuando lo hacía; era una sonrisa natural, casi infantil.

Salimos de ahí y nos fuimos hacia la catedral de la Almudena. Yo ya había visitado la catedral, pero no le comenté eso a Patricio; dejé que me llevara adonde él quisiera y, además, quería volver a esa cúpula donde me sentí tremendamente ligada a esta hermosa ciudad. Tenía deseos de volver ahí con él y saber si sentía lo mismo o no.

Finalmente logramos visitarla y subimos al mirador: la cúpula. Al llegar ahí, sin decirnos nada, solo miramos hacia el área arbolada de la ciudad, recibiendo el viento frío en la cara con gratitud. El cielo estaba completamente limpio y despejado. Nos fuimos del lado donde se observaban los edificios y las casas. No nos volteamos a ver ninguno de los dos. Nos tomamos de la mano, las apretamos fuertemente y yo empecé a lagrimear con un nudo en la garganta. No quise voltear a ver a Patricio, me reservé para mí, pero él intempestivamente me volteó hacia él y no aguantó decírmelo:

—No sé qué me sucede contigo, Elisa, pero me ha entrado una nostalgia que no puedo controlar. Nunca había sentido esto antes y me avergüenza decírtelo así, sin conocernos, pero me has cautivado desde que te vi en el museo. Y además de tener una belleza tan llamativa, me cautivó tu existencia, tu alma. No estoy seguro de lo que está pasando, pero me siento infinitamente agradecido por haberte encontrado.

»Perdóname por decirte todo esto de esta manera; seguramente pensarás que estoy loco, pero mi corazón y mi mente no pueden contener tanto, necesitaba desahogarme. Desde el día del museo te he pensado tanto, y fue verdaderamente un regalo de Dios que te hubiera encontrado de nuevo ayer en el concierto.

»¡Dios mío, qué he dicho! Debes perdonarme, por favor.

Sus manos heladas tomaron las mías y estaban temblando. Sus ojos acuosos y su expresión de angustia se conectaron con la mía. No sabía si dejarlo así o decirle que yo me encontraba en la misma situación. Lo percibía completamente sincero, transparente en lo que decía, y esa sensación que él me describía era la misma que yo sentía; lo que él no sabía era que yo también lo había pensado minuto tras minuto. Apreté sus manos y le dije lo que en ese momento salió, y no pude evitar derramar un par de lágrimas, con serenidad y sin drama:

—No pienso que estés loco. Bueno sí, sí lo pienso, pero es un alivio, ¿sabes? Es un alivio escuchar todo lo que acabas de decirme porque yo me sentía loca por traerte en mi cabeza, también desde que me caí de rodillas la noche del museo. Y si te soy honesta, también me siento aturdida, porque jamás habría concebido conocer a alguien de esta manera y sentir lo que siento en tan pocas horas. Y la verdad, no sé qué hacer con lo que siento y con lo que acabas de confesar —le dije con la voz temblorosa.

No podía entender cómo es que le dije eso. Me sentía incrédula de lo que estaba pasando; yo no creía en el amor a primera vista. Era reservada para eso. Solía darme un tiempo para conocer a las personas antes de decirles nada relacionado con el amor o la atracción, y siempre terminaba por batearlos. Nadie encajaba con mi forma de pensar. Pero lo que me estaba sucediendo con Patricio, así de rápido, era simplemente como un defecto.

—¡Dios, gracias, gracias! Por fin te he encontrado, Elisa. Estoy seguro de que esto es un reencuentro —exclamó Patricio.

Me daba terror que estuviera fingiendo, pero es que se sentía tan honesto, tan auténtico. Patricio me abrazó fuerte y yo a él.

»Vamos a conocernos mejor, ¿quieres? Vamos a disfrutar estos días que estarás en Madrid y nos buscamos de nuevo en México, Elisa, ¿quieres? Yo lo deseo con todo el corazón. No sabes qué feliz me hace escuchar que tú también te sientes conectada a mí. Pase lo que pase, estoy seguro de que esto no es fortuito, es destino —dijo Patricio.

—¡Sí! Acepto pasar estos días juntos. ¡No me esperaba nada de esto, la verdad!, pero no puedo negar que me emociona mucho. —Hice una pausa—. ¡Qué loco!

Nos abrazamos y continuamos con el paseo, ahora sí, tomados de las manos.

Los días transcurrieron con normalidad. Ese día fuimos a la Puerta del Sol, el punto 0 para todas las rutas españolas, concurrida y preciosa, con la icónica estatua del oso y el madroño, y el edificio de correos con el famoso reloj que da las campanadas cada fin de año.

Los siguientes días, quedábamos de vernos siempre en el lobby, como el primer día, a las 9 en punto. Visitamos parte de Madrid y varios pueblos aledaños a los que llegábamos en tren, como Toledo, Segovia, Salamanca, Talavera de la Reina y, por supuesto, Aranjuez, donde un jueves nos reunimos con Carolina y Juan en su casa después de un hermoso tour que ellos mismos nos dieron por el Palacio Real: palacio rodeado de bellísimos jardines renacentistas, hermosas fuentes, puentes y esculturas. Pasamos por los ríos Tajo y Jarama, así como por la Plaza de San Antonio —con una hermosa fuente dedicada a la diosa Venus—, la iglesia de San Antonio y el jardín de Isabel II, lleno de flores que armonizan la atmósfera con colores y exquisitos aromas florales. Antes de irnos a casa de Carolina fuimos al Jardín del Príncipe, un maravilloso lugar, quieto, místico. Sentía que eran de ese tipo de lugares los que nos conectaban aún más a Patricio y a mí. Entramos al estanque chino, que parecía de cuento.

Partimos con Carolina y Juan, que ya tenían todo preparado para recibirnos con una gran comida. En el jardín trasero de su casa ya tenían arreglada una mesa de madera de 6 plazas con un hermoso mantel en color crudo de encaje verde pastel y servilletas de tela del mismo juego, platos antiguos, copas de vino y dos pequeños floreros que hacían galanura a unas rosas en varios tonos rosados: unos claros y otros avergonzados. Pronto acercaron un vino tinto local, dos contenedores refractarios (uno con espárragos gratinados y serrano, y otro con un cocido madrileño exquisito). El postre era un pay de fresas de Aranjuez con costra de almendra espectacular.

Fue una tarde llena de risas, de anécdotas y emociones. Cada uno nos conocimos mejor por nuestras historias y el clima había conspirado a nuestro favor para permanecer sentados en el jardín por horas: no hacía ni frío ni calor. Aunque la diferencia de edades era distante entre ellos y nosotros, la plática fluía como si fueran únicamente las almas las que hablaran.

La noche nos alcanzó y ya no logramos regresar en tren a Madrid. Carolina y Juan nos ofrecieron su casa para quedarnos; era muy pequeñita y no quisimos molestar. Sentí un apretón de mano de Patricio debajo de la mesa cuando dijo:

—Nos quedaremos en un hotel aquí muy cerca. Ya lo habíamos contemplado, chicos, pero se agradece muchísimo el ofrecimiento. Lo apreciamos de verdad.

Entendí inmediatamente con ese apretón que le siguiera el juego en afirmar que, en efecto, ya teníamos una habitación apartada para quedarnos. Una hora después nos despedimos y nos fuimos al centro de Aranjuez, muy cerca del Palacio, donde llegamos a un hotel con el mismo nombre a ver si tenían disponible una habitación.

Nunca habíamos estado solos en una habitación; los días anteriores me dejaba en mi hotel de Madrid e iba por mí al siguiente día. Ambos nos sentíamos nerviosos y entusiasmados cuando la señorita de la recepción nos dijo que tenía una habitación con balcón, una cama *king size* y un *jacuzzi*. Patricio le pidió un momento a la señorita y me jaló hacia atrás para decirme, desde su innegable honestidad:

—No pienses que quiero aprovecharme de la situación, Elisa. Quiero ofrecerte un lugar para descansar como tú te mereces, pero no pasará nada si tú así no lo deseas. Incluso podemos pedir dos habitaciones, que yo cubriré al 100 % —dijo Patricio.

En ese momento analicé sus palabras: «no pasará nada si tú así no lo deseas». Eso significaba que yo tendría la decisión de iniciar otro tipo de contacto, pero en realidad sus palabras, su expresión y la forma en que me tomaba de las manos me decían más que eso; decían «deseo con toda el alma hacerte el amor», a lo cual yo contesté:

—No pienso eso, solo pide una habitación —contesté.

Nunca antes me había insinuado a nadie con tanta desfachatez. Desfachatez que fue la mejor decisión de mi vida.

Nos asignaron la habitación. Al llegar, entramos, revisamos cada detalle y vimos que teníamos un balcón que daba hacia el Palacio Real; la vista lucía espectacular. No traíamos ropa para dormir, pero había dos batas blancas en el clóset que fueron de mucha ayuda.

Nos sentamos en un pequeño sillón un momento a contemplar el Palacio Real. Tomamos unas botellas de vino blanco del frigobar y nos quedamos ahí observando la vista.

—Esto es inexplicable, Elisa. Algo me dice que lo que me ha hecho falta toda la vida para ser feliz eres tú —dijo Patricio mirando hacia la luna.

—¿Por qué lo dices? —le pregunté.

—Porque se siente, porque tus ojos me lo dicen. Ahora sé que tú también me has estado esperando —me dijo convincente—. Nos han educado a no creer, a sabotear, a ver las cosas en lugar de ver los sentimientos, a intuir desde lo material y no desde el alma, por eso somos temerosos.

Le tomé la mano y le confesé algo que no esperaba decírselo, no ese día:

—Llevo muchos años de mi vida sufriendo una condición. No es una enfermedad, es algo que me sucede desde niña y no he sabido pedir ayuda. Tengo pesadillas, es decir, tengo una pesadilla recurrente desde niña y, antes de venir a Madrid, el último año la he sufrido más. Siempre es la misma pesadilla y, cuando la vivo, porque la vivo, se siente muy real; siempre despierto angustiada, llorando y sudando a mares. Es una tragedia, no logro ver qué es eso que me hace llorar tanto, nunca he logrado ver exactamente qué sucede, pero siempre me ha dolido mucho. Daniel, el tío de Carolina, percibió mi alma y él asegura que ya me conoce de otra vida; incluso que fuimos muy cercanos, pero no logramos entender qué fuimos. Solo sabemos que en ésta me falta conocer algo o a alguien más para, quizás, no sé, descubrir qué es lo que me está pasando.

Patricio me tomó de las dos manos, las apretó, me miró a los ojos, emocionado, y me dijo:

—Elisa, soy yo. Esa persona que has estado esperando soy yo. ¿Lo sientes? —me dijo Patricio con una mirada que sentía que se fundía con la mía.

—Te siento demasiado, pero me da mucho miedo aceptar que eres tú. Me parece tan increíble todo esto, como le parecería a cualquiera a quien yo le contara —le dije.

—Porque es poca la gente que sabe que todo esto es real; porque lo que no es tangible o no se pueda comprobar, muchos lo visualizan como una locura. No entienden que hay mucho más allá de lo que vemos y tocamos. Las almas se comunican de otra manera, a través de los ojos, de los sentidos, y estoy completamente seguro de que tú ya existías en mi historia álmica. Ambos somos sensibles, por eso somos artistas, porque esa percepción y sensibilidad la tenemos mucho más desarrollada que las mentes matemáticas, físicas, científicas y que para todo necesitan comprobación —decía Patricio.

—¿Crees lo mismo que Daniel? ¿Crees que ya habíamos coincidido en otra vida? —pregunté.

—No solo eso, Elisa. Estoy completamente seguro de que tú y yo ya nos hemos amado profundamente. No tengo ninguna duda; cada vez que te miro y toco tus manos siento una paz que nunca antes había experimentado con nadie. Es algo que no sé explicar, pero es real.

—Quisiera saberlo, Patricio, quisiera estar segura de ello —le decía yo, nerviosa.

—No sé si todo esto se relaciona con la pesadilla de la que hablas. Tendríamos que pedir ayuda. Claro, si tú deseas que te acompañe en este proceso.

—Sí, quiero.

Nos tomamos de las manos, nos miramos a los ojos y nos dimos un abrazo que se sentía como un abrazo de consuelo, de reencuentro y reconciliación. Ya conocía esos abrazos, esa sensación. ¿De dónde? No sé, pero me sentía tan cómoda.

Patricio se levantó y me llevó de la mano a la orilla de la cama para sentarnos frente a frente. Quitó de mis hombros mis cabellos con sus dos manos y los colocó detrás de mis orejas con delicadeza; acarició mis mejillas mientras me observaba y las tomó para acercarme a su boca y darme un beso dulce y tierno. Nuestros labios apenas y se tocaban y se separaban, tan despacio. Se sentía la carnosidad y la temperatura de su boca. Él fue besando poco a poco, cada vez con más confianza, y mientras lo hacía cerraba los ojos y dos lágrimas salieron recorriendo sus mejillas. Yo tomé su cuello y empecé a acariciar sus cabellos negros: era la respuesta a lo que él me había hecho, era la aceptación a sus caricias y sus intenciones.

Nos quitamos las batas —yo quité la suya y él la mía—, comenzamos a abrazar y acariciar las espaldas desnudas. Noté que en su espalda, a la altura de su corazón, tenía una mancha. Era de nacimiento, roja, en forma de cruz. Me estremeció verla; era tan específica.

Entre beso y beso restregábamos nuestras caras entre el cuello y los hombros del otro, tal cual se cortejan dos leones salvajes antes de aparearse.

Patricio empezó a quitarme la bata blanca que traía puesta; debajo de ella solo tenía mis pantaletas, que ya estaban húmedas por la excitación. Mis pechos fueron tocados por sus manos tibias, tal cual si yo fuera una escultura tallada en marfil y él el artista. Comenzó a besar mi cuello, bajando poco a poco por los hombros, dando pequeñas mordidas hasta llegar a la punta firme de mis senos, para seguir besándolos.

Yo me recosté en la cama y permití que esos besos fueran adonde él quisiera. Mis ojos se mantenían cerrados. La única iluminación que teníamos en la habitación era la de la luna, que participaba de ese amor y de esa entrega y, en recompensa, nos dejaba ver la silueta del otro de forma muy sutil. Mi respiración se hacía presente por el ruido y la agitación que me provocaba. Los besos en mi cuerpo fueron bajando junto con sus manos hasta llegar al bajo vientre. Mientras apretaba mis muslos con fuerza, retiró las telas de pequeño encaje que cubrían mi entrepierna.

Subió hasta coincidir su cara con la mía para seguir besándome en la boca. Su mirada se enfocó en la mía para pedir permiso de entrar en mí. Abrí mis piernas, invitándolo a sentir la humedad que ya escurría por la cama, y poco a poco comenzamos a sentirnos, despacio, reconociéndonos. Estiró sus brazos con los míos y escondió su cara entre mi cuello y mi hombro para empezar a llorar al mismo tiempo que me embestía con fuerza.

Ya lo había vivido antes, ya había vivido todo eso antes. Por primera vez en esta vida me vi en la misma situación, con la misma excitación y la misma locura con la que algunas veces había soñado dentro de mis pesadillas. Era la misma sensación, en otra cama y en otro ambiente, pero sentía lo mismo, olíamos y sudábamos exactamente igual. No pude contener las lágrimas, al igual que Patricio, y continuamos gozando la concesión, el placer y el amor que eran los protagonistas de esa noche. De la ternura pasamos a la locura desenfrenada, a querer entregar todo sin ningún tipo de límite, hasta que los gritos aguerridos terminaron por dejarnos completamente exhaustos, enredados entre las sábanas, empapados en sudor y entre fluidos, para después dormir profundamente sin decirnos nada, pues ya nos habíamos dicho todo. Y pasamos unas horas bajo la luz de la luna.

Desperté a las 7 de la mañana. Sentí nuestros cuerpos calientes solo en las partes que manteníamos juntas, abrazadas, y nuestros muslos y nalgas se sentían helados. Volteé a ver sus ojos, y él ya estaba mirando los míos, sosteniéndome con fuerza, como si tuviera temor de que yo me esfumara. Ambos sonreímos y nos quedamos así un rato más.

—Ya habíamos vivido esto antes, ¿verdad, Elisa? —preguntó Patricio.

—Ya —contesté feliz.

—¿Y qué vamos a hacer con tanto? —dijo Patricio.

—No lo sé, ¿quieres quererme? —le contesté.

—Ya te quiero. ¿Tú quieres quererme? ¿Soy ese que estabas buscando? —preguntó.

—Mi mente dice «no lo sé»; mi corazón dice «sí» —le contesté en completa sinceridad.

Seguimos así y después tomamos una ducha juntos para seguir con nuestro camino.

Los siguientes días siguieron siendo llenos de paseo, buena comida y bebida, besos, abrazos, caricias y la entrega de amor de todos los días. Ya en Madrid, Patricio canceló las noches que le faltaban en su alojamiento y se quedaba en el mío. Parecía un cuento rosa con final feliz, pero los días de estancia ya se me estaban terminando.

La nostalgia por irme era inevitable, pero al menos sabía que me reencontraría con Patricio en la Ciudad de México. Él me propuso quedarme unos días más con él, haciéndose cargo de todos los gastos que eso pudiera generar, pero no acepté: tenía que volver a ver a mis hijos para celebrar la apertura de un negocio de uno de ellos. Ganas de quedarme con él, incluso toda la vida, no me faltaban, pero la vida a su lado apenas comenzaba y yo aún tenía compromisos que cumplir con las personas que más amaba.

El día de la despedida llegó. Sentía el corazón apachurrado. Nos alistamos y nos fuimos hacia el aeropuerto. Patricio y yo nos sentíamos apagados ese día. Durante el trayecto nos hicimos toda clase de promesas, pero al mismo tiempo nos embargaba la alegría de habernos encontrado. Nos tomábamos de las manos con desesperación; no queríamos separarnos. Patricio constantemente me decía que no aceptaba separarse de mí otra vez; siempre aseguró que ya nos habíamos separado antes y que esta vez no estaba dispuesto a perderme de nuevo.

—Tengo que cumplir unos compromisos acá en Madrid, Elisa, pero cuando vuelva a México, volveremos a estar juntos para ya no separarnos nunca. No te soltaré, quiero que estés en mi vida el resto que quede de ella.

—Te estaré esperando con mucha ilusión, Patricio. No sabes cómo has cambiado mi vida.

Justo al pasar los filtros del aeropuerto nos dimos un último adiós desde lejos, y Patricio gritó sin ninguna pena:

—¡Espérame, Elisa! Te lo ruego.

—¡Te esperaré!

XIV
Regreso a México, la pandemia

Tuve casi 12 horas de vuelo para pensar y repensar todo lo que había vivido en Madrid. Lo sentía como un cambio sin precedentes en mi vida, en mi existencia. Siempre tuve la corazonada de que algo maravilloso pasaría, pero nunca imaginé que las experiencias vividas en Madrid cambiarían incluso mi perspectiva de vida y de mi futuro. Todo lo vivido rebasó mis expectativas y no paraba de sonreír durante casi todo el camino. Me pasé viendo todas las fotos y videos que tomamos con el móvil. No sabía si llegaría a contarle a mis hijos todo lo que me había sucedido. Era muy pronto para hablar de una relación así, fortuita. Tenía que ser paciente y quedarme callada hasta que fuera más convincente la historia de una «relación».

Empecé a sentir temor de que la historia con Patricio ya no continuara cuando entré entre la gente del aeropuerto justo después de aterrizar: temor de no volvernos a ver, de estar sumergida en una felicidad temporal o de haber idealizado unos días de pasión para luego llevarme una decepción y de ahí a la depresión. Mi estado mental pasaba de la ilusión a la angustia en dos segundos. Todo me decía que Patricio era honesto y que realmente estaba interesado en mí, pero «¿si no?», pensaba.

¡Qué tormentas se provocan en nuestra mente cuando el futuro es incierto! Pareciera que solitos nos boicoteamos, que preparamos la tragedia o el infortunio. ¿Por qué tendría que sentir dudas si no había ningún indicio de que Patricio mintiera? ¿Por qué la mente siempre antepone la desgracia a la gracia? ¿Por qué no pensar en las recompensas de la vida, la buena suerte y la felicidad? Si todo lo que nos viene a la mente en momentos de incertidumbre se cumpliera, viviríamos en la infelicidad total. Empecé a hacer respiraciones y a tratar de pensar solo en lo bonito del viaje, en recordar todos los momentos mágicos que le dieron significado a mi vida y pretexto para regresar y seguir con mis sueños.

Durante el vuelo escribí una carta para Patricio; quería enviársela en cuanto llegara a México. Siempre he pensado que, aunque la tecnología ya nos rebasó, jamás un mensaje o texto virtual sustituiría al papel, al bolígrafo y a la mano que lo escribió.

Mi querido Patricio:
Ya estoy en tierras mexicanas. Quise enviarte esta carta de puño y letra para recordarte que las cosas tangibles que tú y yo vivimos en Madrid fueron las mejores que he sentido en esta vida, y que las intangibles, al igual que tú, las sentí con todo el corazón. Trataré de aclarar estos días por qué mi alma se ha sentido tan aliviada y protegida a tu lado, y

cuando vengas, quizás, descubramos cuál es el vínculo que tuvimos en otra vida y que nos ha reconectado en esta. Solo quería decirte esto y que te estaré esperando con las mismas ganas que tenía de quedarme contigo.

Elisa

Envié la carta en cuanto llegué al aeropuerto, en una oficina de correos. Mis hijos ya estaban esperándome en la salida de llegadas internacionales del aeropuerto con grandes cartulinas llenas de corazones hechos con plumón rojo y mensajes que decían: «Mamá, eres la mejor», «Felicidades por tus logros, mamá», «Te amamos, mamá», «Bienvenida a casa». No pude contener las lágrimas. Ya venía sensible, muy tocada desde el alma y el corazón, pero ver que mis hijos tenían esa devoción por su mamá simplemente terminó por romperme en llanto de tanta emoción. Chocha salió por detrás de Sofía e inmediatamente me brincó, llorando, para llenarme de besos perrunos y escandalosos abrazos.

Nos abrazamos tan fuerte mis hijos y yo, que parecía que me había ido un año de viaje. Y aunque solo me fui por 15 días, ellos, mis hijos, sabían perfectamente que fui a rescatar los sueños que tuve truncados por años, y que la mamá y mujer tímida e insegura que habían despedido 15 días atrás regresaba más fuerte, aguerrida y segura que nunca.

—¡Te extrañamos muchísimo, mamá! —exclamaban todos.

—¡Y yo a ustedes, mis hijos hermosos! ¡Los amo tanto! Gracias por venir.

Fuimos a comer a un restaurante: todos mis hijos, sus parejas y yo. Todos estábamos llenos de júbilo; creo que nunca antes habían visto a mamá triunfar en algo significativo. Yo me dediqué a ellos y no había tenido oportunidades como la que en ese momento estaba viviendo. Ya no podía del cansancio, casi no dormí en el vuelo, pero aún con carita de sueño y rezago, mi felicidad era mucho mayor y me sentía bendecida de estar con ellos en ese momento.

Todos hablaban al mismo tiempo y nadie sospechaba de lo que a mamá le había acontecido en Madrid. Me preguntaban qué tal me había parecido la ciudad, qué otros lugares había visitado, qué me había gustado más, qué cosas nuevas había probado de comer, etc. Mis respuestas eran concretas: les conté del viaje a Aranjuez con Carolina y Juan y otros lugares en tren, sola. Nunca les mencioné a Patricio, y no lo haría hasta estar segura de que él volvería para vernos otra vez. Al contarles cómo había pasado todo, me veían diferente; sabían que algo escondía, me veían muy ilusionada y feliz, pero fueron respetuosos y no hicieron más preguntas que pudieran comprometer mis respuestas. Se quedaron con lo que les dije y la convivencia siguió como siempre, llena de ese amor que flota entre todos y que nos pone de buenas por muchos días.

Mi hijo Paulo me preguntó:

—Mamá, ¿ya viste las noticias? El virus que comenzó en China ya llegó a Europa, y ya están cerrando aeropuertos y entradas por carreteras en varios países.

—¿En serio? —pregunté con susto. Inmediatamente pensé en Patricio.

Creo que nunca prendí la pantalla del hotel en donde me hospedé para ver las noticias. Tampoco me asomé al celular. Solo me dediqué a disfrutar todo lo que visitaba, veía, comía, bebía y aprendía con él, Pato.

Comencé a reírme, más que todos, porque, como bien dicen, «el que ríe solo, de sus locuras se acuerda», y sí, cuando mencioné la palabra comía, inmediatamente me vino a la mente Patricio y todo lo que hicimos sin límite y sin vergüenza aquella noche de desenfreno. La alegría que eso me provocaba y las dos copas de vino que ya me había tomado no me permitieron reflexionar sobre qué pasaría con Patricio si esa noticia del virus la llegara a escuchar de España.

Todo terminó de maravilla. Me llevaron a mi departamento, nos despedimos con besos y abrazos y, cuando entré, aventé los zapatos, dejé las maletas donde estaban y me recosté en la cama para descansar unos breves minutos antes de tomar el móvil para enviarle mensaje a Patricio.

Pat, ya estoy en mi casa. Ya me haces falta.

Patricio inmediatamente me contestó:

> Gracias por escribirme, mi alma. ¿Cómo estás? ¿Cómo te fue en el vuelo? ¿Tus hijos? ¿Bien? Estaba esperando tu mensaje. Elisa, mi amor, estaré un poco ocupado esta semana y la otra:

tengo que firmar contratos, resolver unos asuntos de unas propiedades que tengo aquí en Madrid y después vuelvo a México. El ambiente aquí está tenso, quizás no lo notamos tú y yo porque estábamos literalmente desvelados por disfrutar cada segundo juntos, pero la gente está entrando en histeria con la noticia de que un virus se está propagando por el mundo entero.

Justo eso me comentó Paulo, mi hijo. Espero que estés acá lo antes posible para continuar con la hermosa historia que dejamos en pausa, Pat.

No está en pausa, Elisa. Yo sigo sintiendo amor e ilusión por ti, y estoy seguro de que lo seguiré sintiendo más fuerte cada día que pase. Te lo dije bien, créeme: ya te había perdido una vez y esta vida me dio la oportunidad de recuperarte. No pienso dejarte ir. Aunque suene inverosímil, en tan pocos días confirmé que eras tú a quien estuve esperando toda mi vida. Yo no te busqué, solo le pedí al universo que te trajera de vuelta y fui escuchado. Voy a ir por ti a México, amor, te lo juro.

El corazón se me salía con tan conmovedores juramentos. Yo le creí absolutamente todo.

De algo me estaba dando cuenta. Desde el día del concierto hasta ese día, ninguna de las noches tuve la pesadilla que había estado doliendo tanto los últimos meses o años. Desde que mi mente registró la existencia de Patricio en mi vida, la angustia había hecho una pausa. De cualquier modo, tenía que buscar algún profesional que me ayudara a descubrir quién fui en otra vida. Ahora sí estaba decidida, ya tenía tres motivos para recurrir a ello: Daniel, Patricio y mis pesadillas. Nos despedimos con mensajes de amor y de promesas, y cada vez que podíamos escribíamos para saber de nosotros.

La siguiente semana tuve que poner en orden todos mis asuntos personales. Empezando por mis plantas, que estaban totalmente tristes y caídas; a todas les empecé a hablar con ternura y me disculpé con cada una de ellas por haberme ido tantos días. Limpié las hojas de todas, una por una, con dedicación, sin prisa, mientras puse en la bocina las canciones que Patricio había tocado la noche del concierto. Pagué cuentas atrasadas y me puse al tanto con mis compromisos. Quité el polvo de todos mis muebles, fui en bicicleta a un pequeño supermercado que estaba a cinco minutos de mi casa para llenar el refrigerador con lo mínimo indispensable, abrí las maletas para lavar mi ropa y guardarla, y al sacarla rápidamente salió volando una carta de puño y letra.

Amada Elisa:
Hoy nos despedimos solo para volvernos a ver en pocos días. Gracias por aceptar estar conmigo. Nunca antes había disfrutado tanto las alegrías del corazón. Me dejaste al rojo vivo, estoy más convencido que nunca

de seguir mis instintos, y hasta ahora solo sé que eres tú, siempre fuiste tú. Yo te prometo que haré todo por estar juntos y te amaré y cuidaré por el resto de mi vida.

Pat

Patricio había escrito una carta, tal cual la escribí yo. Ambos teníamos claro que las letras escritas con el alma que guía nuestras manos no confunden los mensajes: quedan claros, no se distorsionan las ideas; todo es claro y puntual. Una vez más sentía la cercanía de su alma con la mía, con los pequeños detalles, con palabras desnudas.

Al siguiente día que asistí al taller, todos esperaban ansiosos el resumen de todos los días que pasé en Madrid. Esta vez yo le llamé antes al profe para decirle que sería yo quien invitaría el desayuno de ese día. Decidí llevar algo preparado por mí: un pastel azteca verde con rajas de chile poblano y elotitos y otro de mole oaxaqueño, con jugos de naranja y toronja, roles de guayaba, bollos de romero y conchas de chocolate de la Panadería La Rosetta. El café lo patrocinaba siempre nuestro profe.

En cuanto Daniel me vio, me abrazó lleno de alegría, con fuerza, y me preguntó:

—¿Verdad que está hermosa mi niña y que toca el flautín como los mismos ángeles?

—Sí, Dan, es una niña hermosa, la bondad le brota por los ojos, por la boca y por el alma —le contesté muy conmovida por su abrazo.

—¿Y su regalo? —preguntó Daniel.

—Lloró. Se conmovió hasta las lágrimas al leer tu carta y ver el dije de tu hermana —le dije.

Con los ojos acuosos y la boca arqueada hacia abajo, Daniel me abrazó y me dio las gracias.

—Has hecho mi vida más ligera con este favor, Eli. Necesitaba entregarle ese dije a Carolina, se lo prometí a mi Lola hermosa —contestó Daniel en tono de lloriqueo.

El desayuno fue muy halagado; decían que la alegría de alguien solo podía ofrecer cosas deliciosas a los demás. «Te ves radiante, Elisa» —decían todos—, «parece que te metiste a un spa, vienes rejuvenecida y feliz».

—Gracias, amigos. Así me siento. La verdad no esperaba tanto de este viaje; o sea sí, pero superó mis expectativas. Todo fue maravilloso. Además de que conocí y conviví con la sobrina de Daniel, que es toda dulzura, al igual que su novio. En general, todos los madrileños son personas muy agradables.

Ese día, antes de irme a casa, Daniel me tomó del brazo y me acercó hacia él para agregar algo a la ya confundida y mezclada incertidumbre que traía hace varios meses.

—Sé que conociste a alguien, lo cual me hace muy feliz. Carolina me dijo que comieron en su casa y que esta persona es muy agradable y sensible. ¿Y te confieso algo? Yo sabía que conocerías a una de las personas más importantes de esta vida y de una más. Tu hermosa carita ahora lo dice todo, Eli, lo confirma. Nunca antes había visto tus ojos tan brillantes, tus mejillas tan chapeadas y tu piel tan fresca —me dijo Daniel con expresión de saber todo de mí.

Yo sonreí tanto mientras lo miraba a los ojos, y me di cuenta de que Daniel me conocía mucho mejor de lo que yo pensaba. Solo lo abracé y le dije:

—Sí.

Y me fui.

El sábado 14 de marzo Patricio me llamó. Casi no lo hacíamos porque los horarios no eran compatibles y ambos teníamos asuntos pendientes que resolver.

—Hola, mi hermosa Eli. Tengo malas noticias que darte.

—Hola, Pat. Creo que ya sé de qué puede tratarse. Estoy al tanto de las noticias.

—Sí, exacto. Aún no termino con mis asuntos. Quisiera dejar todo listo antes de regresar a México, sobre todo ahora que al parecer habrá un confinamiento en nuestro país, tal vez por 15 días o hasta un mes, no lo sé, pero no quisiera tener que regresar pronto a España. Yo necesito ir a verte lo antes posible sin la prisa de tener que volver acá.

—Sí, Pat, mi amor, no te preocupes. Entiendo todo. Acá también hay alarma, pero aún no nos han puesto en cuarentena. Espero que no lleguemos a eso. Por lo pronto, aquí estaré esperándote.

—No dudes de mí nunca. Te hice una promesa y la cumpliré —dijo Patricio.

—No lo haré. Descansa, mi amor.

—Descansa, alma mía —me susurró Patricio.

Al día siguiente tomé el auto para ir a desayunar con mis hijos al Cardenal de Av. Palmas. Nos encantaba ir ahí, sobre todo por las conchas rellenas de nata y el chocolate caliente. Siempre que podíamos, nos reuníamos ahí los domingos por la mañana.

Comentamos lo que en las noticias se escuchaba. Sí, estábamos sorprendidos, pero no teníamos idea de lo que se venía. Incluso dijimos que podía tratarse de noticias amarillistas que solo alarman a la gente sin sentido, o teorías como que el virus que pronto se estaba propagando por el mundo era deliberadamente fabricado por la ciencia para exterminar a las personas más débiles, como pasaba en ciertas películas. Otra teoría era que se trataba de armas biológicas. Yo no entendía nada; no creía posible ninguna de las teorías conspiratorias, pero tampoco quería creer lo que en realidad estaba pasando: que los hospitales del mundo estaban abarrotados y la gente moría por cantidades inimaginables.

Saliendo de ahí, fui al supermercado para abastecer mi alacena; no quería quedarme sin provisiones por los siguientes 15 o 30 días. Realmente no era una persona de mucho comer, pero sí eran demasiados días. Me aseguré de comprar latas de atún, mayonesa, frijoles, verduras y sopas. Compré congelados de todo tipo, desde nuggets, verduras, frutas, pescados, carnes y pollo y, por supuesto, papel de baño, aunque estaba restringida la venta hasta por solo dos paquetes de 12 rollos por persona. No podía faltar el pan —ese también lo congelaba—: sin pan no podía vivir.

Llegando a mi departamento, encendí el televisor y, mientras guardaba las cosas en los compartimentos de la cocina, escuché en las noticias que las cifras tanto de enfermos como de muertos habían ascendido dramáticamente, y que España había declarado al país en estado de emergencia, por lo que a partir de ese día se declaraba el absoluto confinamiento: nadie podía salir de sus residencias. Puse atención: la reportera estaba en la ciudad de Madrid, con la Puerta del Sol como escenario, completamente vacía, sin gente. Mi alma se alarmó y entristeció al ver la gravedad de las cosas, e inmediatamente tomé el móvil para escribirle a Patricio.

Le comenté en un mensaje de audio muy largo que ya estaba al tanto de las alertas del país, que me sentía asustada, que me daba miedo que alguno de los dos cayera en enfermedad sin habernos vuelto a ver; quería saber dónde se quedaría tantos días, a lo que él contestó:

—Alma mía, lo sé. Es terrible. Espero que todo esto pase pronto. Tengo un par de departamentos rentados acá, así que me quedaré en el hotel. No estoy seguro de poder avanzar en mis asuntos legales: cerrarán absolutamente todo. Ahorita vengo llegando del supermercado; todos necesitamos provisiones para los próximos días o semanas. La gente está haciendo compras de pánico. La policía nos vigila para no perder más tiempo del necesario. También estoy asustado.

A veces me arrepiento de no haberte insistido más para que te quedaras acá conmigo unos días más; así habríamos pasado este confinamiento juntos. Yo te estaré informando, claro, todo lo que acá esté pasando —contestó Patricio.

—Sí, acá no estamos en cuarentena aún, pero ya abastecí mi alacena. Cuídate, por favor. Tenemos una cita pendiente —contesté.

—Así lo haré. Dedícame un cuadro, Eli, en lo que vuelvo a México, que yo te dedicaré toda mi música. Te amo.

Los días pasaron como de costumbre, con mi rutina: mi café, mi yoga, Chocha, la bicicleta, el taller, los hijos, la mamá, etc. El domingo 22 de marzo me sentí asustada; sentía que algo malo vendría y no sabía si asociar ese sentimiento con la desesperanza de ver a Patricio pronto, con la probable cuarentena en mi ciudad o con mis pesadillas. Sentía el cuerpo adormecido, sentía inquietud, nerviosismo y tenía pensamientos fatalistas. Traté de relajarme y me fui al Jardín del Arte en la calle de Sullivan. Revisé toda la galería con cierto miedo, pues no sabía si podría estar cerca de alguien que pudiera tener el virus del murciélago, «como le llamábamos en el taller». Compré tres lienzos grandes y más pinturas y pinceles para agrandar la gran colección que ya tenía.

Llegando a casa en el auto, acomodé todas mis cosas. Bajé por un té chai, regresé al departamento y sonó mi móvil. Era Paulo.

—Ma, ¿ya escuchaste las noticias? Acaban de declarar al país en estado de emergencia. ¡La cuarentena empezó! ¡Tal cual pasó en 2009!

—¡Chin! ¡No puede ser! No pensé que llegaríamos a tanto. Gracias, mi cielo, por marcarme. ¿Tú estás bien? —le pregunté.

—Sí, ma, ¿necesitas algo ahora o después? —me dijo Paulo.

—No, corazón, justo fui al súper hace unos días y ya me previne. Ya tengo todo lo que necesito. Pero gracias, mi amor. Cualquier cosa que necesites, márcame, y si yo necesito algo, te marcaré. Te amo.

—Así lo haré. Te amo, ma.

Unos minutos después ya me habían marcado Sofía, Aimar, Dara, mi mamá; le marqué a mis hermanos, mis sobrinos, y todos los grupos de chat que tenía se habían vuelto locos, especialmente el que tenía con los del taller. Todos estábamos asustados: nos ofrecimos ayuda, advertíamos de no salir a ningún lado para no contagiarnos. Toda la tarde de ese domingo fue un caos en el móvil.

Ya en la noche, cuando dejé de ponerme en contacto con todo el mundo, sentí un dolor en el pecho y con gran tristeza le mandé un mensaje a Patricio.

Pat, mi amor, ya estamos en cuarentena aquí. Nadie podrá asistir al trabajo ni a las escuelas. Los supermercados estarán restringidos. No debemos de salir de nuestros hogares. No sé cuánto tiempo; espero que sea el necesario para salir de esto pronto y que tú y yo logremos vernos y estar juntos de nuevo antes de lo imaginado. Te amo… Eli.

No recibí respuesta inmediata; Patricio dormía para ese momento. Me sentía muy inquieta. No sabía qué iba a hacer los siguientes 15 o 30 días. Las estadísticas de otros países eran alarmantes; el número de fallecidos era enloquecedor, sobre todo en países como Estados Unidos, Italia y España. No dejé de ver las noticias como por 5 horas seguidas, en posición fetal, cubierta de una manta sobre la mecedora de la sala. La angustia comenzó a atormentarme y decidí irme a descansar para amanecer con la mente más fresca, aunque sabía que no lograría dormir esperando el mensaje de Patricio.

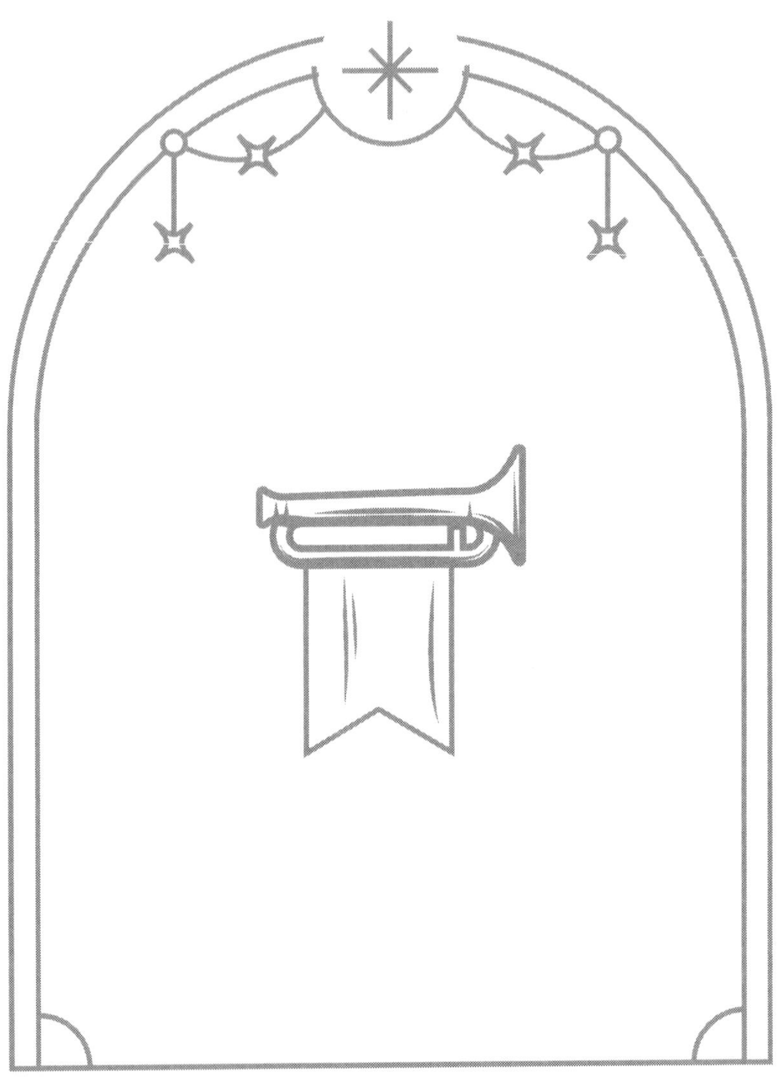

XV
El regreso de Tomás

Septiembre, 1948

Todos los días tenía la misma ilusión de volver a estar con Tomás. Era demasiado lo que lo extrañaba. Siempre que podía me daba una escapada por las tardes para visitar nuestro camino de piedras de colores. Llevaba 3 años recibiendo las cartas de Tomás; nunca fallaban. Y yo, todos los días me levantaba con la misma esperanza, esperanza de verlo y abrazarlo con toda el alma.

Tomás ya tenía 19 años y yo 18. Mis padres eran diferentes a los demás, al menos así los veía yo. Tradicionalmente las mujeres se casaban muy jóvenes y se dedicaban a cuidar al esposo y criar a sus hijos. Generalmente se veían obligadas a hacerlo a muy temprana edad. Mis padres siempre supieron que yo esperaba el regreso de Tomás; sabían que no había poder humano para que yo intentara una relación con alguien más. Ellos, que siempre se demostraron el amor a todas luces, que sabían que no podrían vivir el uno sin el otro, me dejaron hacer con mis decisiones lo que yo quisiera y respetaron mi espera y mi ilusión. Dos de mis hermanas ya habían contraído nupcias y María José ya esperaba a su primer bebé, lo cual nos hacía mucha ilusión a todos en la familia.

Un día, recibí otra carta de Tomás, pero esta era diferente a todas las demás. Me sorprendió mucho leerla y al mismo tiempo sentí una emoción inmensa por lo que sus palabras decían.

> Septiembre, 1948
>
> Regreso en unos días, si estás dispuesta nos vamos inmediatamente de Madrid. En persona te diré adónde y el porqué de esta intempestiva decisión.
>
> Te amo

No supe qué hacer. Las manos me empezaron a temblar. Doblé la carta lo más chiquito que pude y la guardé dentro de una calceta entre todas las calcetas que tenía. Mi corazón comenzó a latir tan rápido y no sabía si ir corriendo a contarle a mis hermanas, a mis padres, o si me lo callaba y hacía la maleta. «A mis padres no, quizás se oponen y no me dejarán ir con él», pensé. Tomé una maleta vieja y metí lo que más usaba: pantaletas, calcetas, cinco vestidos, dos faldas, tres blusas, una foto de mis padres que fui a tomar del armario de mi madre y otra donde aparecíamos todos juntos (mis padres, mis hermanos y yo). Me matarían en su mente cuando notaran que me llevé esas fotos. Tomé un rosario que guardaba debajo de mi almohada todos los días, lo guardé y escondí la maleta debajo de mi cama. Ya sudaba de todo lo que hice y de los nervios que esto me provocó. No entendía qué me pedía Dios o el universo que hiciera. Yo me sentía segura de irme con Tomás, pero ¿por qué irme lejos con él? ¿Sería porque no quería volver a convivir con su padre? Yo sabía que algo malo le había pasado con su papá antes de irse al ejército franquista. Tenía toda la verdad en la mano, o al menos eso creía en esos tiempos, y por mucho tiempo quise ir a decirle a Ilda, la madre de Tomás, pero tuve que respetar lo que Tomás me hizo prometer: no decirle a nadie.

Sabía que si me iba con Tomás mis padres llegarían a estar al punto de la desesperación al no saber nada de mí. Eso me preocupaba mucho, porque siempre fueron buenos conmigo y no me apetecía darles problemas; sobre todo yo, que había sido buena hija siempre. Tenía que hacer de alguna manera «bien las cosas», solo para no causarles un dolor irreparable. No tenía idea por cuánto tiempo me iba con Tomás o qué tan lejos nos iríamos; lo único de lo que estaba segura era de que sí quería ir y sí lo iba a hacer. Entonces decidí escribirle una carta a mis padres, carta que tendrían que leer cuando yo ya me hubiera ido lo suficientemente lejos para que nadie me encontrara, a menos que el plan de Tomás fuera otro, pero tenía que estar preparada para lo más difícil.

Pasaron 4 semanas y no sabía nada de Tomás. Hasta llegué a pensar que era injusto; todos los días vivía con incertidumbre, con desasosiego, sin saber nada de él. Tenía la maleta lista desde hace 4 semanas debajo de la cama, así que tenía que usar casi siempre la misma ropa: parecía retrato. Mi madre incluso llegó a mencionar en la mesa que seguramente me gustaba mucho lo que usaba todos los días, porque ella no veía que tuviera mejor gusto para vestir —lo hacía un poco de broma—, y yo le contestaba que me sentía a gusto con lo que traía —con un poco de enfado, debo decir—, y le dije que era mi favorita por ser holgada y cómoda. Lo cierto es que no quería deshacer la maleta porque no tenía idea de cuándo la iba a necesitar.

Un 3 de mayo, cerca de las 5 de la tarde —recuerdo que era martes—, estaba sentada en la orilla de mi cama. La ventana estaba abierta; hacía calor, pero entraba aire fresco que anunciaba una lluvia ligera, de esas que mojan el suelo y despiden un olor increíble. Estaba tejiendo un suéter cuando de pronto escuché a lo lejos, pero cerca de mi casa, un silbato. Sonó tres veces de manera discreta. Salté de la silla al instante, aventé el tejido a la cama de María José (yo aventaba todo a su cama porque ya no vivía con nosotros). Me asomé por la ventana y casi a una cuadra alcancé a ver a un hombre con la esencia de mi Tomás, pero con porte de un hombre maduro y herido del alma. Lo noté a distancia. La forma en que estaba parado, viendo hacia mi ventana de reojo, con una cachucha que le tapaba media cara, una rodilla doblada y recargado sobre un poste de luz. Me estaba esperando, pero no tenía en su cara la sonrisa que yo esperaba ver con ilusión.

Siempre imaginé que el día que yo volviera a ver a Tomás, nos veríamos de lejos y, sonriendo más que nunca, ambos correríamos para encontrarnos gritando nuestro nombre, llorando, para llegar a abrazarnos con mucha fuerza y ser cargada por la cintura al mismo tiempo que Tomás me daba seis vueltas con mi vestido ondeando mientras toda la gente nos veía felices por el encuentro. Eso no pasa nunca.

Tomé la maleta que guardaba debajo de mi cama, jalé un suéter que mi mamá había tejido para mí y tomé la carta que había escrito para mis padres. La dejé debajo de la almohada de mi papá (siempre era el último en irse a dormir) y seguramente ese día dormirían tarde, muy tarde, esperando a que yo regresara. Lo sé, fue cruel, pero mi criterio era inmaduro. Fue muy riesgoso salir de la casa con una maleta: mi madre estaba preparando unas mantecadas de naranja y mis hermanas estaban en el comedor terminando de preparar unos ungüentos de lavanda. Por la prisa solo se me ocurrió salir corriendo mientras gritaba:

—¡Ya vuelvo, mami! ¡Voy a vender unas cosas que traigo acá! ¡Regreso al rato! ¡Te quiero, mamita!

Nadie dijo nada. No tuvieron oportunidad: salí tan rápido que ni tiempo les di de preguntar. El corazón se me rompía mientras caminaba a toda prisa hacia donde estaba Tomás; me dolía haberlo hecho de esa manera, pero tenía que hacerlo así. No sabía qué pasaría, aunque tenía la esperanza de volver con mis papás pronto. La verdad es que el corazón sabe más que la razón, y en el fondo sentía que no sería así. No es lo mismo saber que sentir: siempre se contradicen esos dos sentimientos.

Mientras caminaba hacia Tomás, cada vez que me acercaba, el alma quería tomar ventaja de mi cuerpo y salir más rápido que él para llegar a abrazarlo tanto. Cuando por fin lo logré, ya llegaba con las lágrimas saliendo sin ningún esfuerzo, agitada, con carita de puchero y dolor. Tomás me abrazó inmediatamente, fuerte. No teníamos tiempo de vernos a la cara; estábamos enganchados, tomando nuestros cuerpos como si alguien nos lo quisiera arrancar y nosotros nos aferráramos al cuerpo del otro. Ambos lloramos como nunca antes, entre llanto y risas, no sabíamos qué hacer con ese encuentro, con ese sentir.

—Estás hermosa, Isabel, has madurado mucho, casi no te reconozco —me dijo lloriqueando Tomás.

Separamos nuestras caras para vernos a los ojos y recorrer cada detalle de nuestras nuevas facciones. Tocábamos nuestra cara, nuestros cabellos, nuestros hombros y nuestra cintura tratando de reconocer a aquella personita que habíamos dejado de ver hace más de tres años.

—Eres otro, Tomás, estás hecho todo un hombre, ¡pero te amo, te amo, te amo! ¡Sí eres mi Tomás de siempre! —le contesté muy sorprendida pero agradecida.

Noté que tenía varias cicatrices en la cara, pero no le mencioné nada. Teníamos prisa. Tomás tomó mi maleta y se hizo cargo de ella mientras también cargaba un morral un poco grande detrás de su espalda.

—Vámonos, Isabel, no tenemos tiempo. Necesitamos agarrar un tren que sale en hora y media, que nos llevará a Madrid, y de ahí debemos tomar otro el día de mañana hacia Cataluña para cruzar la frontera española. Pasado mañana estaremos en Francia, Isabel; de ahí nos llevarán a Sète para tomar un barco que nos llevará a México. Dame la mano.

—¿Qué dices? ¡Tomás! ¿Estás seguro de lo que haces? ¿Por qué nos vamos tan lejos? ¿Por qué hasta México? —le contesté sorprendida y asustada.

—Te cuento en el camino, ahorita no tengo tiempo de explicarte; nos esperan para ayudarnos a salir del país. ¿Sí vienes conmigo, Isabel? ¿Estás segura de querer venir conmigo? —preguntó Tomás, viéndome a los ojos para escucharme y sentirse seguro de lo que hacía.

El susto de escuchar lo que Tomás me decía me paralizó; sentí un escalofrío que recorrió todo mi cuerpo. Jamás imaginé que nos iríamos tan lejos, eso implicaría que nunca volviera a ver a mis padres y hermanas.

—¿Si no quiero ir, te quedarás aquí conmigo en Guadalajara? ¿O en Madrid? —instintivamente le jalaba la camisa en dirección a mi casa.

—No, Isabel, debo salir del país. Tengo que contarte por qué, pero aquí no, es muy delicado. Si no quieres venir conmigo no puedo obligarte, pero tenía la esperanza de regresar a estar junto a ti para no separarnos nunca más, y esta es la única manera. Si me quedo aquí me matarán —me dijo Tomás con determinación.

Cuando me dijo eso, mi mente hizo un análisis de lo que estaba pasando y de lo que estaba por pasar en solo dos segundos y le contesté:

—Me siento muy asustada, Tomás, jamás he vivido fuera de esta ciudad y nunca me he separado de mis padres… pero voy contigo adonde sea, estoy asustada pero decidida. Lo supe desde el día que llegó tu última carta. Llévame contigo, Tomás, llévame por favor, te lo pido, no me dejes —le contesté con la misma determinación con la que él me estaba hablando; traté de ponerme a su mismo nivel para que no dudara en llevarme.

Tomás me dio un beso en la boca con mucha fuerza, tomó mi mano y nos fuimos caminando hasta la parada de un camión que nos llevaría a la estación del tren. Todo el camino veníamos solo dándonos besos en la boca y acariciando nuestros cabellos y nuestras mejillas. No pensábamos en otra cosa más que en reconocernos a través del tacto y del amor. Yo sabía que no era el lugar ni el momento para pedirle una explicación del porqué de la intempestiva huida, así que me quedé callada. España llevaba varios años en guerra, en represión; yo sabía que había muchos chicos como Tomás encarcelados, en campos de concentración o muertos. La posguerra seguía doliendo a todos, aún no recuperábamos la tranquilidad. Solo solíamos trabajar para poder comer y vestir; nos sentíamos afortunados y bien librados los que no teníamos familiares muertos. Aunque no entendía por qué Tomás huía o de quién huía, se supone que él estaba en el ejército franquista.

Llegamos a la estación de tren y Tomás sacó pasta para pagar dos boletos que iban hacia Madrid. Yo había metido a la maleta una cajita con billetes que guardé debajo de mi colchón los tres años que nos separamos Tomás y yo. Sabía que algún día los utilizaría. Me ganaba un poco haciendo mandados a algunos vecinos, ayudando a Carmelita en la tienda de Ultramarinos, y mi madre me daba un poco de dinero por las cobijitas que vendía y que yo le ayudaba a tejer.

—¿Tienes hambre, Isabel? —me preguntó Tomás.

—No, abrázame —le contesté.

Tomás y yo nos quedamos abrazados en una banca de la estación hasta que llegó el vagón que nos llevaría a Madrid. Subimos, entregamos los boletos, pasamos con dificultad entre los pasillos porque éramos muchas las personas que viajábamos al mismo destino. Nos tocó sentarnos cerca de una pareja grande con porte de gente adinerada, así que nos mantuvimos callados todo el camino; solo nos tomábamos de las manos y recargábamos nuestra cabeza en el hombro del otro por turnos. Así nos quedamos mientras intentábamos dormir y pensábamos que todo eso parecía ser una gran locura, o un gran sueño. A mí me atormentaba un poco lo que mis padres pensarían de mí esa noche. No sabía si ya se habrían dado cuenta de que me había ido para no regresar en mucho tiempo… o nunca. Creo que para esas horas ya faltaba poco para que leyeran lo que les escribí en esa carta, si antes no se volvían locos buscándome y preguntando a todos en el vecindario si me habían visto. Por una parte me sentía tranquila y feliz de que estaba con Tomás, y por otra me sentía tan culpable y malagradecida.

Papá, mamá:
Me ha costado mucho trabajo escribir esta carta; no tengo idea de cuándo la leerán, pero cuando así sea, seguramente estaré muy lejos de casa. No es un capricho ni una burla. Surgió la oportunidad de irme para cumplir un sueño. Si no les compartí nada fue porque no quería tener ninguna discusión con vosotros. Prometo cuidarme mucho para volver a Guadalajara a llenarles de besos y abrazos. No se entristezcan, me voy feliz. Yo les escribiré otra carta para que sepan de mí. Os lo prometo.
Les quiero muchísimo.

Isabel

Fue cruel, lo sé. No decir adónde, con quién ni por qué; pero era tan joven…

XVI
La huida

Llegamos a Madrid. Yo había ido pocas veces a Madrid, siempre con mis padres. Caminamos un poco y después tomamos un tranvía que nos llevaría a la calle Gran Vía. La ciudad se veía imponente, llena de hermosos edificios, esculturas, árboles, carros lujosos, camiones y gente, mucha gente. Todas las personas caminaban con prisa y todos tenían la misma cara. Sus expresiones no eran de gente feliz; eran de gente con miedo, enojada, triste, aburrida tal vez. Solo algunos se veían satisfechos. Cerca de ahí vimos un gran mural donde se apreciaba la imagen de Josef Stalin, el entonces presidente de la Unión Soviética. Tenía poco de haberse inaugurado el tren y él estuvo en Madrid; la influencia del gobierno de la Unión Soviética en el gobierno franquista era innegable. Aún se sentía una atmósfera de guerra en la ciudad. Estaba terminando la Segunda Guerra Mundial y aún olía a muerto; no exactamente a olor a muerto, pero sí la sensación de muerte, de sufrimiento y de tristeza. Pasamos a comer algo a un restaurante de esa misma calle. Tomás pidió vino para los dos, una tortilla española, morcilla y polvorones de nuez.

—Isabel, ahora sí puedo platicarte un poco de todo lo que ha sucedido estos tres años que estuvimos tan lejos. Después de aquí iremos a quedarnos a casa de un buen amigo que vive muy cerca de aquí. Mañana saldremos a Cataluña muy temprano y de ahí nos iremos a Francia. Solo te pido que confíes en todo lo que estoy haciendo. Si nos vamos a México es porque ahí tendremos mejor vida, estaremos a salvo de todo y de todos, Isabel, y porque deseo de corazón estar contigo el resto de mi vida. ¿Te acuerdas que nos hicimos esa promesa? —me dijo Tomás tomándome de las manos y viéndome a los ojos.

—Claro que recuerdo todo, Tomás, por eso estoy aquí, contigo. Pero no entiendo de qué huimos, ¿por qué siento que nos estamos escondiendo? Quiero saber todo —contesté.

—Es muy claro, Isabel: el ejército me considera un desertor, un traidor. Yo siempre estuve en contra del franquismo, y cuando expresé lo que pienso, fui encarcelado y estuve en campos de concentración junto con los republicanos. Yo tenía un amigo en el ejército, quien siempre se ha encargado de investigar si yo me encuentro vivo. Él fue quien te escribió todas las cartas que tú recibiste durante el último año, haciéndose pasar por mí, para que tú supieras que yo seguía vivo, porque yo no podía enviar cartas a nadie. Él me ayudó, mi amigo Daniel. Es como un hermano para mí, Isabel, gracias a él estoy aquí ahora; él me ayudó a hacerte saber que volvería por ti y me ayudó a escapar del campo de concentración. Prácticamente le debo la vida y que estemos tú y yo juntos aquí y ahora. Nos espera en un departamento que tiene aquí cerca; su familia es adinerada y ahora se encuentra en Portugal. Podemos quedarnos ahí con él esta noche. Quiero que lo conozcas y sepas que él es como un verdadero hermano para mí.

—¿Y tus padres? ¿Saben que estuviste encarcelado, Tomás? ¿Tu madre sabe que estás vivo y que estás aquí conmigo? —pregunté confundida; era mucha información para mí.

—No, no saben nada de esto que te estoy platicando. No me han visto. Yo estuve cerca de mi casa esta mañana. He visto a mi madre fuera de casa regando las plantas del jardín delantero; llevaba un delantal a cuadros y tubos en el cabello. Le vi la carita triste, lloré hacia adentro, Isabel, tenía mil ganas de ir a abrazarla y decirle que estaba bien. —Los ojos de Tomás querían llorar, brillaban de tanta lágrima contenida.

—¿Por qué no te acercaste a ella? No entiendo —pregunté.

—Si mi padre se entera de todo esto, que estoy fuera, que estoy escapando, es capaz de denunciarme con el ejército. Antes que su familia, mi padre defendería sus ideologías estúpidas. Además, después de las razones que tuvo para enviarme al ejército, no querría que yo volviera a casa y que mi madre se enterara de todo lo que sucedió aquel día que me viste llorando tanto. —Se le notaba en sus palabras y en sus ojos tanto coraje y dolor.

—Nunca me contaste bien lo que pasó. Solo supe que fue algo muy duro para ti, y bueno, lo que ya sabes… —No podía mencionar lo que sabía, pero en realidad casi no sabía nada.

Tomás tenía una madurez increíble al contarme todo. Ya no estaba con el chaval de hace tres años, ahora estaba con el adulto; sabía que él estaba haciendo las cosas lo mejor posible para estar a salvo los dos. Se le veía duro, enojado, curtido por el dolor y el sufrimiento. Yo no dejaba de tomarle la mano derecha con mi mano izquierda y trataba de comer con la derecha únicamente, y lo mismo él, pero con la mano izquierda. El vino nos sabía a salvación, a confianza, a desahogo. Me dijo con tanto sentimiento que hacía mucho tiempo que no disfrutaba una buena comida. Comimos con mucha hambre. Sus manos siempre se sentían tan calientes, me transmitían protección y seguridad. Y comenzó a hablar, a contar:

—A mi padre le gustaba mucho salir con sus compadres, especialmente con uno de ellos, Gilberto, el que te dije. Desde que era muy pequeño Gilberto iba a visitarnos a la casa. Cuando lo hacía, mis padres le esperaban con tapas y whisky. Yo lo veía a él como a una especie de tío, nos llevaba obsequios a mis hermanos y a mí siempre que podía. La pasaban muy bien. Lo extraño era que nunca se casó ni le conocimos ninguna novia. Cuando yo tenía unos 12 años, empecé a preguntarle a mi padre por qué Gilberto no se había casado y que si no le daba miedo que se enamorara de mi madre, porque era un señor soltero que visitaba nuestra casa con frecuencia. Desde ese instante, Isabel, figúrate que el viejo por cualquier cosa se enojaba conmigo, me tomó una rabia indescriptible. Cada vez que Gilberto nos visitaba, mi padre me daba pellizcos para que yo me fuera de la sala o de la mesa de jardín donde acostumbrábamos todos a comer cuando había visitas. Por cualquier motivo se enfadaba conmigo. Se empezó a hacer costumbre que me diera zurras, pellizcos en los brazos o en las piernas y algunas veces me abofeteaba en el mentón de manera sutil pero agresiva. ¿Recuerdas que te conté que un día Gilberto me dio una nalgada cuando le ayudaba a mi madre a servir una tarta Santiago en la mesa, y que ese día mi padre me dio una tunda en mi cuarto que dejó mi trasero ardiendo y en rojo, con el pretexto de que no debía estar donde estaban los adultos? ¡Qué mala mi madre que permitía esas tundas y ese abuso!, siempre pensé eso. Después, con el tiempo y la astucia de un niño observador como yo, me di cuenta de que mi padre no celaba a mi madre, celaba a Gilberto, y por esa razón no permitía que yo o mis hermanos nos acercáramos a él, aunque el tal Gilberto, ¡cómo insistía en que lo saludáramos y seguía llevando regalos para nosotros! ¿Te acuerdas, Isabel, que te pedí que guardaras el secreto?

—Claro que me acuerdo, Tomás, jamás nunca le dije nada a nadie, ni a mí misma en mis sueños, ni a mi misma sombra, y lo seguiré haciendo —contesté atenta y atónita.

—Bueno —suspiró Tomás con profunda tristeza y los ojos un poco perdidos—, pues el día que llegué a nuestro camino de piedras, alterado, golpeado y sangrando de la boca, ese día había llegado a mi casa y no había nadie: no había nadie ni en la cocina, ni en la estancia ni en el jardín, pero la casa estaba abierta. Mi padre había dejado la música puesta en su gramófono, su música clásica de siempre, nadie más lo usaba. Había dos whiskies en la mesa de centro de la sala con dos servilletas. No entendía nada. De pronto pensé que mi madre y mi padre celebraban algo y que habían ido rápidamente a comprar algo para el festejo, lo cual se me hacía muy extraño; yo nunca los veía cariñosos y menos románticos. Fui a la cocina a servirme un poco de agua y escuché ruidos que venían de la habitación de arriba. Me pareció extraño, mis padres nunca hacían lo que en ese momento imaginé que estaban haciendo, me refiero a ruidos, tú me entiendes. Tal vez era uno de mis hermanos, pensé. Subí las escaleras y abrí la puerta de la habitación de mis padres…

Tomás se quedó callado; me miraba con vergüenza y no podía hablar más. Solo empezó a carraspear la garganta y sus ojos se mostraban acuosos y tristes mientras doblaba y desdoblaba la servilleta con mucha ansiedad.

—¿No puedes seguir, Tomás? —pregunté—. ¿Estaba tu padre con otra señora en su cama?

Me dio pena preguntarle, pero lo sentía a él muy atorado.

—No, Isabel, estaba con Gilberto.

Tomás empezó a dejar caer las lágrimas sobre el mantel de la mesa sintiendo tanta vergüenza; su cara estaba tan roja como aquella tarde que lo vi llorar en nuestro camino de piedras.

—¡No puede ser! —exclamé tapándome la boca con ambas manos.

Mas no quise expresarme con el verdadero asombro que sentía para no perturbar más a Tomás; no quería avergonzarlo más con el susto que me llevé al saber e imaginar todo. Lo cierto es que no sabía a esa edad lo que pudiera estar haciendo el padre de Tomás con otro hombre.

»¿Se estaban besando? —pregunté atónita.

—¡Ay, Isabel! Mi muñeca hermosa. Eres tan tierna e inocente aún. No podría explicarte lo que hacían porque tus hermosos oídos no soportarían saber lo que hacen algunos hombres entre ellos. Fue repugnante ver a mi padre amando a otro hombre, engañando a mi madre en todos los sentidos. Jamás me imaginé que un hombre tan trabajador, tan correcto y propio pudiera hacer algo así. Pobre de mi madre, Isabel, tan contenta que se le veía atendiendo a ese señor con todas las fanfarrias —contestó Tomás mirándome con pena.

—¿Estaban desnudos? —yo seguía atónita y con tantas preguntas.

—Sí. Ya no imagines más, Isabel; no mereces saber, tú eres aún mi hermoso ángel. No quiero ensuciar tus pensamientos con todo esto —dijo Tomás acariciando mis mejillas rojas.

—¿Y tu padre y el señor te vieron? —seguía preguntando llena de dudas.

—Sí. Yo no soporté ver eso y les grité cosas horribles a los dos mientras se vestían. Les dije: «malditos sucios, puercos». A mi padre le dije: «¡maldito enfermo, me das asco, mi madre va a saber con quién la has estado engañando!». Yo ardía de coraje de pensar en mi madre atendiendo a ese señor, sintiéndolo un verdadero amigo de la familia. Mi padre apenas tomó el cinturón y me pegó directo en la cara con la hebilla. Gilberto salió corriendo de ahí y nunca más regresó, o al menos eso espero. Mi padre me dijo que yo no entendía nada, que era un gilipollas y un ignorante. Me tiró al suelo y comenzó a patearme; yo trataba de defenderme, pero no podía, estaba llorando muchísimo, el dolor me debilitó. Fue muy grande el impacto, Isabel. Mi padre me amenazó con que si decía algo a alguien, no importaba a quién, ni al mismísimo cura podía contarle, la persona que más iba a sufrir sería mi madre porque la trataría con desprecio y asco por haber parido a un idiota como yo. Así me habló mi propio padre. Inmediatamente después contactó a otro amigo para pedirle que le ayudara a meter los papeles necesarios para que yo ingresara en el ejército de Franco —dijo e hizo una pausa Tomás.

—Todo es tan triste, Tomás, no tenía idea. Me duele en el alma que hayas pasado por todo eso solo —le dije, y mis lágrimas también se hicieron presentes; me dolía muchísimo escucharlo y sentirlo tan humillado.

—Nunca estuve solo, Isabel; sabía que estabas conmigo aun sin haberte contado nada. Durante estos tres años en el ejército te tuve en mi mente y en mi corazón todo el tiempo. ¿Y sabes algo, Isabel? Gracias a que yo prometí volver por ti es que estoy vivo ahora. Eres lo que más amo en la vida —me decía Tomás con gesto de agradecimiento.

—También te amo, Tomás, y te amaré siempre. ¿Tu madre? ¿Sabe lo que pasó? —le pregunté.

—Nunca supo. Mi padre le dijo que yo me había peleado con un tipo en la calle y que, para reformarme y no andar peleando en la calle, me mandaría al ejército. Imagínate nada más, qué pedazo de cobarde es mi padre. Alejar a su hijo para no hacer de su asqueroso secreto una noticia digna de primera plana. Pobre madre mía, si supiera quién se la está follando. Creo que no hay persona que odie más en esta vida como odio a mi padre, ni al mismísimo Francisco Franco —dijo perdidamente enojado.

Terminamos de cenar y nos fuimos caminando al departamento de su amigo Daniel. Pobre Tomás, venía cargando todo. Cargaba las maletas y cargaba la vergüenza de haberme contado tan desafortunado acontecimiento. Cuando llegamos, ya nos esperaba Daniel con las luces muy bajitas. El edificio al que entramos, el número 11 de la avenida Gran Vía, era majestuoso por dentro y por fuera. El departamento lo alquilaba la familia de Daniel; era lujoso y olía delicioso, yo me sentía tan asombrada. Tomás y Daniel se dieron un abrazo con mucho cariño y luego Tomás nos presentó a Daniel y a mí. Era un tipo muy agradable, bajito, güero de ojos claros, muy amable.

—Mucho gusto, Isabel, Tomás ya me ha puesto al día contigo. Pasen por favor. ¿Tienen hambre? Tengo comida en la cocina —me saludó muy amable Daniel.

—Gracias, hermano, acabamos de comer hace un momento. Un vaso de agua sí te acepto. Isabel, ¿quieres algo? —contestó Tomás y me preguntó a mí.

—No, muchas gracias, estoy bien —contesté.

Me sentía muy apenada. Jamás había estado sola con dos hombres en un lugar, nunca me había quedado en casa de nadie a dormir, nunca había hablado con nadie más que con Tomás. Todo me daba pena: tomar el agua que me sirvieron sin pedir, pasar al baño, hablar... todo me daba pena.

—Hermano, ¿cómo les ha ido hoy? —preguntó Daniel.

—Como lo había planeado, gracias a Dios. La huida salió mejor de lo planeado: nadie se dio cuenta. Ya necesito estar en Francia para sentirme librado, Daniel. Este sentimiento de sentirme perseguido me vuelve loco. Por fortuna estoy con Isabel; gracias a ti la recuperé y ahora vamos en camino a formar nuestra vida y nuestra familia —dijo Tomás a Daniel.

—No sabes el gusto que me da escuchar todo esto. Sabía que lo lograrías. Yo debo volver al ejército en un par de semanas, así que todo lo que necesites, cuenta conmigo. Debemos seguir siendo discretos. El día de mañana los llevaré a la estación de tren; aquí tengo vuestros boletos, toma. Sale a las 9:30 de la mañana. Allá te vas a encontrar con un buen amigo mío, se llama Joel. Vestirá una pañoleta roja en el cuello y llevará gafas negras, para que lo identifiques. Tú te pondrás esta pañoleta verde en el cuello también; así se identificarán bien —nos decía con voz muy precisa Daniel.

—Gracias, hermano, todo lo que has hecho por mí, y ahora por nosotros, no sé cómo pagarlo, de verdad.

Estaré en deuda contigo toda la vida, hermano mío —le dijo Tomás a Daniel dándole un abrazo.

—Ni lo digas, Tomás. No olvido que estuviste cuidando de mí durante dos meses mientras agonizaba. Somos hermanos, ¿recuerdas? Estamos juntos en esto —dijo Daniel.

—¿Y tú? ¿Qué harás? Cuando vuelvas al ejército, ¿cuánto tiempo pretendes seguir ahí? Me haría muy feliz que tú, como nosotros, te fueras a México —le dijo Tomás a Daniel.

—No lo sé, hermano, tengo que pensarlo. Me parece una idea loca y genial al mismo tiempo, pero mis padres aún están muy encariñados conmigo. Recuerda que soy su único hijo. Tal vez me anime, pero a ellos sí debo compartirles mi intención. Claro que no mencionaré que tengo un amigo Tomás y mucho menos que se fue a México. Tal vez me anime en un par de años, o antes, ya que ustedes estéis bien establecidos.

—Me encantaría reencontrarnos allá. Sabes que cuentas conmigo para recibirte en el momento que quieras ir —dijo Tomás.

—Te voy a extrañar, amigo, no sabes cuánto. ¿Y tú, Isabel? ¿Te sientes nerviosa? —preguntó Daniel.

Llegó el momento de las preguntas y mi cara se sentía caliente y seguramente estaba roja como la pañoleta que portaría el amigo de Daniel.

—Sí, estoy muy nerviosa, pero feliz —dije eso mientras volteaba a ver a Tomás y le apretaba la mano más fuerte que nunca.

—Me alegra, Isabel. Tomás te ha querido y pensado todo este tiempo de posguerra; yo soy testigo de lo idiota que siempre lo has traído —dijo riéndose Daniel y agarrando el cabello de Tomás en forma brusca pero encariñada.

—¿Sí? —pregunté—. ¡Vaya!, sí que hacíamos con la mente las mismas cosas entonces —contesté riendo también.

—Hermanos, vamos a descansar. Nos levantaremos a las 6 a tomar un desayuno aquí en el piso para después irnos a la estación. ¿Les parece? La habitación del fondo es donde ustedes se quedan; si gustan ducharse ahora o mañana por la mañana, de este lado está el baño, ahí dejé toallas limpias para los dos. Cualquier cosa que necesiten, por favor, tengan la confianza de despertarme y pedírmela, ¿de acuerdo? —nos dijo Daniel.

—Claro que sí, hermano —exclamó Tomás—. Y una vez más, no sé cómo agradecerte tanto.

—Para eso somos hermanos del alma —dijo Daniel dándole un abrazo a Tomás.

Los tres nos fuimos a descansar. La cama en donde nos quedamos era una cama mucho más grande que la mía; tenía una cabecera de madera labrada con hermosos dibujos. De lado derecho había un espejo enorme con un marco dorado y garigoleado. Yo sentí los nervios de punta. No sabía si dormiríamos abrazados, un poco separados, o si Tomás me besaría toda la noche y no sé qué más; pensaba y no quería pensar mientras acomodaba mis cosas y me quitaba la ropa para ponerme la ropa de dormir. Tomás también comenzó a desvestirse, apenado, pero lo hacía. Volteaba de reojo para verme mientras hacía sus cosas —yo me di cuenta—, y yo me dejaba ver, un poco aunque sea. No me tapaba; simplemente me desvestía. Los dos callados, solo quitando nuestras ropas.

—Durmamos con poca ropa, Isabel, hace calor —dijo Tomás.

—Sí —contesté.

Él se quedó en una trusa larga a rayas y yo con un camisón blanco delgado hasta la rodilla. Cada uno nos fuimos a un lado de la cama y quitamos los cojines decorativos para poder abrir la colcha tejida con sábanas muy suaves y blancas. Jamás había visto una cama vestida con tanto lujo y comodidad. Ambos hacíamos todo casi al mismo tiempo, como si estuviésemos coordinados. Destendimos la cama, nos acostamos, y Tomás apagó la única lámpara que estaba encendida. Quedamos casi a oscuras; nos iluminaba un poco la luz de la luna que entraba por el balcón. Yo me sentía súper nerviosa. Sentí la mano de Tomás que tomaba la mía buscando seguridad. Los dos estábamos boca arriba y yo tenía los ojos abiertos porque no sabía si tener la iniciativa o no. ¿Cómo podría tener la iniciativa si no tenía idea de qué hacer? Empecé a recordar que 3 años atrás Tomás y yo besamos nuestros labios por primera y única vez con tanto amor, y que ese día empecé a sudar por el calor que emanaba de mis entrañas al sentirlo tan cerquita. Esos recuerdos aceleraron mi corazón y empecé a sentir la humedad en mi pantaleta, resultado de un cuerpo reclamándome un poquito de compasión. Tomás tuvo la iniciativa y eso me dio paz.

—Isabel, ¿me dejas darte unos besos? —preguntó Tomás.

—Sí… —la voz me temblaba.

Tomás se acercó a mí y puso todo el peso de su cuerpo encima del mío. «¡Dios mío!», pensé. Por un momento me asusté porque sentí su polla muy dura y grande justo encima de mi vagina; los dos con ropa, pero se sentía perfecto. Nunca me hubiera imaginado que fuera de ese tamaño; siempre pensé que lo normal era del tamaño de una pequeña zanahoria. «¡Pero qué cosas estás pensando, Isabel!», me reprochaba a mí misma. Tomás me veía a los ojos esperando una reacción mía al sentir «eso»; yo no dejaba de mirarlo tratando de decir con la mirada «sí te estoy sintiendo, y sí te deseo». Empezó a besar mis labios despacio, como aquella tarde hace tres años; con los ojos cerrados, nos dejamos llevar y los besos empezaron a ser más y más atrevidos mientras se meneaban los cuerpos y las manos se volvían insolentes.

Después de la boca los besos siguieron por el cuello y los hombros, hasta que él mismo tiró el camisón que cubría hasta mis rodillas hacia arriba; lo sacó por mi cabeza mientras yo alzaba los brazos ayudando a que todo fuera más rápido. Bajó por mi pecho y besó mis senos. Se quedó ahí un momento disfrutando lo que hacía y yo, yo solo quería gritar pero no podía: Daniel podía despertar, eso me angustiaba mucho. Tomás bajó por mi vientre entre besos y mordidas pequeñas; le gustaba oler mi piel con esmero. Tomó mis pantaletas con sus manos y las bajó con ayuda de mis rodillas alborotadas, a las que les estorbaba ese pedazo de encaje.

Cuando menos lo pensé, Tomás ya estaba dentro de mí. Sentí un dolor muy fuerte; apreté los ojos y los labios con fuerza para no gritar. Mis pensamientos estaban centrados en la penetración; tenía miedo y, al mismo tiempo que me dolía, empezaba a sentir placer, sobre todo al ver la cara de Tomás, que tenía los ojos entreabiertos, con cara de gozo y de placer mientras se movía con el mismo ritmo con que tocaba el piano. A mi mente venían expresiones que yo misma me decía, como «¡Dios, lo estoy haciendo! ¡No puedo creer que lo estoy haciendo! ¡Lo estoy haciendo!», gritaba mi mente. La inocencia se bloquea en ese mismo momento y el alma empieza a reconocer al mundo desde un lado más maduro y lleno de responsabilidades. Sientes que creces en solo unos minutos. Tomás empezaba a decirme entre susurros cosas entre el cansancio que le generaba el movimiento, el sudor y la excitación.

—No sabes cuánto anhelaba este momento, Isabel, estar juntos, así apasionados, entregando todo ese amor contenido desde la infancia, una amistad de tantos años, y finalmente en un par de almas que se reconocieron desde el primer momento. Te amo, mi amor, te amo para toda la vida —decía Tomás entre gemidos y respiraciones rápidas.

—Nunca me dejes, Tomás, te lo ruego; yo quiero estar contigo el resto de mis días. Te amo con toda el alma y deseo estar a tu lado siempre —le contestaba todo el tiempo.

Ambos tomados de las manos seguimos haciendo el amor hasta que Tomás encerró su cabeza entre mi cuello y mi hombro para dejar salir un gemido que parecía de dolor, pero no era dolor, y ambos dejamos de movernos para quedarnos así, quietos por mucho tiempo, casi durmiendo. La noche nos abrazó con sus rayos de luna y nosotros hicimos lo mismo; si una bomba llegara en ese momento y destruyera el edificio, así nos hubieran encontrado: abrazados cara con cara, yo con mis brazos por debajo de los suyos, él sosteniendo mi cintura con una mano y con la otra debajo de su cabeza, con los cuerpos pegados por el vientre y las piernas entrelazadas. La madrugada heló nuestra piel y me recordaba que ese era el día en que yo estaba entregando mi amor y mi vida entera por primera vez a una persona igual de joven e inexperta que yo. Siempre supe que de eso se trataba el amor, pero no sabía cómo se sentía, hasta ese día.

A las 6 de la mañana ya estábamos levantados y bañados; tratamos de hacer todo en silencio para no perturbar el sueño de Daniel. Arreglamos la habitación y Tomás fue al baño a medio lavar el pedazo de sábana que delataba lo que habíamos hecho juntos. Cuando Daniel despertó, nosotros ya estábamos arreglados y listos en la sala.

—¡Caray, hermanos! ¡Qué sorpresa! ¿No han dormido? No esperaba verlos listos tan temprano. Ven, hermano —le decía Daniel a Tomás—, acá hacemos el café para que lo tomen mientras yo me alisto. Enseguida estoy con ustedes para preparar el desayuno.

Preparamos el café. Daniel preparó unos huevos con beicon sobre tostadas de pan y jugo de naranja.

Quedamos tan satisfechos y agradecidos con él. Después de platicar un rato, Daniel nos llevó a la estación del tren para ahora sí tomar camino rumbo a Cataluña. La despedida entre Daniel y Tomás fue muy emotiva. Ambos se abrazaron y prometieron escribir cartas y volverse a ver pronto. Yo sentía una lástima tremenda porque sabía que Tomás quería mucho más a su amigo que a sus mismos hermanos. Comprendí que a veces la vida te da hermanos de sangre que son parte de tu infancia y tu desarrollo y quienes mejor te conocen como niño y entienden mejor que nadie la percepción que tienes por familia; pero también, la vida te va regalando en el transcurso del camino a los hermanos «elegidos», esos amigos o amigas con los que te identificas y amas para toda la vida, sean como sean.

Caminábamos muy rápido Tomás y yo; queríamos ser de los primeros en subir a la locomotora para elegir los asientos más cómodos. Fuera del tren había muchos soldados vigilando a la gente y Tomás se puso muy nervioso.

—Apúrate, Isabel, apúrate —me decía todo el tiempo.

Yo caminaba lo más rápido posible, temerosa de que reconocieran a Tomás o me reconocieran a mí, si es que mis padres hubiesen salido a buscarme. Volteaba hacia todos lados con la cabeza agachada, no quería encontrarme a mis padres o a nadie que me conociera; también me cuidaba de no tropezar y caer, eso sería un atraso en la prisa de Tomás. Por fin entramos al vagón y buscamos los mejores asientos; elegimos los de hasta atrás. Llegando a ellos solo nos quedamos ahí, sentados, nerviosos. Nos ganaba la ansiedad porque la gente no se movía con rapidez y no arrancaba el viaje. Las rodillas de Tomás temblaban y casi se quedaba sin uñas.

Así estuvimos durante todo el trayecto del viaje, ansiosos, sin hablar, solo viendo por la ventana con nuestras manos entrelazadas. Quién sabe lo que pensaba Tomás; yo pensaba todo al mismo tiempo. Recreaba lo que había sucedido la noche anterior paso a paso. La angustia de pensar en mis padres interrumpía todo el tiempo ese recuerdo tan hermoso. Hacía preguntas en mi cabeza todo el tiempo: «¿Habrán llorado mis padres? ¿Habrán leído la carta? ¿Se habrán calmado al leerla? ¿Sospecharán que me fui con alguien? ¿Con Tomás?». Ellos sabían que yo le adoraba y que solo lo esperaba a él con ansias locas. «¿Habrán ido a preguntar a casa de Ilda si sabían algo de mí? ¿Se habrá inquietado Ilda y le habría comentado al señor Buendía de mi repentina desaparición? Y si sí, el señor Buendía ¿habría ido a preguntar al ejército si estaba su hijo? Y si así fuera, ¿el ejército se habría dado cuenta de la desaparición de Tomás?». ¡Dios, qué angustia!

Empecé a sentir un miedo imparable. No quería que nos encontraran, temía por la vida de Tomás, me sentía muy asustada, pero no quería decirle nada a Tomás, no quería infundir temor en él —quiero decir, más temor—; teníamos que seguir tal cual estaba hecho el plan, sin miedo. Tomás tenía que verme decidida, valiente, echada para adelante en todo lo que él dijera; él necesitaba mi soporte en todo momento, yo era su ancla, no podía decepcionarlo. Sentía que nuestras manos sudaban y cada cierto tiempo ambos secábamos nuestras manos con las ropas.

—¿Qué piensas? —Tomás me preguntó mirándome con una cara de tanta ternura y algo de tristeza.

—En lo feliz que estoy contigo, Tomás, no me arrepiento de nada, quiero seguir contigo adonde sea —le contesté.

—¿Sientes más amor que antes, Isabel? ¿Después de lo de anoche? —me dijo acariciándome la mejilla derecha.

—Siento que eres lo que más amo en la vida, Tomás, no me cansaré de decírtelo. Fue muy bonito y me siento más unida a ti que nunca —le dije sin ningún tipo de duda.

Por fin, el tren emprendió el camino. El sonido de los vagones viajando a gran velocidad me daba miedo; nunca había viajado en tren, y sentirme cada vez más lejos de donde nací y adonde siempre había pertenecido, más lejos de mis padres y mis hermanos, me generaba una gran tristeza. Siempre soñé con casarme virgen y de blanco con Tomás; imaginaba todos los días una boda con él llena de flores blancas, de invitados felices, de la bendición de mis padres y de la iglesia. Una noche llena de amor y romanticismo con Tomás, una casita pequeña y cómoda llena de hijitos, con la visita de nuestros padres que irían a visitar a los nietos. Soñaba con un Tomás trabajador y muy juguetón con nuestros hijos. Nuestra casita siempre oliendo a pastel recién horneado, impecable.

Siempre que soñaba con eso se llenaba mi cara de alegría, como si lo estuviera viviendo en ese momento. Todo eso se iba a un barranco imaginario mientras escuchaba el sonido de los vagones pasando por las vías llenas de tornillos gigantes. Imaginaba que ese cuento de hadas se cerraba y se caía en el vacío más profundo entre montañas. Mi realidad era que eso nunca iba a pasar. Nunca me casaría virgen y de blanco, nunca tendría esa boda llena de invitados felices, entre ellos mis padres y los de Tomás. Pero imaginar el futuro a su lado aun sin todo eso era aún más alentador. Ya conocía su temperatura, su cuerpo, sus deseos, su forma de hacer el amor. Ya me sentía completamente parte de él, y él parte de mí. Me sentía rara, no debo negarlo, pero aun así me sentía convencida de estar en donde estaba, con él, siempre él.

Llegando a Cataluña, al bajar del tren, ya nos esperaba Joel, el amigo de Daniel. Lo identificamos rápido por la pañoleta roja, y por la cara que hizo al ver a Tomás con la pañoleta verde. Ambos se vieron y esbozaron una sonrisa. Nos acercamos a donde estaba él, igual con las caras agachadas, pidiendo permiso a todo el mundo para que nos dejaran pasar. El olor de la estación era muy fuerte, y la gente se sentía muy encimada.

—¿Tomás? —preguntó Joel extendiendo la mano para saludar a Tomás y con la otra tocando su espalda con amabilidad.

—¡Joel!, qué gusto verte. Gracias por venir por nosotros. Ella es Isabel, mi novia —le contestó Tomás.

—Mucho gusto, Isabel —Joel me tendió la mano para saludarnos.

—Mucho gusto —contesté con algo de vergüenza.

—Vamos chicos, no hay tiempo que perder, aquí no podemos quedarnos, callados, por favor, vengan conmigo —nos advirtió Joel llevándonos un poco a empujones con amabilidad afuera del tumulto.

Joel nos llevó fuera de la estación. Ya nos esperaba un auto que nos llevó a una cafetería modesta pero donde logramos comer algo. Joel le dio unas libras al señor que nos llevó y se despidieron con una clave que no entendí en absoluto. La cafetería era de la tía de Joel. Nos sirvieron sin preguntar si queríamos comer o no; todos eran muy amables. Joel se sentó con nosotros y comenzó simplemente a hablar.

—Yo conozco a Daniel desde hace muchos años. Para ser exactos, desde que teníamos 2 años. Mi madre trabajó para la madre de Daniel algunos años y él y yo jugábamos sin importar que éramos de diferentes clases sociales. Yo también soy buscado por el ejército, Tomás. Mi familia siempre ha sido partidaria del ejército republicano y eso trajo mucha desgracia a nuestra familia. Mi padre peleó en 1936 y desgraciadamente perdió la vida, igual que mi madre. Daniel me ha contado ya que tú eres del ejército franquista pero de corazón republicano, y yo te voy a ayudar. Además, Daniel te estima demasiado, dice que eres como un hermano para él. ¡Hasta me he puesto un poco de celos, eh! —Joel lanzó una carcajada—. No te dejaría ni un segundo, Tomás. Daniel me lo ha pedido y ha confiado en mí como yo confío en él o confiaría si tuviese que pedirle un favor así. Pero por favor, coman todo lo que puedan, ¡adelante, coman!, que el día será un poco tedioso y largo.

Comenzamos a comer con mucho agradecimiento. Algo distraía mi apetito y volteé a buscar qué era lo que me inquietaba. Vi comer a Tomás con una sonrisa, pero al mismo tiempo dos lágrimas caían de sus ojos sobre su comida. Él no quería subir la mirada para que no lo descubriera Joel. Yo tuve que hacerme la tonta y seguir comiendo también.

—Gracias de verdad, Joel, por todo lo que has hecho por nosotros —dijo sonriente Tomás, aguantando el llanto.

—No, si no es de gratis, hijo, que pienso ir a México un día y espero que me recibas con una cosa que le llaman mole y dicen que sabe a manjar de los mismos dioses, y quizás hasta me presentes a una mexicana de ojos grandotes —contestaba de broma Joel—. No tienes nada que agradecer, estoy seguro de que tú harías lo mismo por mí si cambiáramos los papeles. Yo sé lo que es estar en campos de concentración, Tomás. Sé lo que es perder a tus padres a manos de otros llenos de sangre y rencor. Sé lo que es tener hambre y trabajar como burro sin paga y a cambio de un pan duro y unos buenos golpes en la espalda. Si te muestro mi espalda no llegas a Francia: ¡antes te mueres del susto! Digamos que somos los elegidos de Dios para sufrir esta barbarie que no acaba, aunque los adinerados piensen todo lo contrario. Somos miles los que hemos sufrido por más de diez años el desacuerdo de otros. Pero ya estamos en estas, Tomás, y si el dolor nos identifica, que la empatía y la solidaridad nos unifique, ¿no crees? —le decía Joel a Tomás dándole unas palmadas en la espalda.

—Claro que sí, Joel. Entiendo todo lo que dices y cada palabra que ahora dices me hizo recordar cada momento de mi encierro, como si lo estuviera viviendo en carne propia. Yo no perdí a mis padres físicamente, pero los perdí mucho antes de enlistarme en el ejército. Y si te digo por qué, no podrías llevarnos a la frontera, ¡porque antes te mueres del susto! Ja, ja, ja —bromeaba Tomás con Joel, respondiendo a la broma de Joel.

Yo veía a dos jóvenes, con un futuro por delante, pero con el alma destruida. Entre broma y broma, ambos dejaban caer una lágrima sobre sus ropas. Entendía que yo tenía un trabajo muy duro que hacer de ese momento en adelante. Tenía que pensar todos los días cómo ayudar a Tomás a reparar todas las heridas que le habían hecho otras personas. Heridas del alma: las que más tardan en sanar.

Después de comer, Joel nos dijo cómo pasaríamos la frontera. En un par de horas emprenderíamos nuestro camino con él. Hacía 3 años ya que Joel, después de huir de los campos de concentración, se dedicó a la agricultura junto con los dos únicos hermanos que le quedaban vivos de cinco que eran en la familia. Todo el producto generado por los agricultores, especialmente el trigo, era vendido exclusivamente al gobierno a un precio único, pero mal pagado: eran órdenes. Joel y sus hermanos escondían celosamente el dinero que ganaban y, sin que lo notara nadie, les iba bien, porque se dedicaron de forma paralela al mercado negro. Quienes estaban dispuestos a comprar el trigo por fuera del gobierno lo compraban desde un 200 hasta un 600 % más caro de lo que lo compraba el gobierno; es por eso que contaban con recursos suficientes para sobrevivir los próximos años. Joel y sus hermanos tenían un cliente en la frontera de Francia que les hacía encargos cada semana. Joel en realidad tenía otro nombre de nacimiento (nunca nos dijo el verdadero); tuvo que cambiarlo para no ser fusilado si es que los militares franquistas le cuestionaban su nombre y su fuente de trabajo. Después de la huida se escondió en la casa de su tía por un año, hasta que, con miedo, decidió hacer frente a la situación para no morir de hambre. La frontera de Cataluña con Francia era muy peligrosa; sin embargo, ya le conocían bien y tenía modo de entrar y salir con facilidad. A nosotros nos escondería entre cajas de trigo que cargaba en una carreta con caballos. Los primeros meses que tuvo que cruzar, varias veces le revisaron la carga, hasta que dejaron de hacerlo porque ya confiaban en él. Él tenía una gracia inigualable, saludaba a todos aunque no les conociera, escondía su tristeza en su sonrisa y ojos pizpiretos. Nuestra huida implicaba un riesgo gigantesco, mas Joel parecía el mejor de los actores: mentía con naturalidad. Así que los tres, con los nervios escondidos bajo la piel de los valientes, hicimos la promesa de nunca delatar el nombre de ninguno si fuésemos descubiertos.

La hora llegó y emprendimos el inicio de la que sería nuestra artimaña maestra. Parecíamos un bulto de paja dentro de tanta mercancía, inmóviles y callados. Yo cerré los ojos y pensaba que era un feto en el vientre de mi madre, con la incapacidad de moverme y la esperanza de llegar a un nuevo nacimiento, que significaba en realidad vivir de nuevo, pero ahora con Tomás, a quien yo quería más que a mí misma. No me podía dar el lujo ni siquiera de estornudar hacia dentro de mis entrañas. Aguanté como toda una campeona y mujer enamorada, y siempre dispuesta a sobrevivir en nombre del amor. Tomás y yo íbamos abrazados de forma que el bulto de nuestros cuerpos estuviera lo más contraído posible. Ese abrazo, que se me hizo eterno, fue mi único sostén. No sabía si viviríamos al día siguiente, pero no importaba; con lo que habíamos vivido desde la infancia hasta ese día, era suficiente para sentirme agradecida y aguantar calladita hasta nuestro destino.

Pasamos horas en esa posición; a veces nos hablaba Joel sin respuesta de nosotros con versos poéticos, a veces nos cantaba, en español y otras veces en francés, y otras silbaba las melodías que no tenían estrofas o tarareaba las que no se sabía, siempre contento. Todo para distraer su cabeza y hacer nuestro camino menos estresante. Se le escuchaba tranquilo y feliz. Yo imaginaba que moría de miedo, pero que todo eso lo hacía para no pensar en ese temor.

Después de casi 10 horas de camino, escuchamos que Joel llegaba a un lugar donde se escuchaban voces que le saludaban y él contestaba en español. Yo empecé a temblar de miedo y el sudor escurría por mi frente; no podía abrir los ojos y apenas podía respirar. Detrás de mi cuello sentí la respiración de Tomás, agitada. Moría de miedo igual que yo. De pronto la carreta paró y a Joel se le escuchaba hablar perfecto francés; yo no entendía nada, pero se le escuchaba en paz. Después de casi 15 minutos, que para mí fueron como 30 horas más, la carreta avanzó. Nosotros seguíamos callados al menos 40 minutos después. La carreta volvió a frenar y Joel gritó.

—Hermanos, ¡ya estamos a salvo! Bajen pronto antes de que mueran de asfixia para evitar ser fusilados —gritó Joel con una carcajada.

Rápidamente Tomás y yo bajamos hechos una sopa; nunca había agradecido tanto a Dios el respirar libremente. Por primera vez descubrí lo hermoso que es inhalar y exhalar: ni los campos de lavanda me habían regalado tan agradable experiencia. Sentía el viento fresco en la cara como un regalo divino. La cara la tenía aún llena de trocitos de trigo y paja. Tomás apenas podía hablar de lo cerrada que traía la garganta; su voz se escuchaba tan seca y adolorida.

—Gracias, hermano —dijo Tomás—. No sé cómo pagarte todo lo que has hecho por nosotros.

—Ni lo digas, mi hermano. Ya estamos en Llers. Ya estamos en tierras francesas. Ya podéis respirar en paz —dijo Joel.

Yo esperaba ver una frontera llena de flores, de luces parpadeantes, de gente feliz, y en cambio vi soldados por todos lados. Las armas eran las protagonistas de aquel paisaje. Hombres, mujeres, chavales... Mi corazón se entristeció al ver que también era zona de guerra. Las guerras… No dejan nada bueno. Solo dejan dolor, rencor e infinitas ganas de venganza o de infinito perdón. La Segunda Guerra Mundial había dejado a tanta gente trastornada de la mente, el alma y el corazón.

—A unas dos cuadras de aquí llegan algunos camiones que recogen a los exiliados para llevarlos al Port de Sète. Ahí verán un barco de nombre Ipanema. Ahí entregarán sus documentos y saldrán rumbo a América para estar a salvo. El barco llega al puerto de Veracruz. Les deseo toda la suerte del mundo. Fue un placer para mí haberlos ayudado —dijo Joel con verdadero agradecimiento.

—Joel, no tengo palabras —dijo Tomás e hizo una pausa—. Me siento muy conmovido.

—Nada, hermano —replicó Joel—, yo estoy igual de feliz que vosotros.

Nos dimos un abrazo y Joel se retiró con su carreta. Ese abrazo de tres se sintió como una despedida para no volvernos a ver jamás. Aunque solo llevábamos alrededor de 14 horas de habernos conocido, el sentimiento que nos embargaba era de tristeza y buenos deseos. Me hubiese encantado que aquel abrazo se hubiera dado en una fiesta, llena de risas, con los corazones llenos de júbilo. Pero no, el dolor acumulado de años atrás era irreparable e incontenible. Tomás y yo nos fuimos abrazados caminando para alcanzar al autobús que nos llevaría a nuestra siguiente parada: el puerto de Sète.

Ya en el camión que nos llevaría al puerto, seguíamos mudos. Solo nos hacíamos preguntas como:

—¿Estás bien?

—Sí. ¿Tú?

—Sí. ¿Podías respirar?

—Apenas. ¿Tú?

—Igual. ¿Estás nerviosa?

—Sí. ¿Tú?

—También.

Tomás me daba muchos besos en la frente mientras me abrazaba. Era su manera de decir: te voy cuidando, te amo, gracias. En ese orden, una y otra vez.

Por fin llegamos a nuestra penúltima parada. Los franceses ya no te trataban como refugiado, sino como emigrante. Tomás, en su mediano francés, les explicó que iríamos a México a reunirnos con nuestras familias que habían huido de España 10 años atrás. El barco estaba mayormente poblado de judíos refugiados que escapaban de los alemanes. Se alcanzaba a ver cómo el faro del puerto había sido destruido por los nazis; era una pena ver todo así, lleno de miedo y tristeza. La mayoría de la gente pensaba que la Guerra Civil Española ya había terminado hace varios años. Lo lamentable es que había miles de jóvenes, padres y madres contenidos en campos de concentración, así como múltiples fusilamientos. Nosotros tuvimos la suerte de ser aceptados en ese barco por lo que dijo Tomás de nuestras familias. No fuimos tan investigados porque los franceses no querían seguir teniendo tanto refugiado en su país. El barco no tenía el nombre de

Ipanema como nos habían mencionado tanto Daniel como Joel; nosotros subimos a un barco mucho más pequeño. No era un barco cómodo; el comportamiento de la mayoría de los que estábamos en él era de desconfianza, de trauma y dolor.

Los niños eran los únicos en el barco que tenían de vez en cuando expresiones de alegría: cuando entre ellos se perseguían aunque fuera en espacios pequeños, se sonreían, jugaban con sus manitas y tenían en sus ojos una mirada de esperanza. Recordé cuando Tomás y yo nos conocimos. Éramos tan pequeños e inocentes. Todo nos daba risa, aunque sabíamos que la vida no estaba bien en el mundo. Aunque por fortuna, en nuestra infancia, no estuvimos directamente afectados por la Guerra Civil Española, vivimos la preocupación de nuestros padres, vecinos y maestros por lo que estaba pasando en nuestro país; yo sabía a mi corta edad que había muertos a diario, tanto adultos como jóvenes y niños. Así de pequeños, ambos sabíamos que nuestra única sana distracción a todo lo que escuchábamos y se percibía era la ilusión que teníamos de vernos todos los días para platicar de «lo que fuera», de reírnos por bobadas, de escondernos y de sentir amor; un amor que empezó desde que éramos apenas unos niños y que fue tomando forma de amor adulto y maduro con los años. Un amor que sabía nunca moriría, que ni las montañas durarían vivas tanto tiempo.

El viaje iba a ser largo: la duración sería de 26 días en total. No era un barco de lujo. Para descansar, nos dividían a las mujeres de los hombres. Nos daban a cada uno una colchoneta que servía para acostarnos de noche, y de día teníamos que dejarlas enfiladas a un lado de los cuartos. Para taparnos bastaba con las ropas que traíamos encima.

Durante el día, Tomás y yo no nos separábamos ni un solo minuto. Permanecíamos abrazados todo el tiempo. Algunas veces platicábamos acerca de todo lo que estaba viviendo nuestro país con profunda tristeza; otras, recordábamos lo que hicimos juntos cuando éramos niños. Lo que ambos más lamentábamos era haber dejado nuestro camino de piedras. Nos preguntábamos por cuánto tiempo más permanecería así: probablemente unos meses, unos años, o duraría para toda la eternidad; y de no ser así, imaginábamos qué podría construirse en ese lugar tan mágico. Nos gustaba imaginar que podría llegar a ser un hermoso jardín lleno de flores de todos los colores, o tal vez un lindo espacio para que otros niños lo jugaran, o quizás, en 100 años, un museo para que generaciones futuras vieran cómo jugaban sus antepasados. Nos daba mucha risa imaginar eso. Otras veces hablábamos de nuestros planes a futuro en México.

—¿Cómo te gustaría que fuera nuestra casa en México, Isabel? —preguntaba ilusionado Tomás.

—Quiero que nuestra casa sea de tamaño mediano, con una fuente pequeña en un patio al centro de la casa, rodeada de muchísimas flores de todos los colores para recordar nuestro camino de piedras, especialmente la flor de lavanda, con la que siempre me identificaba. Todas las habitaciones alrededor deben estar unidas por un hermoso pasillo con altos arcos.

—¿Cómo quieres que sea la cocina? Porque quiero que me cocines los deliciosos pasteles que te enseñó tu madre a hacer —me preguntaba Tomás emocionado.

—Quiero que siempre sea una cocina calientita. Donde se hagan muchos pasteles. Creo que así será al menos al principio, porque llegaremos a vivir a una ciudad en un puerto. Quiero que nunca nos falte comida y que siempre esté llena de gente. De nosotros comiendo lo que prepararé para ti, para nuestros hijos y nuestros amigos. Porque tendremos amigos, ¿verdad, Tomás? —le preguntaba con cierta incertidumbre.

—Claro que los tendremos, Isabel. Yo te daré la vida que te mereces. Te amaré para el resto de mi vida y haré todo lo que esté en mis manos para que siempre estés feliz. No quisiera verte llorar nunca, Isabel —me dijo Tomás tomándome de las manos.

Hicimos una pausa larga. Ambos sabíamos que estábamos pensando en lo que se quedó en Madrid. Era la aventura perfecta para dos locos enamorados, pero la añoranza se apoderaba de nuestras mentes y nuestros corazones. Tomás no sufría por dejar a su familia, quizás a su madre, pero le dolía más dejar a sus amigos en la situación en la que los dejó. En un país inseguro.

—¿Sabes qué me atormenta un poco, Tomás? —pregunté.

—Claro que lo sé, Isabel. No puedes con el remordimiento de no haberle dicho a tus padres que te irías conmigo y que estarías bien. Sé que te saqué de tu vida, de tu rutina, de tu familia, y te juro que se me llena de angustia saberte triste por esa razón. Pero yo te prometo que, llegando a tierras mexicanas, buscaremos la manera de contactarlos para decirles que estás bien, que estás feliz y que no los olvidarás nunca. No sabes cómo me preocupa eso, Isabel, estoy consciente de que tú sí tienes motivos para extrañar tu casa y a tu familia. Yo, por lo menos, me voy y no tengo nada que perder.

—No digas eso, Tomás. No deberías sentir angustia o mortificación por lo que yo pueda extrañar. Sí, reconozco que me duelen mis padres. No haberles dicho seguramente los tiene abrumados y tristes, pero sabrán entender mis razones. Hoy estoy aquí, en medio de la nada, cruzando el inmenso mar, dejando mi lugar de nacimiento, los recuerdos de mi infancia y adolescencia, las costumbres. Pero, Tomás, haber dejado todo eso para estar contigo ha valido toda la pena. Valdrá la distancia, valdrá la añoranza, valdrán las incomodidades que tengamos que vivir. Yo nunca he tenido duda ni miedo de querer estar contigo el resto de mi vida.

Se volvió una dinámica dentro del barco hablar de lo que dejamos en Madrid y de lo que queríamos vivir juntos en México. Nos hacíamos todas las preguntas del mundo, imaginábamos con ilusión hasta cosas casi imposibles de tener. Teníamos sueños muy grandes y hermosos.

El sexto día, en cubierta, abrigados por una manta delgada, viendo hacia el infinito camino de aguas azules, se acercó una pareja igual de jóvenes que nosotros. Parecían novios o esposos. Yo ya los había visto pasearse por el barco un par de veces; me habían llamado la atención porque, al igual que Tomás y yo, esta pareja se abrazaba todo el tiempo y tenían cara de tristeza.

—Hola, ¿habláis español? Ils parlent espagnol? —preguntó el caballero intentando saber si hablábamos en su idioma; su acento valenciano era inconfundible, lo sabía porque tenía unos vecinos que eran de Valencia y hablaban igual.

—¡Sí, claro! —exclamó Tomás—. ¿Habéis venido solos? Disculpa, somos Tomás e Isabel —y le extendió la mano para saludarse, y se le dibujó una gran sonrisa.

—¡Vaya, qué bien! Encantado, Tomás e Isabel. Yo soy Manolo y mi esposa es Magdalena. Muchísimo gusto, de verdad, qué alivio encontrar compatriotas en este viaje. ¿Os dirigís hacia México? —nos dimos las manos los cuatro sonriendo con gestos de alivio.

—Sí, espero —contestó confundido Tomás—. ¿Tiene algún otro destino este barco? No sabía nada.

—De facto, sí, mi estimado Tomás. El barco llegará hasta Nueva York pasando primero por México. Nosotros haremos el intento de llegar al país americano, aún no sabemos si eso será posible —contestó.

—No teníamos idea de eso. Creo que ya hemos hecho suficientes planes en México como para pensar en intentar quedarnos en Nueva York; además, no sabemos ni una hostia de inglés. ¿Ustedes por qué viajan en este barco? —Tomás contestaba y preguntaba.

—Nosotros nos casamos hace un año en Valencia, pero la situación está muy dura. No nos alcanza la guita para pensar en tener una familia. Ambos perdimos a nuestros padres en la guerra. Esos malditos republicanos en su afán de conservar sus ideologías estúpidas —contestaba Manolo con despotismo y crueldad—. Pero cuéntame, Tomás, ¿vos supongo que estuvisteis en altos mandos franquistas, ¿no es así? No pienses que soy investigador, se te nota en las ropas. Yo fui la mano derecha del comandante de la región 43 del ejército franquista. Mi esposa y yo tomamos la decisión de salir del país para irnos a Nueva York y buscar una mejor oportunidad de vida.

Cuando escuché que Manolo era del ejército franquista, empezaron a sudarme las manos. Sentí mucho miedo de habernos encontrado con alguien que repudiaba a los republicanos. Mi Tomás traía puesto un traje que Diego le había prestado para que no llamara la atención. Era un traje muy fino de lana café y botones de carey abrillantados, bastillas perfectas con doble hilo, camisa blanca, corbata negra, chaleco, pañuelo en la solapa y un sombrero con listón negro también.

—¡Vaya! —respondió Tomás—. ¡Pero qué coincidencia! También estuve en el ejército franquista y también como ustedes deseamos tener una vida más holgada y pacífica en tierras mexicanas. Ya sabéis, nuestro deseo es que nuestros hijos nazcan en un entorno limpio de resentimientos —contestó inmediatamente y con total seguridad Tomás.

Magdalena y yo solo reíamos con elegancia cuando nuestros hombres hablaban entre sí. Yo no quería decir ni una sola palabra para no ser víctima de preguntas; estaba nerviosísima.

Manolo comenzó a entrecerrar los ojos, haciendo notar que no le creía del todo a Tomás. Creo que esperaba una respuesta diferente a la de él, y yo sabía que Tomás estaba igual de nervioso que yo y por eso dijo lo que dijo.

—En fin, ya tendremos más días para platicar; por ahora vamos a ver si puede recostarse Isabel, le ha estado doliendo la cabeza desde hace un rato —salió de la conversación Tomás.

—¡Claro! No os preocupéis, fue un gusto conocerles y si necesitan algo andaremos por acá, a menos que saltemos al agua —comentó con sarcasmo y risas Manolo.

Nos dimos una cordial despedida y nos movimos de ahí rápidamente.

—Que casi me he cagado, Isabel. No sabía qué responderle al Manolo ese.

—Pero sí que me he dado cuenta, Tomás. Yo estaba nerviosísima. ¿Y ahora qué vamos a decirles cuando volvamos a encontrarlos? Tengo miedo de que te echen de cabeza, Tomás. ¡Tengo miedo!

—No, Isabel, no lo tengas. Ya estamos fuera de España, no tendrían por qué hacernos nada —me dijo Tomás acariciando mi oreja y mi barbilla con mucho cariño—. Ya me las arreglaré para darle la vuelta a este; por lo pronto, haz como que te duele la cabeza, anda, finge un poco acostándote en mi hombro y pon carita de dolor —bromeaba Tomás haciendo el puchero.

—Sí, claro, a ver si llegando pido empleo de actriz, de esas que bailan y fuman con los labios en carmín y escotes provocativos —comencé a liar de broma.

—¡Uy, uy, uy, qué guapa te verías! Me pondré celoso de todos modos, Isabel —bromeando contestaba Tomás.

Los días transcurrían; las noches eran incómodas: a veces se sentía mucho calor, a veces frío. Las comidas eran a veces suficientes y a veces escasas, pero era el sacrificio de muchos para poder lograr el sueño de vivir en paz. A Manolo y a Magdalena los encontramos unas tres veces más. Cuando Manolo quería abrir el tema de la guerra y posguerra con Tomás, él con mucha astucia le daba la vuelta diciendo que no tenía nada bueno recordar todo eso, que le implicaba mucho dolor y prefería hablar del futuro, argumentando que muchos militares amigos, casi hermanos de la familia, habían muerto en batalla. Manolo y Magdalena respetaron su petición y lo que hacíamos cuando coincidíamos era jugar cartas o dominó. Yo no sabía jugar nada, así que aprendí y me divertía muchísimo, tanto, que varias veces era yo quien salía vencedora. Eso no le daba mucha gracia al pesado de Manolo, pero a mí sí; me sentía por arriba de un hombre, de Manolo, y de alguna manera inflaba mi ego. Tomás siempre terminaba diciendo: «Qué partidazo», y al irnos siempre me adulaba: «¡Eso, mi campeona, que nos has hecho papilla a todos!».

Así pasamos 28 días en total; tardamos un poco más de lo que pensábamos. Nos sentíamos muy cansados, pero con el ánimo muy alto. Por fin llegamos a tierras mexicanas, y aunque esa tierra era totalmente desconocida para todos los viajantes, nos alentaba que estuviese lejos del sufrimiento de nuestro país, además de que sus habitantes eran hablantes hispanos y católicos, como nosotros.

XVII
Puerto de Veracruz

Todos bajamos felices de aquel barco al puerto de Veracruz. Hermoso puerto. Nuestras sonrisas eran radiantes y esperanzadoras; por fin los ojos de todos brillaban. Brillaban de ilusión, pero también por estar algunos acuosos. Las lágrimas querían salir; otras salían. Era mucho el consuelo de estar a salvo, pero también era mucha la añoranza, la tristeza de estar, ahora sí, tan lejos de casa, de la familia, de las costumbres, de nuestra tierra. Hacía un calor infernal, pero todo era soportable. Olía a mar, a libertad, a un nuevo comienzo. Las personas del puerto y autoridades gubernamentales nos daban la bienvenida con tono de alegría. ¡Qué alegría!

Todos pasamos a las oficinas de aquel puerto a dejar constancia de quiénes éramos y por qué habíamos decidido viajar a ese país. Obviamente nos anotamos como refugiados republicanos. Manolo y Magdalena seguirían su camino a Nueva York; solo bajaron a descansar una noche en el puerto porque al día siguiente zarpaba de nuevo el barco que los llevaría a su nuevo destino. Tomás y yo nos fuimos inmediatamente de ahí, de las oficinas. Teníamos hambre de conocer, estábamos llegando a descubrir.

En México, Tomás no tenía un plan como el que hasta ese día veníamos realizando al pie de la letra. Ahí no conocíamos a nadie y no sabíamos qué hacer ni a dónde ir. Los guardias de la Marina muy amablemente nos dieron algunos consejos para instalarnos. Fuimos a una casa de huéspedes que se ubicaba a unas diez cuadras de ahí —muy cerca—, así que llegamos caminando. La casa adonde llegamos era muy grande, con varias habitaciones que habían sido adaptadas para huéspedes. La mayoría éramos españoles, así que casi todos se conocían y ayudaban entre sí. Las paredes del lugar eran muy blancas y por todos lados estaba lleno de plantas frondosas y hermosas. Tenía dos patios internos y a su alrededor había pasillos con bancas y sillas muy acogedoras. Cada habitación contaba con su propio baño, pequeño, pero perfectamente limpio. En el centro de la casona había un comedor que usaban como restaurante. Nos anotamos y nuestras pesetas fueron bien aceptadas. Y, por primera vez, sentí que mi alma descansaba.

Ya estábamos lejos de los ojos que pudieran delatarnos, estábamos solos en un lugar seguro, limpio, bonito, lejos del sometimiento y el sufrimiento. Mi Tomás merecía una vida mejor. Aquella hermosa casona fue nuestro primer refugio. Tomás y yo coincidíamos en una forma de pensar: cuando la vida te golpea con la vara más dura y sigues viviendo, es porque viene algo mucho mejor antes de morir, y lo mejor era entregarnos al amor y a las ganas de ser felices dejando el sufrimiento atrás.

Desde la noche que pasamos juntos por primera vez Tomás y yo en el departamento de Daniel, no habíamos vuelto a sentir nuestros cuerpos hasta ese primer día en la estancia de la casona de huéspedes. Veintiocho noches en el barco y no habíamos vuelto a hablar de esa primera noche. Se había esfumado entre la incertidumbre, el mareo, el sonido del oleaje, el miedo y la ilusión. Pero ese día, instalándonos en nuestra habitación blanca con olor a coco y cítricos, lo primero que hicimos fue desvestirnos y darnos un baño de tina. Ambos nos quitamos las ropas con un poco de desesperación por el calor y con muy poca vergüenza. En nuestras mentes ya estaba escrito que viviríamos el uno para el otro y que ya nada nos separaría; mucho menos lo haría la pena o el pudor. Nuestros cuerpos desnudos comenzaron a acariciarse con hambre de amor y libertad.

Nos bañamos con estropajo y jabón de azares. Tallábamos con cuidado cada una de nuestras partes, respirábamos el vapor del agua caliente que al mismo tiempo nos hacía sentir el alivio y el consuelo. Entregamos nuestros cuerpos por segunda vez. Tomás me tomaba de las nalgas enterrando las yemas de sus dedos y besaba mi cuello con antojo de darle una mordida. Yo dejaba que desahogara su desenfreno y me comportaba sumisa y entregada, en un acto de amor por dejar que hiciera y deshiciera de mí lo que él quisiera. Esa noche dormimos desnudos y abrazados.

El agotamiento del viaje y el desgaste mental por todo lo que implicó que llegáramos ahí nos mantuvo así por más de 12 horas.

La mañana siguiente tomamos el mejor café que hubiera probado en la vida y nos devoramos un plato de fruta en la cafetería. Algunas de las frutas que comimos eran desconocidas para nosotros, pero nos encantaron, como la papaya y la guayaba; la última, en especial, era muy aromática y dulce. El resto de ese día tratamos de ver si alguien podría orientarnos para saber dónde podíamos trabajar y vivir. Todos estaban igual que nosotros: no sabían todavía cómo sobrevivir en este nuevo país. La señora que administraba la casona nos escuchó y nos recomendó ir a las oficinas de Relaciones Exteriores donde tenían una lista de empleos a los cuales podríamos aplicar, y también para regularizar nuestra situación migratoria.

Sin más, fuimos a tales oficinas tomando un par de camiones y después de hacer dos horas de fila para que nos atendieran, llegamos con un señor muy amable de unos 60 años, quien nos orientó para realizar los trámites necesarios para residir sin problema alguno. Era un señor con el que se podía conversar con ligereza y confianza. El señor se llamaba Juan Méndez, veracruzano de nacimiento; se le notaban más las ganas de ayudar que de trabajar. Nos decía:

—No se preocupen, mis amigos, aquí todos salen adelante en este puerto tan hermoso y lleno de alegría, ya van a ver que van a ser muy felices.

Era demasiado optimista. En ese momento entendí que sí hay mucha gente con un espíritu de paz, llena de gozo y alegría, que sin saber si han sufrido o no en esta vida, aún tienen ganas de hacer felices a otros aunque sea por un rato. Nos platicó que casi todos los españoles que llegaban al puerto de Veracruz ya tenían con quién llegar o tenían referencias; de hecho, que se habían trasladado familias completas que habían llegado de poco a poco.

—¿Qué sabes hacer, muchacho? —preguntó el señor Juan.

—Señor, yo soy muy joven y desde muy chico estuve en la milicia. De hecho, venimos huyendo de eso; no me gusta la milicia. Quizás pueda trabajar como dependiente de alguna tienda o en una oficina de administración, tengo los conocimientos básicos de contabilidad y la secundaria terminada.

—¿Tienes algún pasatiempo? ¿Alguna inquietud, gozo o virtud? —preguntó el señor Juan.

Yo abrí los ojos grandotes cuando le escuché al señor Juan preguntar eso. ¿En dónde preguntan eso para encontrar trabajo? ¡En ningún lado! No pude disimular mi sonrisa y yo misma, inmediatamente, le contesté al señor Juanito, interrumpiendo el ritmo de la conversación que tenían Tomás y él.

—¡Tomás toca el piano como los mismos dioses, señor! —contesté alterada de gusto.

—¡Isabel, exageras! —contestó apenado y un poco molesto Tomás.

Y en tono nervioso y tímido, Tomás recompuso:

»Me gusta mucho tocar el piano, señor, pero no soy un pianista profesional ni mucho menos.

—¡Vaya, qué sorpresa! Mira que han venido miles de españoles: ingenieros, contadores, abogados, agricultores, militares, escritores y hasta artistas, pero pianistas ninguno, ¡y con lo que me encanta el piano! —dijo el señor Juan.

—Señor, no piense que soy tan bueno, tocaba el piano cuando era un chaval —dijo Tomás.

—Pues tampoco creo que tu esposa haya exagerado; se emocionó tanto al decirlo que cualquiera y yo lo hubiéramos creído en el acto —dijo el señor Juanito.

—Pues es un halago que mi Isabel piense eso de mí, y algún día sabré tocar el piano como ella dice para poder tocarle a ella lo que más le guste —dijo Tomás, viéndome a los ojos un poco perdido de amor y distraído mientras yo le sonreía en respuesta a su amoroso comentario.

—Grr, grr… —carraspeaba el señor Juanito para interrumpir la escena romántica y continuar con la conversación—. Pues yo puedo ayudarte a buscar alguna vacante en las tiendas que hay por aquí cerca, muchacho. Ahora que, lo de si eres buen pianista o no, podemos comprobarlo. Yo tengo un piano en casa que no se ha tocado por años. Era del papá de mi mujer, mi Estela adorada. Estoy seguro de que nos encantará invitarlos a cenar y le das una miradita a ese piano polvoriento y de paso nos deleitas. ¿Qué les parece, muchachos? —dijo entusiasmado el señor Juan.

—Pues… gracias, señor. Sería un honor —contestó Tomás, viéndome para buscar mi aprobación, que tuvo inmediatamente cuando vio mi sonrisa de oreja a oreja y ojos brillantes.

—No se diga más. ¿En qué lugar se quedan? —preguntó el señor Juan.

—En la casona de la calle Girasoles #10, señor —contesté yo, arrebatando la palabra a Tomás.

—Mañana pasaré por ustedes a las 7 de la noche, ¿está bien? —dijo el señor Juan.

—No se moleste, señor Juan, nosotros sabremos llegar a su casa —dijo Tomás.

—No es molestia alguna, ¡no se haga del rogar usted, muchacho!, que apenas vienen llegando y deben estar cansados y desorientados. Mañana los veo —concluyó el señor Juan.

Salimos de las oficinas y no sabíamos qué decir. Esperábamos todo menos una invitación a cenar y a tocar el piano. Salimos sonriendo los dos, caminando rápido, y en la esquina de esa misma cuadra nos dimos un gran abrazo porque ya teníamos instrucciones para hacer nuestra residencia legal y porque empezábamos con el pie derecho.

—Prepárate, Isabel, que se vienen cosas muy buenas, estoy seguro de eso. Por lo pronto, ya seremos tres buscando algo para nosotros: tú, el señor Juan y yo. Vente, vamos al puesto de periódicos para comprar uno y tenemos que ir a cambiar nuestras pesetas —dijo Tomás tan emocionado.

El día nos mantuvo ocupados buscando letreros de trabajo en los negocios de la ciudad, leyendo periódicos y recorriendo las calles y los paisajes a pie, tomados de la mano y con nuestra cara de asombro y despreocupación, como si ya tuviéramos resuelto todo. Hacía mucho que no sentía esa sensación de felicidad. Me venían a la mente los recuerdos de cuando Tomás y yo éramos unos chavales despreocupados, caminando de la escuela a la casa y en nuestro camino de piedras. Sentí añoranza por ese refugio hecho por nosotros.

Al día siguiente nos levantamos temprano para seguir buscando oportunidades; el día transcurrió sin prisa pero con todas las ganas de encontrar algo. Aún nos quedaban suficientes pesetas para vivir un mes o mes y medio sin trabajo. En el camino encontré un lugar donde requerían una planchadora. Pregunté cuánto era la paga y el horario. No era mucho lo que ofrecían, pero era bueno; llegamos con las manos detrás y llegamos conscientes de que empezaríamos desde nada, sin nada, solo con unas cuantas pesetas, muchas ganas de trabajar y muchísimo amor. Para los que opinaban que el amor no era suficiente, yo siempre les llevaba la contraria (en mi cabeza, claro), porque desde el amor nacen todas las ganas y una visión clara de lo que uno quiere, te planteas escenarios y objetivos, siempre hacia una misma dirección. Así éramos los jóvenes: enfocados, no distraídos, constantes, disciplinados. Acepté el trabajo. Empezaría el siguiente lunes y me dio mucha alegría, pues no solo ganaría un salario, sino que conocería más gente y para mí era una oportunidad para abrirnos camino.

Llegó la hora de estar listos para que el señor Juan nos recogiera para después ir a su casa. Fue muy amable y bromista durante el camino, que en realidad fueron solo 12 minutos de trayecto. Al llegar a su casa, ya nos esperaba su esposa Estela, una señora muy bonita cuya sonrisa y trato hacia nosotros, aunque ya fuera una persona grande, la hacía ver mucho más bonita; seguramente de joven era muy hermosa.

Cuando llegamos ya tenían la mesa puesta. Era una casa muy sencilla pero decorada con mucho amor: se veían por todos lados fotos de su familia, plantas muy bien cuidadas, flores y velas. Al entrar se podía ver hasta el fondo de la casa, donde estaba la sala; había un piano de color marrón con pedales dorados. Noté que Tomás desvió su atención inmediatamente al verlo y dejó hablando a nuestros anfitriones unos segundos solos, para después volver a estar con ellos para escuchar lo que nos decían. Nos hablaban de lo que les había costado, con los años, tener su casa como la tenían: bella, adecuada para ellos, para los calores, para disfrutar la vida desde sus sillones de ratán puestos en una terraza que daba a un pequeño jardín verde vivo. A Tomás le brillaron los ojos cuando vio ese piano, como cuando un niño recibe un regalo que no esperaba.

Pasamos directo al comedor. Ya nos esperaban unas deliciosas picadas veracruzanas, que eran una especie de pan de maíz plano y frito con salsa picosa y queso, y después un chilpachole, que era una especie de caldo con jaibas. Nunca las había probado y sinceramente me aterró un poco comerlas; sin embargo, se convirtió en uno de mis platillos favoritos: su sabor me volvió loca. También nos dieron a probar una bebida fuerte de zarzamoras; eso me puso un poco a flotar, con las mejillas coloradas y ojitos pizpiretos.

—¡Bueno! Llegó la hora de saber de qué estás hecho, muchacho —dijo el señor Juan—. Vente, vamos a ver el piano del que te hablé. Pasemos a la sala, por favor, pero tráiganse sus licorcitos de zarzamora o xicos, como les llamamos aquí en Veracruz.

Pasamos los cuatro a la sala y Tomás se le quedó viendo al piano con tanta emoción. Lo miraba despacito, como si estuviera hecho de porcelana.

—Señora Estela, ¿sería usted tan amable de prestarme un pañuelo para limpiar las teclas del piano? —preguntó Tomás.

Tomás comenzó a limpiar con cuidado la tapa del piano, las teclas, muy despacio, el banco de madera que hacía juego con el piano y guardó el pañuelo. Cerró los ojos, respiró profundamente y comenzó a probar tecla por tecla; quería escuchar si todo estaba afinado. Cuando se dio cuenta de que el piano estaba en perfectas condiciones, comenzó a tocar *Clair de lune* de Debussy. Todos guardamos silencio y lo escuchamos con respeto y asombro; nos conmovimos tanto. Estela, o Estelita (como nos pidió que le llamáramos), lo hizo hasta las lágrimas. Después de unos minutos, cuando terminó de tocar la pieza Tomás, los tres estábamos sensibles y muy motivados, especialmente yo, porque nunca le había escuchado tocar una composición completa. Tenía los brazos con la carne de gallina y los ojos acuosos.

—¡Bravo! —exclamó el señor Juan—. ¡Qué maravilla, muchacho, lo has tocado impecable!

—Gracias, Juanito, gracias, Estelita. Me siento muy honrado de haber tocado el piano para ustedes y para Isabel. Les agradezco infinitamente por esta oportunidad —dijo Tomás.

—Ha sido un placer escucharte, Tomás; a mí en especial me has hecho muy feliz. Nuestro hijo tocaba el piano, y escucharte me ha hecho sentir de nuevo esa emoción que sentía cuando nuestro hijo tocaba melodías para nosotros. Él, nuestro Ignacio querido, se fue a la capital del país, allá vive con su esposa y nuestros tres nietos —dijo Estelita.

—Nuestro Nachito casi no viene a visitarnos, por eso mi esposa está tan conmovida —explicó Juanito.

—Ya veo —dijo Tomás—. Pues ha sido para mí un honor tocar para ustedes, y me alegra que les haya motivado a pensar en su hijo; es halagador. Tienen un hermoso piano, por cierto.

A mí, entre la emoción de haber escuchado a Tomás tocar el piano y después de los tres licorcitos que me había tomado, se me salían las lágrimas y luego se me salían las carcajadas. Tomás empezó a sentir un poco de vergüenza de verme así; no sabía si reírse conmigo o esconderse debajo de la mesa. No quería que yo arruinase el momento tan emotivo de los señores Méndez, pero era inevitable: ese licor me había pegado como bolo de boliche. Yo ya estaba borracha.

—¡Esstuvishhhte eshtupendo, Tomás! Que me hash caído de maravilla, ¿sabes? —dije a los tumbos.

—¡Cristo, qué risa! ¡Pero ya se ha puesto borracha esta niña, Juan! —exclamó Estelita a su marido.

—Ja, ¡lo que nos faltaba! —contestó Juanito—. Ya se ha puesto ¡mangos! La has puesto tú porque le has estado rellenando el vaso a la niña —contestó Juanito entre risas—. No te preocupes, hijo, porque yo los llevaré de vuelta a la casona —le dijo a Tomás.

—Disculpen ustedes a Isabel, por favor, es que ella no había tomado nunca nada antes —dijo nervioso y apenado Tomás.

—No te apures, hijo, siempre hay una primera vez —dijo Juanito—, y no es ninguna condena.

—¡Ay, pero qué exagerados todoshh! Que me siento tan felish en este día que creo que lo recordaré toda mi vida —contesté feliz.

Juanito nos llevó a la Casona y, llegando a nuestra habitación, me quedé dormida inmediatamente, con vestido y zapatos.

Al siguiente día no podía creer lo mucho que me dolía la cabeza; aún me sentía mareada y el cuerpo dolía. Tomás estaba acostado a mi lado acariciando mi cabello y observándome. Yo volteé a verlo, callados los dos. Sentía un poco de vergüenza y a la vez ganas de reír por lo que pasó, pero eso no impedía que yo me perdiera en su mirada. Era la primera de miles de veces que despertábamos así, acariciándonos, diciéndonos a los ojos lo mucho que sentíamos. Nunca podría confundir el brillo de sus ojos, lo tenía memorizado como si estuviera viendo a mis propios ojos. Ese brillo que hablaba por sí solo: profundo, expresivo, osado y honesto.

Salimos como el día anterior a buscar más letreros en los grandes negocios o en los mercados. No tuvimos mucha suerte: nadie necesitaba ayuda en esos momentos. Tomás se frustraba porque no quería que fuera yo la única que trabajara. Yo le animaba y le decía que el trabajo que le haría feliz estaba un poco retrasado, que seguro había perdido la estación donde debía haberse bajado, liando un poco, pero que llegaría; que si aún no encontraba trabajo era porque le esperaba el mejor. A Tomás y a mí nos gustaba usar ese sarcasmo que no teníamos que explicar, la burlita coqueta para molestar al otro, siempre con respeto y amor. Jamás lo usamos para hacernos daño.

Los días pasaron y yo empecé a trabajar planchando ropa ajena. Era muy duro porque el clima de por sí era sumamente caliente y la plancha emanaba aún más calor, y eran 7 horas seguidas las que trabajaba. Yo sudaba muchísimo y las mejillas se me ponían rojas como tomates. Tomás no encontró un trabajo formal, pero le ofrecía ayuda a la señora de la Casona para realizar tareas sencillas a cambio de quedarnos más días sin pagar la estancia. Limpiaba la alberca (una alberca pequeña y de agua helada), regaba todas las plantas del lugar, recortaba las buganvilias de color lila vibrante que colgaban de la barda que daba a la calle, revisaba las instalaciones de luz por si se fundía un foco. Algunas veces le tocaba ir al mercado a comprar la lista de los insumos que se necesitarían ese día para la cafetería del lugar, y era tan bueno en lo que hacía y tan responsable que incluso llegó a cobrar a los huéspedes cuando la señora que la administraba tenía que salir. Realmente se estaba ganando el cariño de la dueña, hasta el punto en que ya no pagábamos la estancia ni el desayuno de los dos. Yo llegaba muy cansada por las tardes, alrededor de las 5 ya estaba de vuelta, a veces antes.

XVIII
La oportunidad de oro

Un día, cuando llegaba a la casona, vi el coche del señor Juanito. Estaba esperando verme a mí, porque cuando bajó a preguntar por Tomás le habían dicho que había ido a hacer un mandado.

—¡Mija! ¿Cómo estás? —me preguntó el señor Juanito mientras bajaba del auto y caminaba hacia mí—. Ando buscando a tu esposo, pero me dijeron que no estaba. ¿A qué hora crees que llegue?

—Hola, señor Juanito, ¿cómo está usted y Estelita? —sentí mucha pena ver al señor Juanito después del espectáculo que di en su casa con esos xicos que me tomé—. No lo sé, señor, apenas voy regresando de mi trabajo, pensé que estaría aquí en la casona —comenté confundida.

—¡Ah! Mira, te doy mi dirección. Los espero a ti y a Tomás en la casa esta noche a cenar, tengo buenas noticias para Tomás. No te preocupes, mija, en esta ocasión te ofreceremos agua de jamaica —dijo el señor Juan riéndose de mí.

Mi cara seguramente estaba roja, y no por el calor que hacía; sentí una gran vergüenza que dijera eso el señor Juan.

—¡Claro! Muchas gracias, ahí nos vemos, Juanito. ¿Está bien a las 7? —le dije.

—Sí, mija, a las 7 los estaremos esperando. Hasta la noche.

Se dio la vuelta, se subió al auto y se marchó.

Cerca de las 6 de la tarde, Tomás entró en la habitación y me dio unas flores lindísimas que había cortado para mí. Empezó a llenarme de besos y a querer quitarme la ropa con un poco de ansiedad, juego y atrevimiento.

—¡Para, Tomás! ¡Que tenemos compromiso en una hora! ¡Que tenemos que irnos ya! Pero antes darnos una arregladita —le dije excitada.

—¿Qué dices? —preguntó Tomás muy extrañado.

—Que ha venido el señor Juanito cuando tú no estabas y nos ha invitado a cenar de nuevo a su casa. ¡Qué vergüenza después de lo que pasé! Pero es que tiene algo que decirte a ti, algo importante por lo que me dijo. Me dijo: «Le tengo buenas noticias a Tomás» —le dije a Tomás emocionada.

—¿Que qué? ¡Me estás liando, Isabel! ¿Es en serio lo que dices? ¡Tal vez encontró una plaza de empleo en su oficina para mí! ¡Jolines, Isabel! Apresurémonos, tenemos que tomar el camión. ¡Me pondré chulo y perfumado, ponte un vestido bonito, Isabel!

Ambos estábamos ansiosos y emocionados. Nos vestimos con nuestra mejor selección para no decepcionar al señor Juanito y nos fuimos caminando a toda prisa a la parada de autobús. A mí se me volteaban los pies por la prisa con la que caminábamos; no estaba acostumbrada a usar tacones, aunque los que traía eran medianos y anchos, para mí era demasiado.

Llegando a la casa de Juanito y Estelita, ya nos esperaban con dos vasos de agua de jamaica bien fría. Jamás había probado esa fruta, y menos en agua, pero me explicaron que es una flor que pinta todo de color rojo muy intenso, parecido a la sangre oscura, y que se usaba para hacer aguas frescas. A mí me pareció que al tomar ese vaso de agua después del calorón de la calle, me había vuelto el alma al cuerpo; me tomé toda sin respirar.

—Tomen asiento, hijos, ahora les traigo unas empanaditas que preparé que están de rechupete —dijo Estelita y se fue.

—Muchas gracias, Juanito y Estelita, son ustedes muy amables con nosotros —contestó Tomás.

—Pues bien, muchacho, para no hacer más larga la emoción. Resulta que nuestro hijo, Ignacio, nos marcó por teléfono hace tres días. Le contamos mi Estelita y yo que habíamos conocido a un muchacho y a su esposa y que habían llegado apenas de España huyendo de la posguerra. También le contamos con emoción que habían venido a cenar y que nos habías tocado el piano tan maravillosamente, casi como él, no te enfades, muchacho —hizo énfasis Juanito—, no es que uno lo toque mejor que el otro, es que, ya sabes, a mi hijo lo escucho con oídos de amor. Entonces él mismo me dijo que justo le habían ofrecido un trabajo que tuvo que rechazar porque desea conservar el que tiene, pero que preguntaría si aún sigue la vacante para un conocido. Y hoy por la mañana volvió a marcarnos nuestro Nacho para decirnos que aún tienen dispuesto el lugar que le ofrecieron para tocar el piano en un restaurante muy fino de la capital. La paga al parecer es bastante buena, y me ha dado todos los datos del lugar y de la persona encargada de encontrar a ese músico que tanto anhelan tener. ¿Qué te parece, muchacho? ¿Te gusta la idea? Aquí tengo los datos de los días que puedes ir y los horarios, así como el nombre de con quiénes debes ponerte en contacto si es que te interesa entrar a trabajar ahí —nos dijo Juanito.

A Tomás parecía que se le había aparecido un muerto. Estaba blanco y con los ojos totalmente inexpresivos, distraído con sus pensamientos, absorto. Después de unos 5 segundos, cuando cayó en cuenta de que le habían hecho una pregunta muy sencilla, volvió en sí y su reacción fue inolvidable. Se llevó las manos a la cabeza, bajando por sus mejillas, y volteó a verme con cara de emoción y de mucha alegría para preguntarme:

—¿Nos vamos al Distrito Federal, Isabel? —me preguntó Tomás con cara de «no puedo creer lo que acabo de escuchar».

—¡Sí! ¡Vámonos, Tomás, te dije que el mejor de los trabajos se había equivocado de estación, pero ya llegó a ti, hizo escala en la capital! —contesté feliz. Ambos nos levantamos y brincamos un poco, y nos abrazamos olvidando un poco que estábamos en casa ajena.

A mí me daba un poco de miedo pensar en irnos a la capital; sabía que habría muchos más coches, más gente, más caos. Pero también pensé en Tomás: era su gran oportunidad. No podíamos perder las oportunidades por miedo, eso era inaceptable para los dos.

Festejamos mucho esa noche, no nos cansábamos de darle las gracias a Juanito y a Estelita por todo lo que hacían por nosotros y por recomendar a Tomás con su hijo Nacho. Cenamos muy rico, Estelita preparó frijoles con costillar de cerdo y una salsa verde que me había picado un poco. Esta vez no nos ofrecieron alcohol, y fueron ellos mismos quienes nos dieron varias sugerencias de cómo irnos a la capital. Teníamos que estar allá antes de una semana. Por suerte teníamos la estancia pagada por los siguientes días en la Casona con los trabajos que Tomás hacía.

Los siguientes 4 días estuvimos planeando qué hacer llegando a la capital, preguntando a todos a quienes podíamos. Juanito y Estelita ya le habían pedido a su hijo Ignacio que nos orientara llegando allá; sin embargo, no dejamos de hacer algunas llamadas telefónicas desde la Casona para saber dónde podíamos llegar a vivir. Las llamadas eran carísimas, así que teníamos que ser muy listos para preguntar lo esencial y rápido. Ya teníamos los datos de tres lugares donde podíamos quedarnos. Primero llegaríamos a un hotel modesto antes de saber si a Tomás le darían el trabajo o no. Él decía que, aunque no se lo dieran, nos quedáramos ya de fijo en la capital, que ahí encontraríamos trabajo más rápido y fácil que en Veracruz. Yo a Tomás le creía todo; cualquier sugerencia que él hacía me parecía maravillosa e inteligente, y confiaba plenamente en sus proyecciones. Así que a todo le decía que sí. Al final decidimos que, lo aceptaran o no, nos quedaríamos. Veracruz, aunque le teníamos un cariño especial, la gente era maravillosa y el lugar precioso, ya no era opción para nosotros: queríamos lograr cosas grandes.

Había llegado el día en que nos íbamos. La noche anterior fuimos a cenar de nuevo con Juanito y Estelita; ellos nos dieron muy buenas vibras y nos dijeron que cualquier cosa que necesitáramos, ellos estarían pendientes para ayudarnos. A pesar de las pocas veces que estuvimos juntos los 4 y sin saber casi nada los unos de los otros, el cariño y la conexión que había entre los cuatro era innegable. A veces pensaba que me hubiera encantado que ellos fueran nuestra familia, que el mismo Juanito hubiese sido el padre de Tomás. Lamentablemente, esos pensamientos llegan cuando tienes carencias tan significativas. Mi hermoso Tomás, tan fuerte y tan frágil a la vez. Me hice la promesa de cuidarlo para siempre, para que nunca más volviera a sufrir.

XIX
La capital

Seis de la mañana. Tomás y yo ya estábamos en la estación camionera del hermoso Puerto de Veracruz. Hermosa mañana y llena de nostalgia por dejar el bello pueblo que nos dio la bienvenida más cariñosa y humana que podíamos haber recibido después del caos, del miedo y la desesperanza. Se sentía miedo y tristeza. Tomás me tomaba de la mano con tanta fuerza que un poco más y me tronaba los huesos. Creo que él, como yo, también sentía miedo, y no quería que me perdiera de su vista ni un solo segundo. Estábamos solos en esto, no teníamos a nadie: solo él para mí y yo para él.

Tomamos el camión que hizo en total 12 horas de camino. Durante todo el trayecto dormíamos, despertábamos, platicábamos, comíamos unos emparedados que habíamos traído de la Casona, unos que la señora que administraba nos había preparado. También nos mandó en una bolsa de papel unas frutitas como melocotones, pero chiquitos. Siempre fue muy amable con nosotros. Yo ya tenía en mente algún día regresar a Veracruz para dar las gracias a cada una de las personas que nos ayudaron todos los días que estuvimos ahí; era una lista larga.

Llegamos a la capital de México, el hermoso Distrito Federal. Estábamos cansados pero asombrados de las calles y la gente; nos recordó un poco a Madrid, con edificaciones hermosas, barrocas, templos católicos de no creer. Queríamos caminar tanto para recorrer todo, pero ya era tarde y estábamos cansados, así que nos fuimos en el camión de la ciudad a un hotel pequeño que quedaba cerca del centro histórico. Ese día probamos los tamales. En una fonda cerca del hotel nos vendieron para cenar unos tamales salados: era masa rellena de carne y salsas, unos verdes, otros de mole y más de color rosa pero dulces con pasas. También unos atoles de vainilla, que era una especie de leche espesa y dulce, deliciosos.

Al día siguiente ya estábamos levantados y arreglados a las 8 de la mañana porque quedamos de ver a Ignacio, el hijo de Juanito y Estelita, en el mismo lugar de la entrevista de trabajo de Tomás, que era a las 11. Salimos temprano y, llegando ahí, él ya nos estaba esperando en la entrada del edificio; nos invitó un desayuno en una cafetería que estaba a un lado. Ignacio nos contó que el trabajo que le habían ofrecido y en el que entrevistarían a Tomás estaba muy bien pagado, y que era una oportunidad de oro para que alguien lo escuchara y le hiciera una mejor propuesta de trabajo.

—Sé que tocas maravillosamente porque mi papá ya me contó cómo lo has hecho, y el peor juez que he conocido en la vida es justo a mi padre, es conocedor de buena música de toda la vida —nos dijo Ignacio.

Ese comentario le dio a Tomás la seguridad que necesitaba; no sabíamos que Juanito era tan conocedor de la música clásica. Yo estaba tan segura de que le iría bien, y ahí, ese día, empezaría el camino lleno de rosas. Lo sabía, lo presentía.

Como bien estuvo pronosticado, durante la entrevista, escucharon a Tomás y le dieron el trabajo inmediatamente. No cabíamos de la felicidad y el agradecimiento. Conseguimos una revista donde anunciaban los departamentos que estaban en renta en el puesto de periódicos; llamamos desde la cabina telefónica a tres de ellos y fuimos a verlos ese mismo día. Parecía que los ángeles nos estaban guiando porque encontramos un lugar para vivir muy bonito y de gran tamaño, con dos recámaras y un baño. El sueldo de Tomás alcanzaría para el alquiler y para ir comprando poco a poco nuestros muebles. Cerrado el trato con el dueño del departamento, inmediatamente fuimos al hotel por nuestras maletas para llevarlas adonde sería nuestro siguiente refugio.

Tomás me invitó a comer en un lugar muy bonito en la calle 5 de mayo, cerca del Palacio Nacional en el centro histórico, y luego fuimos a una fuente de sodas para comernos un postre al que le llamaban banana split: eran tres bolas de helado (una de fresa, otra de chocolate y la tercera de vainilla) sobre una banana, todo eso cubierto de crema dulce y esponjosa, cerezas, nuez y chocolate líquido. Ese día sabía a gloria; todo fue inesperado pero sorprendente. Le hicimos una llamada a Juanito y a Estelita para contarles cómo nos había ido y para agradecerles todo lo que habían hecho por nosotros; ellos se pusieron muy contentos de haber ayudado.

Empezamos sin nada. Poco a poco fuimos comprando lo indispensable, como una mesita de metal con dos sillas, un par de platos y vasos y algunas ollas para cocinar; un colchón, unas sábanas y un par de cobertores. El refrigerador no logramos comprarlo sino hasta un mes después. La comida que yo hacía para Tomás era muy sencilla por falta de utensilios, pero con el amor y la emoción de todos los días era suficiente para vivir felices.

El lugar donde Tomás tocaba el piano era visitado por grandes celebridades del ambiente artístico. Yo llegué a ir muchas veces ahí y observaba desde bambalinas a todas las mujeres que asistían: muy guapas, vestidas con hermosos vestidos largos, llenos de brillantes, telas aterciopeladas, escotes, gargantillas de piedras preciosas, y hombres con trajes de alta costura y cabello engomado. Cada vez que Tomás dejaba de tocar le aplaudían con mucha elegancia y siempre le ofrecían algo de tomar; él siempre pedía martinis. Cuando lo hacía, nunca me dejaba sola; no importando que yo llevara unos vestidos sencillos, él aceptaba siempre y cuando yo me sentara con ellos. Poco a poco las cosas se fueron poniendo mejor, pasábamos gran parte del día juntos en casa. Los lunes, miércoles y viernes íbamos al mercado a las 9 de la mañana. Nos gustaba mucho caminar y conocer lugares nuevos, y por las tardes Tomás se iba a trabajar.

Ya habían pasado cerca de 4 meses así: estables, contentos y ya comenzábamos a comprar más cosas para el departamento. Los días no podían terminar mejor; siempre, todos los días hacíamos el amor y yo no quedaba embarazada. Eso me extrañaba mucho, pero no le comentaba nada a Tomás para no inquietar la alegría que nos embargaba con todas las buenas cosas que nos estaban pasando; incluso llegué a dudar de mi fertilidad. Ambos descubrimos el amor y la pasión en el otro por primera vez, y no teníamos freno alguno para entregarnos todos los días a cualquier hora o en cualquier lugar del departamento; parecíamos leones desenfrenados.

Yo empecé a sentir miedo porque nada sucedía: nada de bebés. Sentía un poco de remordimiento y que vivía en pecado porque no nos habíamos casado aún, aunque a todos les decíamos que sí lo estábamos. Seguramente mis padres estarían muy apenados de saber que yo vivía con Tomás de esta manera, pero qué importaba ya, ellos estaban muy lejos y yo vivía para Tomás como él vivía para mí. Algunas veces, cuando Tomás se iba al trabajo, yo empezaba a tener pensamientos catastróficos, dudas, preguntas. ¿Qué pasaría si alguno de los dos no pudiéramos ser padres? ¿Qué pasaría si fuera yo la que no pudiera tener hijos? ¿Mi madre se desmayaría y moriría si se llegase a enterar de que yo vivía en pecado con Tomás? ¿Mi padre querría matar a Tomás por haberme sacado de mi casa sin casarnos? ¿El padre de Tomás querría matarnos a los dos? Muchas dudas y miedos llegaban a mi cabeza, quería volverme loca. Escribí una carta para mi madre y decidí enviársela; esta le llegaría en uno o dos meses, pero yo sabía que al menos ella mejoraría lo que fuera que tuviera que mejorar al saber de mí.

Mamá:
Quería ofreceros a ti y a mi padre una disculpa por haberme ido de casa. Ustedes no tienen nada que ver en la decisión que tomé; siempre han sido los mejores padres para mí. Tenía que irme de esa manera, no tenía otra opción. Tienen que saber que me encuentro bien, vivo con Tomás en un bonito departamento en la capital de México. Él consiguió un trabajo que nos ha sacado adelante y nos mantendrá aún mejor. Nos casaremos por la iglesia sin celebración, pero quería pedir tu bendición primero.

En la primera oportunidad que tenga iré a visitaros. No sé si esto signifique un año o muchos años más; solo sé que sí pasará mucho tiempo para que eso suceda, y lo lamento, pero quería que supieran que estoy bien, que estamos bien y que estaremos bien. Espero que me entiendan y oren por mí, así como yo lo hago todos los días por vosotros. Si queréis responder mi carta, mamita linda, me haría muy feliz. Por favor, decidme cómo se encuentran todos.
Les extraño muchísimo y les quiero.

Isabel

Fui a la oficina de correos y la envié. Eran demasiados los timbres postales que tuve que pagar para que la carta pudiera irse. Me sentí mal de enviarla sin ningún teléfono al que me pudieran marcar; en el fondo no quería hablar con ellos y escucharlos llorar o que a mí se me salieran las lágrimas. Me dijeron que la carta llegaría en aproximadamente dos meses. Aunque faltaba mucho para que mis padres recibieran noticias de mí, el corazón y el alma se sentían estrujados, pero más tranquilos.

Los meses fueron pasando, a Tomás le iba cada vez mejor. Su nombre ya era muy conocido entre el medio artístico y la clase social alta, o rica, como yo le decía. A mí me compró hermosos vestidos para salir a pasear y otros más elegantes para usarlos cuando le acompañaba a alguna de sus presentaciones. Las perlas y los diamantes aún no estaban a nuestro alcance ni monetario ni ambicioso. Para nosotros eso era lo menos importante; solo deseaba verme bella para ir a verlo tocar el piano, que era todo un acontecimiento para mí. Escucharlo hacía vibrar mi alma y mi corazón, como siempre, como desde la primera vez que lo escuché tocar.

Además, las señoras me pedían que me sentara con ellas y me invitaban bebidas alcohólicas. Llegué a pensar que esa era la razón por la que no quedaba embarazada, pero aun así me las tomaba y me reía con las tonterías que todas ellas decían. «La españolita», me decían. Probé de todo, hasta que di con mi favorita que eran los martinis mojados; la aceituna, de alguna manera, me tenía vinculada con España, porque mis padres las usaban para cocinar todo el tiempo.

Una de esas noches, un hombre de nombre Agustín se acercó a Tomás y lo invitó a ser parte de una escuela de grandes músicos para que afinara aún más su habilidad para tocar el piano. Decía que de esa academia salían los «verdaderos grandes» que se ganaban la admiración y respeto no solo de la gente más importante de México, sino del mundo entero. Tomás aceptó ir y así fue como empezó a ir a la escuela de Bellas Artes en las mañanas.

Yo lo acompañé varias veces. Me gustaba mucho ir, y mientras él tomaba las clases yo me daba paseos por todas las salas para poder apreciar otras clases de otros instrumentos, como de flauta, flautín, arpa, violín, violonchelo, y hasta lograba entrar a los ensayos nada más y nada menos que de la sinfónica nacional de México. Sabían que era la esposa de Tomás y me dejaban estar como oyente en todas las clases, ya me conocían y me saludaban. Un día, caminé más de lo acostumbrado y me llegó un olor muy característico. El olor era a pinturas y a solventes. Cuando me acerqué más, logré ver desde la puerta, escondida detrás de ella, que se trataba de una clase de pintura. Eran cerca de 6 alumnos, todos adultos. Estaban vestidos con una bata de color gris (todas manchadas de pinturas de todos colores), con una boina muy simpática y enfrente de cada uno de ellos un caballete de madera, una paleta con diversas pinturas y un bastidor.

Todos estaban callados, muy concentrados en lo que cada uno hacía en su creación. Cada uno de ellos sostenía en una mano su paleta de colores y en la otra un pincel largo y fino. Con la música de fondo de un programa de música en vivo que salía de un pequeño radio, todos trataban de copiar la muestra que era la que yo supuse que era del maestro de todos ellos: un señor gordo, feo y mal encarado, pero que se veía era de espíritu libre y soñador. Me quedé cerca de 20 minutos observando cómo arrastraban las brochas y los pinceles sobre una idea ya bien definida en lápiz, sombreando y dando volumen a cada una de las formas, dando luz y textura a los protagonistas. Cada una de ellas cobraba sentido al pasar de los minutos, casi como recobrando vida, todas hermosas y llamativas. Simplemente una experiencia que cambiaría el rumbo de nuestras vidas.

Hablé con Tomás sobre lo que había visto ese día, le pedí que me ayudara a ingresar a clases de pintura y, de ser posible, a esa misma escuela. Tomás, que en todo me consentía y quería darme gusto, entendió que eran muchas las ganas que yo tenía de aprender a pintar. Logró inscribirme en las clases de pintura que comenzaban un ciclo nuevo el siguiente mes.

Esperando ansiosa a que llegara el día en que fuera mi primer día de clases de pintura, todos los días hacía dibujos a lápiz en un cuaderno cosido o en las servilletas de la casa o de los restaurantes de comida corrida. Me guiaba con un libro de dibujo que conseguimos Tomás y yo en una librería del centro. Gracias a ese libro entendí algunos trazos para lograr la proyección de un cuerpo humano quieto o en movimiento. Todos los días practicaba lo aprendido en el libro sobre un cuaderno de dibujo profesional que llevaba conmigo a todos lados.

El día de mi primera clase de pintura había llegado y yo me sentía tan feliz. Siempre pensaba: «No hay fecha ni vigencia que no se cumpla», por eso era tan paciente. Para entonces Tomás ya era muy conocido y uno de los mejores pianistas de la academia, su desempeño ya era profesional y ya lo visualizaban para ser participante en diversos conciertos. Cuando entré al salón, los que serían mis compañeros ya estaban ahí. Parecía que llegaban un poco antes del comienzo de la clase para poder charlar un rato. Todos me veían como a una extraña, como la intrusa, la nueva, la que llegaría a romper con la acostumbrada convivencia, pero uno de los compañeros se atrevió a decirme:

—¿Tú no eres la esposa de Tomás Buendía, el pianista?

Todos voltearon a verme ahora como a algo extraordinario. Todos en la academia hablaban de él, de Tomás, de lo maravilloso que tocaba y lo hermoso que interpretaba las piezas clásicas. Para todos, escucharlo era un manjar. Yo me sonrojé, pero me sentí tan orgullosa de ser su mujer. Si yo hubiera nacido pavorreal, mis hermosas plumas de color verde, azul y negro ya se habrían expandido hasta abanicar a todos con perfumes exóticos y luces brillantes. Me sonrojé y respondí con voz tímida y avergonzada:

—Sí soy.

Y a partir de ese momento el hielo se rompió. Todos comenzaron a hablarme como si fuera yo la gran artista, la afortunada compañera del pianista. Desde entonces nos identificaban como «el pianista y la pintora» o, como lo simplificaban algunos, «los magníficos Buendía». Así fue por algún tiempo, pero Tomás no se sentía tan orgulloso de llevar el apellido Buendía, de modo que cada vez que él escuchaba que nos llamaban de esa forma, él amablemente corregía y les decía:

—Buen día tengan todos ustedes, estimados amigos. Nosotros somos Tomás e Isabel solamente.

¡Cómo es la gente! Terminaron diciéndonos «los tomasitos». Ese día fue cuando me di cuenta de que todos empezaban a identificarnos a ambos como a uno solo, y me encantaba. Mis clases de pintura fueron siendo cada día mejores y la satisfacción que sentía con cada uno de los cuadros que yo pintaba era infinita. El maestro y todos mis compañeros me felicitaban de forma genuina. Todos los días eran perfectos para mí; el amor entre Tomás y yo cada día brillaba y se fortalecía más; el sexo entre nosotros se volvía más abierto y osado. Parecía que el arte nos regresaba a casa excitados, con ganas de seguir haciendo arte en la cama. Todo sumaba en nuestras vidas: las experiencias, lo aprendido, los amigos, el reconocimiento, nuevas personas, etc.

En mis clases, cuando nos tocaba pintar algo libre, parecía que mi esencia la dejaba plasmada en hermosos colores sobre la tela. Me gustaba lo abstracto y lo colorido, y mis obras, colgadas de un alambre, detenían a la gente sobre los pasillos de la academia donde hacíamos mensualmente una exposición. La entrada era libre los fines de semana y las visitas eran muchas. Sin hacer tanto alarde, lo mío llamaba más la atención, invitaba a las personas a descifrar y a descubrir y, por qué no, a inventar sus propias historias en mis trazos. Algunas veces pintaba un cuerpo humano imperfecto, pero lleno de misterio, perfecto para transmitir mensajes inexplicables. Otras veces me gustaba pintar grandes árboles, enredados, fuertes y enramados, justo como las personas cuando hacen el amor. Las tonalidades de mis obras iban desde lo cursi hasta lo osado; los trazos iban de lo difuminado hasta lo delimitado. Siempre me ganaba aplausos, mensajes de admiración y respeto.

Desde que Tomás y yo éramos niños nos caracterizaba la sensibilidad, la delicadeza y fuerza para expresarnos. Dejamos un camino de piedras pintadas que siempre significaron algo importante para los dos, y la música de Tomás embelesaba y enervaba el alma; todo dependía de los ángeles o demonios que cada uno teníamos atendiendo nuestros pensamientos cuando lo escuchábamos, pero sin duda a todos les movía lo más profundo de sus secretos.

Después de 5 meses ya había logrado pintar cerca de 18 obras, y Tomás ya se había presentado en 5 conciertos de gala; habíamos amueblado nuestro departamento con muebles de lujo y comprado un automóvil también. De todos los conciertos, el más importante fue el que se celebró en el Palacio Nacional de la capital, donde todos los asistentes eran del gremio político y artístico. Ese día me llevé un vestido precioso largo, azul *aqua* con piedras transparentes y guantes del mismo color. Tomás había sido uno de los invitados de gala; se celebraba el aniversario de la Independencia de México. Todos los caballeros portaban esmoquin y todas las mujeres asistieron de largo como yo. Nunca antes había visto tanto lujo reunido en un solo lugar, nunca antes había visto tanta comida sobre una mesa, tanto glamur y tanta hipocresía también. Pero creo que me gustaba.

Uno de los asistentes, el señor Ernesto Mujica, conversando en uno de tantos pequeños círculos que se reunían en la fiesta, entre whisky, vino y martinis, le comentó a Tomás que él tenía un par de amigos que también habían llegado de España, pero que ellos salieron huyendo de los franquistas, que habían sido prisioneros de guerra y que habían sufrido muchísimo en los campos de concentración. Tomás y yo nos sorprendimos mucho porque nunca antes habíamos conversado de esto con nadie; todos los que nos rodeaban nos preguntaban acerca de nuestros talentos, pero no cuestionaban el porqué habíamos llegado a México desde España. Yo sentí mucha suspicacia en los comentarios del señor Mujica, una especie de desconfianza y temor al mismo tiempo, pero no quería hacerme notar. Tomás y yo sólo abríamos los ojos, asintiendo con la cabeza a todo lo que el señor nos decía, tratando de hacer obvio que no queríamos hablar de eso; comíamos más canapés para tener la boca llena siempre y así conseguir el pretexto para no responder. Para fortuna nuestra, una señora de apellido Jinetes comenzó a decir en voz muy alta:

—Amigos míos, ¿por qué no le pedimos a nuestro gran amigo Tomás Buendía que nos deleite con una pieza?

Todos comenzaron a sonreír, a aplaudir y hacer bulla de la invitación y en coro y en voz muy alta empezaron a gritar:

—¡Que toque! ¡Que toque!

Tomás sintió un alivio muy grande cuando eso sucedió, pues fue la excusa perfecta para zafarnos de la incómoda plática con el señor Ernesto Mujica. La tarde y noche siguió siendo exquisita. Tomás tocó tres piezas, el violinista Pedro Zampare tocó otras tres piezas y en la reunión solo se respiraban risas y brindis por la celebración. Al final de la noche un grupo de mariachis tocaron algunas de las canciones representativas de ese país como «México lindo y querido», de Chucho Monge; «Cielo rojo», de Juan Záizar, y «Cielito lindo», de Quirino Mendoza. Fue una noche muy particular, nos sentíamos admirados, queridos y muy agasajados; sin embargo, Tomás y yo coincidíamos en el trayecto a casa en que, aún con la suma de todos los halagos y demás cosas positivas de esa noche, la coincidencia con el señor Mujica había inquietado a los dos y había amargado un poco la diversión.

Una semana después, lista para irme a mis clases de pintura, abrí la puerta del departamento, miré al suelo y había una carta con numerosos timbres; era carta de mis padres. No pude contener la emoción y las lágrimas y tuve que volver al comedor para poder leerla con calma.

Querida Isabel, hija mía:

Sabemos de qué madera estáis hecha. Nosotros te criamos a ti y a todos nuestros hijos a través del amor. El día que te fuiste, pensamos que volverías tarde por alguna razón importante. Al pasar unas horas, tu papá tuvo la intuición de buscar algún recado o carta que tú pudieras haber dejado para tus padres. Supimos a tiempo que te habías ido por voluntad propia. Nos sentimos tranquilos de saber que fue por amor y de que estabas con Tomás. Todos los meses que no supimos de ti sabíamos que pronto tendríamos noticias. Hemos acertado, hija mía. Ahora sabemos que estáis bien y que estáis feliz.

Nada nos da más tranquilidad que saberte con quien tú quieres y que ambos se están abriendo paso para disfrutar de la vida como debe ser. No os preocupéis por nosotros. Aquí todo está como lo dejaste. Seguimos viviendo los estragos de la posguerra, pero tus hermanos, tu sobrino y nosotros, tus padres, gozamos de salud, techo y alimento. Descuida, hija nuestra, que te seguimos amando como siempre y solo deseamos lo mejor para ti.

Esperamos que pronto contestéis esta carta o nos llames por línea para seguir en contacto.

Te amamos, hija mía.
Mamá y Papá

Lloré y lloré, y seguí llorando por más de una hora. Mi corazón estaba confundido. En la carta de mis padres se les leía tranquilos; no estaban enojados conmigo, no había reproche alguno ni cuestionaban ninguna de las decisiones que había tomado para mí. Me entró la añoranza y quería tomar las maletas para regresar con mis padres, pero el amor de Tomás me tenía completamente atada a México: la buena vida, la vida digna, la oportunidad.

Solo se trataba de una explosión de felicidad de saber que mis padres estaban bien, que aprobaban de alguna manera mis decisiones, pero que se manifestaba con un dolor en el pecho y lágrimas incontrolables. Comencé a llorar como llora una niña de 10 años. Ese día ya no fui a mis clases y eso le extrañó a Tomás. Por la tarde lo hablamos y ambos compartimos tener sentimientos encontrados: por un lado, el sentir paz todos los días, explorar un mundo desconocido con la persona que más amábamos y realizarnos como personas haciendo lo que más nos gustaba, lo que nos apasionaba; mas no se borraba de la memoria del corazón el sufrimiento que vivía nuestro país, la convivencia con nuestras familias y amigos, nuestra cultura y raíces.

Nos quedó claro que es imposible tener todo lo que uno quiere; siempre existe un sacrificio detrás de un éxito o placer. Siempre he pensado que todas las personas que sonreímos por fuera, también lloramos por dentro alguna batalla, alguna añoranza o alguna angustia. Estar lejos de mi familia de nacimiento y de toda la gente con la que conviví en la infancia, de alguna manera, me forzaba a valorar lo que tenía y lo que perdí, y lo que en ese momento tenía y que podía llegar a perder. La vida cuelga de la punta de un lápiz: en cualquier momento puede girar hacia la derecha, hacia la izquierda, hacia abajo o mantenerse estable. Y nadie se salva de experimentar el dolor del corazón en algún punto de nuestras vidas. Yo era muy joven aún, sin embargo, entendía de qué se trataba la existencia, el propósito de la vida. Mi responsabilidad: ser feliz a costa de lo que sea, jamás pasando por encima de nadie, siempre con dignidad y la frente en alto. Nadie haría por mí lo que yo misma haría por mí para lograr estar en el punto en el que podría decir: «Me siento feliz». A pesar de todo o a placer de nada, aunque no estuviera al lado de todos a quienes yo amaba o en donde yo quería realmente estar, así era y punto.

Los siguientes meses transcurrieron igual y, a la vez, no. Tomás y yo seguíamos cosechando obras de arte y amistades. Nuestros nombres cada vez eran más conocidos en el medio artístico y en la alta sociedad. Las fiestas nocturnas eran un despilfarro de dinero; muchas veces me preguntaba cuántas personas comerían en mi país con la cantidad de comida que ofrecían en cada una de esas fiestas. La comida siempre sobraba, mientras que había niños hambrientos en todo el mundo, las personas de ese ambiente se daban, o nos dábamos, el lujo de servirnos tres canapés y dejar uno y medio que se iba directamente a la basura. Era una manera cínica de vivir.

Tomás y yo siempre ahorrábamos lo más que podíamos para algún día, sin miedo, regresar al lado de los nuestros. Mas Tomás decía, ¡y qué sabio era al decirlo!. «Disfruta todo cuanto te pongan en la mesa, no sabes qué día la mesa podría estar no solo vacía, sino llena de penas y desfortunas». Yo le hacía caso; mientras no fuera yo quien organizara dichas fiestas, me dejaba acariciar por la codicia y el lujo ajeno. Al final, tanto mi profesión como la de Tomás necesitaban de clientes con poder y con dinero, mucho dinero.

Tomás siempre fue mi guía desde que éramos niños; siempre confié en todo lo que él me decía. Tomé el éxito de Tomás y el mío como un verdadero regalo de Dios. Pensaba que todo esto serviría para algún día traer a mis padres conmigo, o para mandarles dinero, o para regresar a España, lo que la vida eligiera para mí.

Entre esos regalos de Dios, estaba el que yo podía vender mis cuadros a un excelente costo con bastante frecuencia. Sabía que compraban mis cuadros, mas no sabía exactamente quiénes los compraban todos. Llegué a saber de algunos admiradores de mi obra que llegaron a comprar un par de ellas o tres. Un día, el encargado de la venta de mis cuadros en el teatro de Bellas Artes, Pedrito, se acercó a mí y, mientras los dos caminábamos hacia el salón de pintura, me dijo:

—Sra. Isabel, ¿cómo está?

—Hola, Pedrito, bien, gracias. ¿Y tú? ¿Cómo estás? ¿Cómo ha ido la venta este mes? Recuerda entregar a la administración del teatro todos los recibos por la venta de la obra —le advertí.

—Sí, Sra. Isabel, no lo olvido —comentaba Pedrito con ingenuidad—. Quería decirle que la venta ¡va viento en popa!

—¿Viento en popa? No me asustes, Pedrito. ¿Qué significa eso?

—¡No, no! Todo lo contrario. He querido decir que nunca antes se había vendido tanta obra; de hecho, se ha vendido toda —respondió Pedrito.

Nos detuvimos un momento en el pasillo al aire libre, con el viento helado porque ya terminaba el otoño para esas fechas, y le respondí:

—¿Es verdad? ¡Pedrito! ¡Pero qué buena noticia! —inmediatamente aventé mi bolsa y mi maletín con pinceles y lápices para abrazar a Pedrito y dar vueltas de felicidad. Pedrito era un chico más o menos de mi edad, con lentes de armazón negro muy pesados, de cabello relamido y ojos tímidos; me daba tanta paz sentir esa confianza con él—. ¿Y ahora, Pedrito? ¿Qué vamos a vender si ya se vendió todo?

—Señora Isabel, usted ya sabrá arreglárselas para hacer más y más obras preciosas. Pero sí necesitaba decirle también que quien ha comprado casi todo lo que faltaba es un señor que me pidió que le diera este mensaje. —Pedrito me entregó una carta que leí en voz alta:

Estimada Isabel:

Disculpe el atrevimiento por acercarme a usted por este medio, humilde pero con todo respeto. Me confieso ser el más fiel de sus admiradores, así como de su esposo Tomás Buendía. Sin duda, cada una de sus obras me llegan al corazón, así como cada uno de los conciertos que protagoniza el maestro Buendía y a los cuales no he faltado a ninguno. A mi esposa y a mí nos encantaría invitarlos a cenar a nuestra casa, su casa, este jueves 27 a las 19:00 horas para conocernos mejor y charlar un poco. Sería un honor para nosotros recibirlos. ¿Podría usted ser tan amable de confirmar su asistencia con el buen Pedrito? Si aceptan, él mismo les dará mi domicilio e indicaciones para llegar.

Atentamente
Ernesto Mujica

Quedé atónita. Recordaba muy bien ese nombre. Era el señor incómodo de la fiesta de hace más de un año donde se celebró la independencia. Seguramente mis ojos quedaron desorbitados y quietos, porque Pedrito me miraba con una sonrisa más grande que el ancho de su cara, con los ojos brillantes y rodillas ligeramente dobladas, esperando una reacción de emoción y felicidad de mi parte, ya que inmediatamente dijo lleno de alegría:

—¡Qué suerte tienen usted y su esposo, señora Isabel! ¿Le paso una hoja de papel para que le confirme al señor Mujica? —muy apurado empezó a buscar una pluma para dármela.

—Espera, Pedrito, ¿de qué me estáis hablando? Yo no sé quién es este sujeto y menos sé cuál es la intención de su invitación. No me pases nada —le contesté un poco confundida.

—¡Pero, señora Isabel! No es posible que no sepa quién acaba de comprar su obra y acaba de invitarla a cenar. Es el mismísimo Ernesto Mujica, dueño de casi todas las empresas de México y principal inversionista del país. Muchos quisieran estar en su lugar, señora Isabel, no puede menospreciar la invitación del señor Mujica.

—No tenía idea de nada de lo que me estás diciendo, Pedrito. Debo consultarlo primero con Tomás —le dije.

—Mi señora, si tarda en contestar será una ofensa grandísima para el señor Mujica y este lo tomará muy mal de parte suya —contestó Pedrito, realmente asombrado.

—Pedrito, no sé... bueno, está bien. Dame papel y pluma, por favor —contesté llena de dudas.

Señor Mujica:

Es un halago para mi esposo y para mí recibir una invitación de vuestra parte. Con mucho gusto confirmo nuestra asistencia.

Isabel

Le di la respuesta a Pedrito y él me dijo cómo llegar a casa del señor Mujica. Era muy fácil dar con su casa; según me explicó Pedrito, «casas como esa no se olvidan nunca», decía.

Toda esa mañana me sentí inquieta, con un poco de angustia, misma que plasmé en la que sería mi siguiente obra. Ese día pinté con fondo oscuro a una niña asustada, situada debajo del lado izquierdo del lienzo, con la carita mirando hacia arriba, observando sombras gigantes que querían envolverla en su propia oscuridad, mientras que su propia sombra por debajo de ella se veía diminuta y flaca. Empecé a sentir mucho calor en el salón; sentía pequeños brotes de humedad salir por mi frente, mejillas y nariz. Me sentía enojada, preocupada y un poco como la niña del cuadro: asustada.

No sabía qué reacción tendría Tomás al saber que acepté esa invitación, pero, más aún, que mi respuesta fue inmediata. Tampoco entendía por qué la gente se sentía tan empoderada y quería hacer con otra gente lo que a ellos les placiera. Sabía que en el fondo el señor Mujica tenía la seguridad de que aceptaríamos su invitación, como seguramente toda la gente que invitaba aceptaba de inmediato, sintiéndose todos afortunados de haber sido invitados.

Salí del salón para verme con Tomás en donde siempre quedábamos: en el estacionamiento. Por supuesto, Tomás me notó rara y hasta un poco nerviosa.

—Tú tienes algo, mi amor. ¿Qué tienes, mi corazón? —me preguntaba Tomás, tomándome de la cintura y enfocando sus ojos en los míos.

—Sí, tengo algo. Siempre sabes cómo me siento. Tengo que contarte algo, Tomás —le contesté.

Y le conté, con lujo de detalle. Tomás, como siempre, atento, pensativo y empático, me dijo con toda calma:

—Mi amor, lo que tú decidas está bien. Confío plenamente en tu buen juicio. Si te sentiste presionada por lo que Pedrito te mencionó y escribiste esa nota, tienes todo mi apoyo. Debo confesarte que sí me inquieta y que, además, no tenía ninguna intención de volver a ver a ese señor y mucho menos de iniciar una amistad con él, pero no os preocupéis por adelantado. Así salieron las cosas e iremos a esa cena con todo lo que siempre nos ha caracterizado a ambos. Seremos amables, educados, finos, Isabel. Si este tipo saca el tema de lo de España, le daremos la vuelta y, ¡dale!, asunto arreglado. Así que no os preocupéis —me dijo con tanta empatía.

Enseguida me plantó un beso reconfortante, de esos que me daban paz y borraban cualquier tipo de angustia. Mi Tomás. Siempre me besaba con pasión para encender mi cuerpo, con ternura para calmar mi alma, con atrevimiento para sacarme una sonrisa genuina y con astucia para lograr convencerme de algo. Era el mejor besador; bueno, eso pensaba yo, ya que no tenía con qué compararle. No sabía cómo besaban los demás hombres; solo sabía y estaba segura de que nadie nunca lograría hacerme sentir como él lo hacía cada vez que acercaba sus labios a los míos. Los labios, de las armas más letales: un pequeño roce con la persona adecuada te puede desbaratar, como aquel día cuando Tomás y yo éramos solo unos adolescentes y tocamos nuestros labios por primera vez. Ese instante lo había sido todo para mí; cada vez que lo recordaba seguía estremeciéndome como la primera vez. Incluso recurría con frecuencia a ese hermoso y caliente recuerdo cuando llegaba el momento de hacer el amor con Tomás: me prendía al instante.

XX
Ernesto y Eugenia

El esperado y ansiado jueves llegó. A las 6 de la tarde ya estábamos listos Tomás y yo. Elegimos un traje sastre de lana gris con chaleco en color gris oxford, un pañuelo y corbata en color café dorado, zapatos café oscuro, un abrigo gris más oscuro y su sombrero gris de siempre. Para mí elegimos un vestido en verde botella de hombros escotados, entallado de cintura y de un largo hasta abajo de las rodillas con zapatos en color dorado oscuro, mi abrigo color arena, guantes verdes y un peinado agarrado con una peineta con detalles en dorado. Fuimos muy cuidadosos en nuestro arreglo personal por el tipo de invitación. Cualquiera que hubiese sido la razón por la que el señor Mujica nos hubiera invitado a su casa, queríamos corresponder con una imagen personal impecable.

Llegamos a las 6:59 de la tarde. Como bien me había comentado Pedrito, la casa, después de haberla visto aunque sea una vez, se volvería inolvidable. La barda que medía alrededor de 4 metros de alto y que rodeaba la hermosa residencia abarcaba una cuadra completa, y de lejos se alcanzaba a ver la fachada, totalmente blanca con balcones de piedra y hermosos faroles colgados por todos lados. Enormes árboles y palmeras se asomaban por detrás de toda la barda. Tomás se bajó para tocar el timbre mientras dejábamos el carro encendido para esperar instrucciones. Permanecimos esperando, callados y nerviosos. Tomás y yo ya habíamos quedado en no dar casi nada de información de lo que nos había pasado en España. Acordamos decir que no nos había tocado lo peor de la guerra, que habíamos quedado fuera del conflicto y que no estábamos del lado de nadie porque teníamos amistades y familia que no compartían la misma opinión respecto al conflicto que lastimó a nuestra hermosa España.

Abrieron un gran portón de color verde botella, como mi vestido, y un señor con sombrero de paja —pensé que se trataba de un jardinero o algo así— nos indicó que entráramos con el auto a la mansión y nos estacionáramos justo en la puerta principal de la casa, que estaba debajo de un pórtico con enormes columnas cilíndricas en color blanco, como la casa. Pasamos en el auto por un largo y hermoso jardín lleno de árboles muy altos, palmeras engalanadas, arbustos de hoja chiquita con flores de todos colores y paredes cubiertas de piracanto. Bajamos del auto y una amable señora de bajita estatura nos dio la bienvenida en la puerta y nos pasó a través de un recibidor largo con piso de hermosos mosaicos blancos con azul y grandes espejos con marcos dorados llenos de garigoles colgados en las paredes. Caminamos hasta llegar a una enorme sala de color azul y dorado donde ya nos esperaban el señor Mujica y su hermosa esposa. Ambos con un porte exquisito, se notaba la costumbre de los lujos y la buena vida en su educación y su impecable presencia.

—Maestro Buendía, bienvenidos sean, tomen asiento por favor —el señor Mujica tomó mi mano izquierda y le dio un beso discreto—. Maestra —haciendo un gesto de respeto.

Tomás enseguida hizo lo mismo con su esposa, Eugenia. Inmediatamente después, ella y yo nos dimos un saludo atenuado, un abrazo sin ser abrazo: nos tomamos de los hombros como queriendo abrazarnos, pero aún no, porque no éramos amigas todavía. Los cuatro, muy sonrientes, nos sentamos en la sala que ya estaba preparada con vasos de cristal cortado, licor y unas jarras de agua preciosas.

—Nos sentimos muy honrados con su presencia, maestro Buendía. Muchas gracias por aceptar nuestra invitación. Me hubiera encantado hacerla de manera personal, mas se me presentó la oportunidad de hacerlo mediante el buen Pedrito —nos comentó el señor Mujica.

—El honor es nuestro, señor Mujica. Realmente estamos agradecidos —contestó Tomás sonriente.

Mientras los dos señores se daban las gracias mutuamente, yo no pude evitar voltear a ver su casa (tratando de ser discreta), pues logré ver muchas de mis obras colgadas de manera majestuosa. Les habían mandado a enmarcar con molduras que seguramente eran de muy alto costo; se veían muchísimo más bellas de lo que yo las vi cuando las pinté. Me sentía tan halagada y agradecida.

—Por lo que veo, Isabel, ya vio usted qué hermosas piezas decoran nuestro hogar —me dijo el señor Mujica.

—Señor, no sabe lo halagada que me siento, de verdad que le agradezco tanto todo esto —le contesté con la cara roja y caliente.

—Por favor, Isabel, siéntase usted orgullosa de lo que logra expresar a través de sus pinturas. Tanto usted como su esposo tienen dedos mágicos, uno para la música y el otro para la expresión visual. Por esa razón queríamos que nos hicieran el honor de venir a nuestra casa y tratar de iniciar una amistad con ustedes —comentó el señor Mujica tomando siempre la palabra, mientras su esposa, Eugenia, escuchaba sonriendo todo el tiempo.

La escucha era muy agradable, la conversación muy enriquecedora. Hablábamos justo de lo importante que es que una obra de arte te logre transmitir sentimientos, emociones, impulsos y más, lejos de cualquier mensaje.

La charla en la sala fue de unos 30 minutos. Después, pasamos al comedor para deleitarnos de una gran cena. Nos ofrecieron dos vinos exquisitos, uno español y otro chileno. Para cenar, comenzamos con un volován relleno de langosta, una ensalada de berros con chabacano y frutos secos, una crema de pistachos con queso, merluza al horno con patatas y, como postre, una deliciosa y muy discreta tarta de pera con chocolate. De lo mejor que había probado en mi vida. Llegué a sentir que era demasiado para ser nosotros, pero mientras se iba dando una excelente charla fui entendiendo por qué.

Como bien habíamos intuido Tomás y yo, el señor Mujica comenzó a hablar de la guerra de España; nos dijo que tenía algunas amistades de allá que habían llegado como refugiados a México. Nosotros permanecimos callados, solamente escuchando con toda atención lo que el señor Mujica nos decía, y con todo el respeto que él nos merecía: mudos, pero con respuestas empáticas a su largo discurso sobre las críticas al gobierno franquista, asentando con la cabeza o con ruidos guturales, hasta que comenzó a decir lo que nunca nos imaginamos y ante lo cual, mientras escuchábamos, empezamos a movernos de nuestros asientos, a tocarnos la barbilla y carraspear nuestra garganta haciendo evidente una inevitable incomodidad. Nuestros rostros se acaloraban y enrojecían. Yo sentía que todas las obras de arte, de mi autoría y no, nos observaban con suspicacia y juicio, sintiendo la presión y el calor corporal.

—Maestros... —hizo una larga pausa el señor Mujica, mientras prendió un cigarrillo y nos ofreció otro a todos los presentes, a lo cual aceptamos todos e hicimos lo mismo que él (*prendimos nuestro cigarro*), y él continuó—. También les he invitado porque desde hace algunos meses ya, el hijo de un gran amigo mío, casi hermano mío, madrileño, me ha encargado que cuide de ustedes dos. Fue una petición a la que no puedo negarme pues se trata de un amigo, como ya les he mencionado, uno muy querido, que salvó la vida de mi Eugenia cuando apenas teníamos unos 25 años, pero para entonces ya ardía el amor entre nosotros dos —volteó a ver a su esposa, le tomó la mano y las colocó sobre la mesa—. Durante unas vacaciones en un mes de agosto, mi Eugenita cayó por descuido a un río agitado allá en Madrid, al que yo no podía entrar por no saber nadar; sin embargo, mi amigo lo hizo, arriesgó su vida y salvó la de mi esposa. La vida de esta mujer a quien siempre he amado y amaré es gracias a Dios y a mi amigo Dante. Y no se asusten, por favor. Los meses que he estado «cuidándolos», por decirlo de alguna manera, también me he enamorado al igual que mi esposa de las hermosas piezas que toca usted, maestro Tomás, y las hermosas piezas que pinta usted, Isabel. Creo que es el destino; ya estaba escrito que sería así. Nos hemos convertido sin querer, en sus más fieles admiradores. Ambos han nacido para brillar a través de sus talentos y pasiones.

—Señor Mujica —interrumpió Tomás—, no estoy entendiendo nada. Discúlpeme, pero es que no acabo de entender quién podría pedirle tal favor y cuidarnos de ¿qué? Es que me siento confundido. Creo que nos está usted confundiendo; ni Isabel ni yo conocemos a ningún Dante. Además, con todo respeto, ¿qué sabe usted de nosotros? ¿Qué le han dicho de nosotros? —comentó inquieto y muy sorprendido Tomás, mientras fumaba rápidamente y sacudía el cigarrillo en un cenicero de vidrio cortado para deshacerse de las cenizas sin haber cenizas. Los nervios eran evidentes y no dejaba de ver a los ojos al señor Mujica.

—No se escandalice, mi querido Tomás, ¿le puedo llamar Tomás? —replicó el señor Mujica.

—Por supuesto que puede —dijo Tomás.

—¿Le suena este nombre? Daniel Mendoza.

En ese momento, entendimos todo. Había sido Daniel quién pidió protección para nosotros.

—¡Dios mío! Claro que sé quién es Daniel —comentó Tomás agitado y esbozando una sonrisa de alivio y en tono de alegría—. ¡Si es mi mejor amigo! —señaló Tomás y se le quebró la voz—. Ese amigo mío, un ser tan maravilloso a quien tengo tanto que agradecerle como usted al padre de él. Es un hermano para mí y empiezo a entender... ¡Ja! Ese Daniel, siempre me sorprende. Nunca acabo de agradecerle tanto. ¡Jamás lo imaginé! —exclamaba Tomás sonriendo y sorprendido.

El ambiente tenso de ese comedor, lleno de miedos, de taquicardias y de sorpresas, se convirtió en uno lleno de confianza. Comenzaron a fluir las emociones, los recuerdos, las tristezas y las añoranzas. Tomás y el señor Mujica compartieron algunas anécdotas que ambos habían tenido con sus respectivos amigos, y sonreíamos los cuatro con cierta discreción, pero con un alivio indescriptible. Tratábamos de ser ecuánimes, pero estábamos a flor de piel y, además, seguíamos sin entender por qué Daniel quería protegernos de esa manera.

El señor Mujica hizo una pausa. Se quedó callado unos segundos mirando hacia un punto perdido en el mantel de la mesa, se le arrasaron los ojos, frunció el ceño en son de tristeza y nos dijo:

—Daniel se enfermó de fiebre tifoidea y ahora se encuentra muy grave en el hospital. No le dieron esperanzas a su familia. Nos dieron la noticia hace un par de semanas. Lo siento mucho, Tomás e Isabel. Con profundo dolor tenía que ser yo quién les diera tan terrible noticia. Mi amigo, su padre, está deshecho. Y su dolor es el mío; el de su esposa es el de Eugenia. Nosotros no sabríamos cómo reaccionar si algo le llegara a suceder a nuestra hijita Dolores, que aunque no nació de nuestras entrañas y mi Eugenia no la cargó por nueve meses en su vientre, es nuestra razón de vivir. Ella fue adoptada hace un año y medio. Discúlpennos, por favor, por darles tan terrible noticia después de una charla tan agradable. Reiteramos nuestra invitación a construir una buena amistad, en honor a la amistad que tengo con Dante y la que tú tienes con Daniel, Tomás. Fuimos completamente honestos en invitarlos para ese propósito: para ser amigos. Aunque esta triste noticia se las teníamos que dar de cualquier manera.

Tomás quedó perplejo, callado, con los ojos más abiertos que nunca. Se llevó las dos manos a la boca y se quebró. Su torso empezó a languidecer hacia adelante y su vientre a brincar; el asomo del llanto era inevitable. Él quería controlarlo, pero la palidez de su cara, la expresión de su cuerpo y la temblorina en sus manos lo delataban: él solo quería llorar. Nos abrazamos, pues sentimos mucho dolor al escuchar tal noticia, y le dije al oído:

—Llora, por favor.

Daniel y yo éramos para Tomás las mejores personas de su vida, si no es que las únicas que a él le importaban. Mi corazón se sentía completamente agachado, estrujado y atacado de verlo sufrir en silencio.

—Me ha dejado un poco destruido, ¿sabe usted? Se trata de una terrible noticia para mí —dijo Tomás con la voz entrecortada.

—Lo entiendo bien, Tomás. Iré a visitar a mi amigo en cuanto los negocios me lo permitan. Te ofrezco, Tomás, que vayas conmigo. Sé perfectamente por lo que pasaron en España Isabel y tú. Discúlpame que te hable así, tuteando, pero de pronto me he sentido como un familiar tuyo. Si vas conmigo nada te pasará. Tengo amigos de alto rango en el ejército franquista que me harán el favor de protegerme y protegerte a ti. Tómate un anís o dos y vayan a descansar a casa, o si gustan les ofrecemos de corazón que se queden aquí en la nuestra. Tenemos habitaciones de sobra y mañana, con calma y descanso, vuelven a la suya, así no se exponen al manejar —nos dijo el señor Mujica con la mirada más honesta que jamás había notado en un extraño.

Tomás y yo le tomamos la palabra. Esa noche, esa reunión a la que habíamos llegado con la espada desenvainada, valientes y asustados, portando una capa invisible pero protectora, nos recibió el destino con una charla agradable y muy amistosa que fue calmando el miedo. De un segundo a otro el ambiente se tornó acalorado y angustiante por todas las preguntas que nos hacían sobre lo sucedido en España y, de pronto, como si no fuera suficiente, todo se convirtió en un entorno de impacto, doloroso y frágil, muy frágil, donde se desnudaron los sentimientos de cuatro desconocidos para generar al mismo tiempo uno de confianza, de cobijo y empatía, como una familia.

Seguimos tomando no un anís, sino cinco, con moscas —así le llamaban—, que eran en realidad granos de café. Lloramos y conversamos hasta las dos de la madrugada. Tomás se sinceró y les contó a los señores Mujica cómo conoció a Daniel y cómo había sido, hasta ese día, su tan apreciada amistad. Nos fuimos a dormir. No hubo tiempo de platicar entre Tomás y yo; ni siquiera comentamos lo de Daniel, ni lo impredecible de esa noche. Solo nos fuimos a dormir. El cansancio emocional era muchísimo más fuerte que el desvelo.

Al día siguiente, escuchamos que tocaban la puerta. Me puse una bata que nos habían prestado y me levanté a abrir. Era la amable señora que nos recibió el día anterior. Me dijo que el desayuno estaría listo a las 9:30, me dejó un par de toallas impecablemente blancas y mencionó que en el mueble del baño había una canasta con todo lo que necesitábamos para nuestro arreglo personal. Me abrumaban tantas atenciones y estar ahí sin una maleta con ropa limpia, pero agradecí el gesto. Teníamos exactamente una hora para estar listos y bajar al desayuno. En esos 50 minutos, platicamos muy poco Tomás y yo; nos abrazamos unos 20 minutos en la cama mientras nos manteníamos callados y pensativos. Él estaba acongojado y triste. Entrando a la regadera, juntos, mientras nos tallábamos la espalda me dijo:

—Isabel, presentí todo. Sabía que algo extraño y no bueno saldría de esta reunión, pero jamás imaginé que se trataría de esto. Realmente quiero ir a España a ver a Daniel. Tengo que hacerlo.

—Bueno, mi amor, ya tenemos familia en México gracias a Daniel. Me siento en paz de estar aquí. Yo te apoyo en todo lo que tú decidas. Vamos a desayunar —le contesté.

Bajamos al comedor y no había nadie, ni mesa puesta. Llegó la misma señora que nos hacía todo para decirnos que el desayuno se serviría en la terraza, y la seguimos. La mañana estaba hermosa, la terraza daba al hermoso jardín trasero, hacía un poco de frío, fresco, pero el sol iluminaba el día con todo su esplendor.

—Buenos días, queridos. ¿Qué tal durmieron? —nos saludó Eugenia con cariño y se acercó para poner encima de mis hombros una chalina tejida preciosa—. Pensé que tendrías frío, Isabel, y te traje esto.

—Muchísimas gracias, Eugenia. La mañana es preciosa, y, sí, algo fría —le contesté correspondiendo su gesto.

—Tomás, ¿cómo te sientes? —le preguntó Eugenia a Tomás tomando su mano derecha.

—Bien, Eugenia, muchas gracias. El señor Mujica ¿nos acompaña? —preguntó Tomás.

—Sí, claro, no tarda en bajar. Delia, por favor, sírvenos el café y trae los polvorones de nuez —le dijo Eugenia a la misma señora que nos había llevado las toallas y que nos daba instrucciones de todo.

En la mesa ya estaban servidos unos platones con frutas variadas, jarras de vidrio cortado con jugos de naranja y toronja, pan rebanado y dos refractarios tapados y calientes.

—Buenos días, Tomás, Isabel, ¿cómo pasaron la noche? ¿Ya les sirvieron café? Les ofrezco una disculpa, pero estaba atendiendo una llamada importante y, por favor, no se levanten. Ya estamos en confianza, ya somos familia —saludó con un carisma excepcional el señor Mujica.

—Buenos días —contestó Tomás—. No se preocupe, ya estábamos muy bien acompañados de Eugenia con este delicioso café y esta hermosa mañana.

—Son ustedes muy amables, queremos agradecerles por todas sus atenciones. Realmente nos sentimos acogidos y ahora hasta lo comentamos Tomás y yo, que no nos viene mal tener familia acá en México, si nos hace falta —comenté muy conmovida y la voz entrecortada.

—Mi querida Isabel, el gusto es nuestro, o mejor dicho es mutuo, que eso es lo más importante —comentó el señor Mujica—, pero comencemos, por favor, que ya hace hambre.

El desayuno transcurrió con buena charla y buen humor a pesar de la tristeza que seguía prevaleciendo, pero los cuatro seguíamos en el intento de conocernos desde el alma. Se sentía la intención de los cuatro; creo que en el fondo sabíamos que seríamos personas sumamente importantes en nuestras vidas, las más importantes quizás. El destino es incertidumbre, pero sumamente sorprendente.

El desayuno se sentía tan hogareño. Era la primera vez que probábamos comida mexicana hecha en casa; se parecía mucho a la que hacían en la cafetería de la casona de Veracruz. Había huevos revueltos con salsa verde y nopales, deliciosos, y unos chilaquiles en salsa roja con queso gratinado espectaculares. Y, claro, no podían faltar los frijolitos refritos con queso fresco. Realmente era un lujo estar en esa casa. Encontramos buena comida, buenas atenciones y, sobre todo, encontramos una amistad sincera; un encuentro de almas, quizás.

Al fin nos retiramos a casa. Tomás y yo no parábamos de hablar en el auto; ambos coincidíamos en que fue una especie de reunión totalmente fuera de nuestras expectativas, como si hubiéramos vivido una especie de sueño. La noticia de Daniel nos tenía abrumados; a mí me dolía enormemente ver a Tomás dolido y preocupado.

Las siguientes semanas transcurrieron normalmente. Yo pintaba cuadros que se vendían con facilidad, Tomás se presentaba en diversos conciertos con éxito y la abundancia en casa cada vez era mucho mayor. En solo un mes ya habíamos ido a comer unas tres veces a casa de Ernesto y Eugenia; ya nos tuteábamos. Además de comer exquisito, nos gustaba jugar partidas de dominó y cartas; fumábamos cigarrillos y algunas veces los hombres fumaban puro. Eran tardes muy agradables. Otras veces íbamos juntos a los conciertos de Tomás, a conciertos de ópera y obras de teatro. Realmente empezamos a hacer todo juntos. Un par de ocasiones fueron al departamento a degustar comida española hecha en casa; me halagaban la fabada, la paella y la morcilla que les preparaba. El vino nunca podía faltar en la mesa, ni en la nuestra ni en la de ellos.

XXI
Bienvenido

Una mañana, eran pasadas las cinco, me levanté estrepitosamente al baño con una sensación horrible de querer vomitar. Tenía el estómago vacío y comencé a vomitar una especie de saliva en abundancia, amarilla, con un sabor y olor amargos. Mi cuerpo se arqueó unas cuatro veces ya sin sacar nada del estómago y yo sudaba. Tomás escuchó lo que sucedía y se levantó para auxiliarme. Pensamos que lo que había comido el día anterior me había hecho algún daño y dejamos pasar el incidente. Al día siguiente sucedió lo mismo y a la misma hora. Y nada, tuvimos que ir al médico para saber qué clase de diagnóstico y tratamiento necesitaba para estar bien.

El médico me hizo preguntas muy simples y revisó los valores de los estudios de orina que me había mandado a hacer. El médico, un hombre de estatura baja, poco pelo, con mejillas rojizas y de carácter osado y simpático, se sentó con una sonrisa en la cara, hizo un largo suspiro y dijo:

—Señores Buendía, es un gusto para mí decirles que el padecimiento que usted tiene, Isabel, la hará ponerse muy panzona por los próximos ocho meses; que usted seguirá sintiendo deseos de volver el estómago por un par de meses más, y que después querrá comer sin control algunas cosas que sean de su preferencia. Con algunos olores se obsesionará y con otros sentirá asco. Al quinto mes, sentirá que algo se mueve en su vientre, como un pececillo contento que le provocará risa e ilusión. Usted, Tomás, es probable que también sienta ciertos ascos; no estoy seguro, pero eso a veces sucede con algunos padres.

Tomás y yo nos tomamos de las manos mientras escuchábamos al médico totalmente atónitos, con ojos acuosos y con ganas de gritar, pero no queríamos interrumpir el relato de ese médico tan particular. Él prosiguió:

—A los siete meses de gestación ya podrán sentir las patadas de su criatura; seguramente lo hará más mientras escuche tocar el piano a su padre o mientras su madre esté pintando. Mi trabajo será vigilar su gestación mensualmente. Usted, Isabel, coma muy bien, camine todos los días al menos media hora, y si lo hace de la mano de su esposo, será aún mejor. Usted, Tomás, consienta a su hermosa esposa: mientras más panzona esté, más hermosa la verá. Está prohibido fumar, el alcohol, tomar mucho café y las discusiones. Los bebés sienten todo, deben asegurarle al nuevo miembro de la familia un futuro lleno de amor y de paz. Isabel, imagino que utiliza el óleo; evítelo, trate de continuar sus obras con pinturas acrílicas, pues por el olor será más amigable para su embarazo. Procure no comer irritantes; la fruta, la verdura, los quesos y el agua son imprescindibles en su dieta. Aumente el consumo de pescado y disminuya el del pan o las galletas. ¡Enhorabuena, queridos maestros! Me siento muy orgulloso de ser yo quien les diera esta maravillosa noticia: viene en camino un ser prodigioso y afortunado. Muchas felicidades a los dos. —Se levantó de su asiento y nos dio a ambos tremendo abrazo.

—¡Doctor Jiménez! Nos ha dejado sin palabras. Estamos muy felices por la noticia, ¡de verdad! No esperábamos esto —Tomás tartamudeaba—, pero sin duda es la mejor noticia que hemos recibido en la vida. Gracias, doctor, muchas gracias.

Yo miraba a Tomás con tanto amor, escuchaba su voz llena de emoción, sus ojos brillosos, su mirada perdida en la emoción y el agradecimiento; sabía que su corazón estaba alterado y acelerado, al igual que el mío. Y el doctor Jiménez dijo:

—¡Que hable la afortunada mamá!

—¡No sé qué decir! Gracias a la vida, gracias a Dios, gracias a usted, doctor, y gracias, mi amor. Estoy segura de que seremos los mejores padres para este bebé —dije mirando a Tomás llena de emoción y con lágrimas corriendo por toda mi cara.

Tomás me limpiaba las mejillas para después cargarme y abrazarme fuerte. Así era nuestro amor, limpio, sin penas, sin tapujos, totalmente expresivo, sin importar dónde o con quién estuviéramos.

Salimos de la clínica absortos; la felicidad y la sorpresa no nos cabían en el pecho. Fuimos inmediatamente a comer, solitos, para festejar tremenda noticia y para poner en papel los siguientes planes. Teníamos que avisarle a mis padres por carta, comprar cosas para el cuarto del bebé, avisarle a Eugenia y a Ernesto, planear nuestra caminata diaria y cambiar nuestros hábitos: dejar el desvelo y los gustos culposos, como el cigarro y el alcohol, así como las fiestas llenas de excesos y riesgos. Tuvimos toda una tarde para hacer listas y listas de todo lo que teníamos que hacer; entre risas y lágrimas fuimos poniendo idea tras idea hasta llenar la libreta con ochenta nuevas cosas que hacer. Hablábamos de todo menos de algo: del nombre. Era extraño, pero en el fondo, ambos queríamos que el otro tuviera la iniciativa de sugerirlo; no queríamos imponer, y lo dejamos pendiente.

Lo primero que hicimos al salir del restaurante fue ir a casa y llamar por teléfono a Eugenia y a Ernesto para invitarlos a cenar el siguiente viernes a las 6 p. m. De alguna manera sabíamos que se pondrían muy felices por nosotros, ya que nos sentíamos como familia, y con tantas emociones, por supuesto que pensamos en ellos para que fueran los padrinos de bautizo de nuestro primer hijo. Tomás me pidió que preparara una cena ligera en lo que él iba al supermercado a comprar todo lo que el médico nos había indicado: frutas, verduras, unas vitaminas y tabletas de calcio para mí. Tardó más de lo que yo pensaba; por un momento me puse muy nerviosa, pensando en que tal vez Tomás había tenido algún percance por manejar distraído, pensando en todo lo que habíamos vivido esa mañana y tarde. Sonó el timbre. No esperaba a nadie ese día. Pregunté quién era y Tomás dijo en voz chillona: «No puedo abrir, Isabel, vengo cargado de cosas».

Abrí la puerta y era Tomás hincado, llorando, con una cajita en manos y me dijo:

—Isabel, mi amada mujer y madre de mi hijo, ¿quieres casarte con este humilde pianista que te ama y te ha amado con toda el alma desde el primer día en que te conoció? —Y Tomás abrió la cajita que contenía un anillo hermoso.

Yo no hice más que llorar, hincarme con él y contestarle que no quería nada más en este mundo. Ese día fue uno de los más emotivos y hermosos de mi corta vida…

XXII
Los planes de la boda

Eran las 5:59 de la tarde y tocaron a la puerta. Eugenia y Ernesto llegaron con unos hermosos tulipanes blancos, un pay de manzana hecho en casa y un vino rosado. Pensaban que era una cena cualquiera; siempre tenían detalles como las flores, el vino y el postre. Sus gustos refinados siempre alegraban nuestro departamento. Esta vez les ofrecimos el destilado de siempre, un tequila para empezar. Deleitamos unas aceitunas rellenas de pimiento rojo, quesos variados, palmitos y alcachofas en vinagre. Ernesto prendió un puro y Tomás inmediatamente abrió las ventanas del departamento para evitar que yo respirara el humo.

La plática empezó como siempre, llena de bromas y anécdotas. Para esa etapa de nuestras vidas, la convivencia entre los cuatro se había vuelto cada vez más del alma, llena de cariño y confianza. Antes de servir la cena, les anunciamos a Eugenia y a Ernesto que vendría un nuevo miembro a la familia. No nos podían creer; la sorpresa les encantó y nos felicitaron. Para el tipo de personas que ellos eran, brindaron con nosotros, nos llenaron de consejos, hacían preguntas, querían involucrarse en todo, sugirieron nombres y hasta las tiendas donde podríamos comprar todo lo necesario para el bebé. «Vamos juntas a ver el moisés, Isabel», me decía Eugenia. Tomás y yo solo sonreíamos y los escuchábamos con atención mientras comíamos; sabíamos que ellos se sentían parte de nosotros y que, en cierta manera, se habían vuelto como los tíos, tíos abuelos o algo extraño, porque eran mayores que nosotros pero tenían una nena chiquita, su hija. Sabían de lo que hablaban. «El primo de la nena», decían, insinuando que era varón.

Ellos adoraban a su pequeña Lola, una nena muy bonita de ojos grandes, cabellos rizados y muy bien portada. Siempre la veía en brazos de las nanas cuando Tomás y yo íbamos a su casa. Lolita solo se aparecía en la mesa para saludarnos y después se la llevaba la nana para jugar con ella, mientras nosotros y sus padres nos dedicábamos a fumar, comer y beber. Siempre pensaba: «Yo no quiero ser así». Y en la cena lo pensé aún más; los escuchaba hablar de Lola, de ellos, de todo lo que le compraban a la niña, mas no veía en ellos el verdadero interés de pasar tiempo con ella. No entendía bien por qué. Creo que le dedicaban mucho tiempo a sus reuniones de sociedad, negocios y entretenimiento.

Pasadas las 9 de la noche, Tomás les confesó a Eugenia y Ernesto que en realidad él y yo nunca nos habíamos casado; que así nos identificaba la gente, como un matrimonio, pero que en realidad salimos huyendo de España sin casarnos y que llegando acá, en la intención de adaptarnos y lograr salir adelante, la boda había quedado postergada.

—Pues no se diga más. Nosotros les ayudamos a que esa boda se haga realidad. ¿Cuándo quieren casarse? ¿Los próximos días? ¿Antes de que se le note la pancita a Isabel? ¿Después de que nazca la criatura? —preguntaba ansioso Ernesto.

—En realidad no hemos ni siquiera platicado de eso, Ernesto —le contestó Tomás al señor Mujica—. Antier por la noche le he pedido a Isabel que sea mi esposa de manera formal por primera vez.

—Bueno, yo pienso que podríamos hacer la boda y el bautizo al mismo tiempo, ¿no crees, Tomás? Así aprovechamos ambas celebraciones. ¿Qué os parece? —comenté a todos con mucha ilusión.

—¡Claro! Es una excelente idea. Podemos ir pensando en los preparativos: en tu vestido, Isabel, el ropón del niño, en el banquete, la iglesia, la fecha y el lugar del evento. Incluso podemos hacerla en la casa, si ustedes así lo desean —dijo Eugenia arrebatando la palabra a todos.

La reunión de esa tarde-noche había sido muy alterada; estuvo llena de muchos sentimientos. Para cuando Eugenia y Ernesto ya se habían marchado, Tomás y yo comentamos que todo se había tornado un poco abrumador.

—No sé qué pienses, Tomás, pero me he sentido un poco invadida —le dije.

—Sé de lo que hablas, mi amor. Yo me he sentido igual que tú. Pero esperemos a que pasen los días y la noticia se enfríe. Entiendo perfecto tu sentimiento. Yo quisiera para nosotros y nuestro hijo algo más sencillo y privado, sin tanto lujo, sin tanta faramalla —me contestó Tomás abrazándome por detrás, tocando mi vientre con sus dos manos tibias, apoyando su cabeza en mi hombro.

—Sí, claro —le contesté.

Esa noche dejamos toda la mesa en desorden, nos fuimos a la cama y nos llenamos de miradas, de besos, abrazos, caricias y susurros. Desde ese momento no hacíamos más que pensar en el bebé y en todo lo que haríamos juntos con él.

Yo le escribí una carta a mis padres para darles la noticia. Decidí escribirles con total honestidad, tal cual eran las cosas, sin mentiras y sin sentimientos de culpabilidad. Mi independencia con Tomás había madurado mi criterio, y sabía que todo lo que habíamos logrado Tomás y yo solos hasta ese día era únicamente por nosotros y para nosotros, y que asimismo sacaríamos adelante a nuestro hijo. Eran tantos los prejuicios de la sociedad donde nací y crecí, tantas las críticas destructivas a quienes no seguían fielmente los mandatos de la iglesia católica y tan duramente señalados todos cuantos los desafiaban, que escribí con la espada desenvainada, adelantando lo que mis padres pudieran pensar y quizás hasta imponer algún tipo de castigo contra mí, contra Tomás o hasta contra mi hijo. Se trataba de un enojo inventado que justificaba todo lo que estaba haciendo, porque no quería de ninguna manera opacar todo lo bueno que habíamos construido Tomás y yo y que sabía que seguiríamos construyendo.

Queridos padres:

Ya pasó mucho tiempo, les he extrañado muchísimo. ¿Cómo están? Nosotros estamos bien acá. A Tomás le han salido muchos conciertos y yo he vendido casi todas mis pinturas. Tenemos un departamento muy lindo y nuestro círculo de amigos ha crecido mucho. Tenemos en especial unos amigos que se preocupan mucho por nosotros y nos han echado mucho la mano, son realmente personas excepcionales; se llaman Ernesto y Eugenia Mujica.

Tenía mucha inquietud de escribirles cuanto antes para avisarles que Tomás y yo estamos esperando a nuestro primer hijo. Apenas tengo ocho semanas de embarazo, y pensamos que cuando nazca el bebé podemos bautizarlo y al mismo tiempo casarnos por la iglesia. Seguramente será una celebración sencilla pero llena de muchísimo amor. Claro que lo mejor sería que ustedes y mis hermanos pudieran estar presentes, sería el mejor regalo, pero estoy consciente de que eso es muy complicado. Estaré escribiéndoles con frecuencia para que sepan el curso de mi embarazo.

Les extraño mucho.
Isabel

La carta fue enviada junto con un zapatito en color verde agua que yo misma tejí. Tomás no quiso avisarle a su madre absolutamente nada. No quería que su padre supiera nada de nosotros. Yo sentía mucha injusticia porque la mamá de Tomás seguramente quería saber de su hijo, pero respetaba sus decisiones.

Después de algunas semanas más, yo ya estaba muy panzona. Me levantaba con frecuencia en las noches; una de esas noches, casi no logré dormir nada: me sentía muy inquieta, angustiada, tenía agruras y un calor infernal que emanaba de mi cuerpo. No quería despertar a Tomás y pasé la noche en vela con el corazón acelerado. A las 8 de la mañana sonó el timbre; me asusté porque no esperábamos a nadie. Desperté a Tomás para pedirle que él abriera. Era Ernesto, y entró con inquietud.

—Discúlpenme, Isabel, Tomás. Iba en camino a la oficina, pero me llamó Dante, el papá de Daniel. Se ha puesto muy grave, creo que es el final. Mañana a primera hora me voy a España. Tomás, sigue abierta la invitación para ir conmigo, no tengas temor por volver a tu país, vas conmigo, estarás resguardado, yo te doy mi palabra de que nada te pasará —dijo Ernesto.

Tomás quedó absorto y, como bien me dijo después, en ese momento le vino un dolor de estómago indescriptible.

—Gracias, Ernesto. Si Isabel no tiene inconveniente, sí me gustaría acompañarte. Te confirmo en la tarde —le contestó Tomás.

Yo no dije absolutamente nada. Tomás y yo teníamos códigos y sabía que quería platicar conmigo en privado, y así lo hicimos. Ernesto se fue con prisa y nos quedamos Tomás y yo en casa todo ese día. Ambos cancelamos nuestra asistencia a la academia. Preparamos un desayuno muy ligero y muy sano, en silencio. Tomás tenía sus pensamientos y su corazón en Daniel, y yo entré en angustia porque Tomás se iría lejos de mí y del bebé en un momento tan vulnerable para nosotros.

—¿Qué piensas, Isabel? Yo estoy consternado, quiero ir a ver a Daniel, pero me da terror dejarte aquí. Aunque sé que no estarás sola, que Eugenia podría cuidarte mientras regreso, me angustia, ¿sabes? —me dijo Tomás consternado.

—Sé de lo que hablas, Tomás, yo siento la misma angustia, y si te soy honesta, sí me da terror quedarme sola, es decir, sin ti. ¿Y si algo me pasa? ¿Y si algo le pasa a nuestro hijo? —le contesté con todas las ganas de soltarme a llorar.

—Te entiendo, mi amor, mi Isabel preciosa, mi niña hermosa —me decía Tomás acariciando mi pancita y dando besos chiquitos por toda mi cara—, yo también siento angustia, pero no me iría en barco por tantos días, esta vez sería por avión. Si nos vamos mañana, al día siguiente ya estoy en Madrid. Imagino que estaremos un par de días o tres más y regresaremos a México. Por favor, confía en mí, ¿sí? Te lo pido, Daniel está en su lecho de muerte, no puedo abandonarlo, mira todo lo que tenemos gracias a él.

—Tienes razón, cielo mío, he sido muy egoísta —contesté.

—No, no es egoísmo, mi amor, no vuelvas a mencionarlo. Entiendo tu sentir, estamos protegiendo a nuestro bebé, y yo a los dos, por supuesto —dijo Tomás.

—Mi amor, solo faltan un par de meses o menos para que nazca nuestro hijo, y podría adelantarse... y eso me llena de terror. Por favor, que todo sea rápido, te lo ruego.

—Claro que me siento un poco atenido a lo que Ernesto diga, y tampoco sé decirte exactamente cuándo partirá mi amigo. Me llena de tristeza pensar en eso, pero te prometo que en cuanto sea el momento partiré de regreso, aunque Ernesto quiera quedarse más tiempo allá. —Se le notaba en los ojos a Tomás que deseaba con todas sus ganas hablar con Daniel, quizás para contarle al detalle todo lo que habíamos vivido en México.

Quedamos de estar hablando por teléfono todos los días. Tomás prometió pasar a visitar a mi familia para explicarles todo, prometió cuidarse todo el tiempo de no estar expuesto a una detención; para cumplir eso, él tenía que estar todo el tiempo donde estuviera Ernesto. Yo le prometí cuidarme mucho, incluso ya no asistiría a la academia. Tomás me pidió de favor que me quedara esos días en la casa de Eugenia y Ernesto; ellos se ofrecieron cuando Tomás aceptó la invitación de Ernesto. Eugenia adaptaría una habitación de la casa para que yo pudiera pintar mis cuadros sin salir de ahí y contratarían una enfermera que atendiera cualquier necesidad que llegara a tener. La misma Eugenia me llamó para decirme que podríamos ir de compras juntas para adquirir todo lo que hacía falta para el bebé. Yo acepté, quería que nuestro bebé llegara lleno de salud, de amor, de cuidados y cubierto de todo lo necesario.

Y así fue. Al día siguiente, Tomás y Ernesto tomaron un vuelo que iba directo a la ciudad de Miami y de ahí el vuelo seguiría a la ciudad de Madrid. Para Tomás, esta sería la primera vez que volaba en avión. Eso también, aunque le emocionaba, le tenía muy angustiado: le daba miedo.

Antes de partir, con maletas en mano, Tomás me dijo:

—Isabel, amor de mi vida, de mis vidas, sé que esto nos angustia a ambos. Yo en este momento muero de miedo, no solo por tomar un vuelo, sino por dejarte sola. Te había prometido no separarme de ti ni un solo momento y eso me hace sentir terrible. Solo quiero que sepas que haré todo por regresar lo antes posible, pero, amor, quiero dejarte algo muy claro: nada me separará de ti en mente y alma, te pensaré cada segundo de mis días. Nuestro bebé y tú son lo más importante y valioso que tengo en la vida. Nunca olvides que es tanto el amor que siento por ti y por nuestro hijo, que mi alma regresaría a mil vidas para buscarlos.

Sus palabras me asustaron. Sentí un escalofrío. Parecía que Tomás se estaba despidiendo de mí; lo sentía en sus manos tibias y en la forma como acariciaba las mías, en su mirada llena de miedo. Y tan solo pensar que pudiera no regresar me aterraba. Yo no sabría qué hacer sin él, y aunque ahora tenía una razón más para vivir, que era nuestro hijo, no soportaba la idea de que algún día pudiera seguir viviendo sin Tomás. Simplemente no me veía sin él, era inaceptable.

Tomás se fue. Me dejó helada de miedo, con las lágrimas corriendo por mi cara, con un gesto de angustia que no se me quitó en muchos días, con el alma encogida y un pensamiento siempre catastrófico.

Al día siguiente por la noche, Tomás me llamó por teléfono para avisarme que ya había llegado a tierras madrileñas y que no le había gustado viajar en avión: vivió horas de terror. Ese mismo día irían a ver a Daniel para saber el estado en el que se encontraba. Eugenia, por su parte, dos días después fue por mí al departamento con su chófer. Me dijo que la habitación que ocuparía ya estaba lista y, sí, llegando a su casa, en la habitación ya había todo tipo de lujos para que yo estuviera tranquila y bien cuidada.

En mi dormitorio había un pequeño radio para escuchar música, un televisor en blanco y negro, toallas blancas, canastas llenas de jabones y cremas corporales. Por el balcón entraba mucha luz y el armario ya estaba vacío para que yo metiera mis pertenencias. En el tocador tenía una jarra con agua y vasos de cristal y un florero con flores hermosas. A un costado de la cama había un pequeño y hermosísimo moisés de mimbre forrado de telas españolas de encaje con listones blancos y gruesos que adornaban la orilla hasta el suelo; por dentro estaba lleno de pequeñas almohadas bordadas y cubierto con un tul muy fino con orillas también de encaje que hacía juego con el resto del moisés. Dentro había una cajita llena de botellitas que decían: «Jabón para bebé», «Crema para bebé», «Loción para bebé», un cepillo de cabello de cerdas finísimas y una medallita de la Virgen de Guadalupe tamaño bebé. El cuarto olía a bebé y todo se sentía tan higiénico y perfumado.

XXIII
La tragedia

En la parte de abajo de la sala adaptaron un enorme salón de juegos en dos salas: en la primera se quedó la mesa de billar y una pequeña cantina iluminada, y en la segunda había un caballete de madera de caoba, un juego de 50 pinceles de diferente tamaño, lápices, gomas, reglas, hojas de papel, una bata holgada a cuadros y una crayola negra. Sobre un enorme mueble había otro radio pequeño; eso me ilusionaba. Realmente ya estaba todo lo que yo podría anhelar. No sabía cómo darle las gracias a Eugenia y a Ernesto; sentía que era demasiado. Hasta llegué a sentirme como la hermana menor de Eugenia.

—Anda, Isabel, estrena tu material. Queremos que te sientas cómoda y feliz en esta casa mientras regresa Tomás; además, el bebé no debe percibir la ausencia de su padre, debe sentir a su mamá feliz —me comentó Eugenia, muy orgullosa de los cambios que había hecho en su casa para mí.

—Muchas gracias, Eugenia, no sé cómo agradecértelo; es demasiado —le contesté.

—Isabel, ni lo menciones. Sabes que los apreciamos mucho y que nada de esto significa una molestia para nosotros; todo lo contrario, es un gusto poder atenderte. Te queremos, Isabelita.

—Pues muchas gracias de verdad, me siento muy halagada —le dije con cierta vergüenza.

Los siguientes días me sentí mucho mejor cuidada de lo que me cuidaba sola: mañana, tarde y noche me mandaban llamar para ir al comedor a consumir mis alimentos. En esa casa abundaba la fruta y la verdura cocinada en todas sus versiones. Quien preparaba todo eso era una diosa de la cocina. A Eugenia le gustaba mucho salir de compras y, en varias ocasiones, encontraba cualquier pretexto para ir a Fábricas de Francia a comprar ropa para el bebé, y algunas veces para mí, porque cada día estaba más panzona. Yo empecé a subir mucho de peso, y es que el bebé empezó a crecer de forma descomunal. Me decía el médico que el bebé venía muy grande, y siempre pensé que mi bebé había heredado lo alto y robusto de mi padre, porque yo era una plumita de nardo como mi madre y Tomás era un chico promedio.

Así estuvimos dos semanas y yo ya sentía que me quería morir sin mi Tomás; lo extrañaba más que a nada en el mundo, lo extrañaba muchísimo más de lo que llegué a extrañar a mis padres o mis hermanos cuando me escapé de la casa. Era un sentimiento de dolor, de vacío, de profunda tristeza. Lejos de sentirme muy bien por tener los lujos que nunca había tenido y por ser atendida todos los días como reina, tenía enormes ganas de regresar a mi departamento con Tomás para seguir cuidándonos solos. Me hacía toda la falta del mundo.

Solo quedaban pocas semanas para dar a luz a mi hijo, y Tomás no tenía aún planes de regresar: Daniel se estaba debatiendo entre la vida y la muerte y Tomás no quería separarse de él. Todos los días me llamaba por teléfono, aunque esas llamadas representaban mucho dinero para nosotros; no importaba. Los días se sentían tan largos, sobrios; pasaba las mañanas pintando y las tardes tejiendo. Las obras que iba terminando las sentía tristes, y eso me dolía, porque debería sentirme muy feliz por la llegada del bebé, pero es que era demasiada la angustia de que Tomás no regresaba. Lolita me hacía compañía de vez en cuando y me gustaba; imaginaba a mi bebé ya grande como ella y le enseñé a usar los pinceles con acuarelas. Era muy chiquita, pero sí me prestaba atención. Las pataditas en mi pancita cada vez eran más fuertes y algunas veces se sentía el codo o una rodilla del bebé bajo mi barriga; otras veces presionaba mis órganos. Ya era muy difícil subir y bajar escaleras, todo el tiempo tenía agruras. Eugenia me decía que eso sucedía porque al bebé le estaba saliendo cabello, historias que se inventaba la gente. Me costaba trabajo respirar y los pies se me hinchaban todas las mañanas; tenía que usar pantuflas para poder caminar. Todos los días tomaba licuados de plátano con avena y nuez después de la hora de la comida; esa era la parte favorita de mis días.

Las semanas transcurrieron así cerca de mes y medio. Un jueves por la tarde me llamó Tomás. Sentí el corazón latir a toda velocidad porque él me marcaba todos los días por las mañanas, y específicamente ese jueves ya me había marcado; entonces supe que no eran buenas noticias.

—Mi amor, Isabel, ya se fue mi amigo, mi hermano. Me siento muy triste —me dijo con voz cortada y agitación.

—Tomás, mi amor, lo siento en el alma. Entiendo tu tristeza y sabes que comparto contigo ese sentimiento. Rezaré por Daniel para que su alma esté descansando. Quisiera estar contigo en estos momentos, mi amor, para abrazarte, para consolarte, para darte un refugio, mi amor.

—Siempre estás conmigo, Isabel, gracias por las cosas que me dices, siento el consuelo en tus palabras. Quería pedirte algo muy especial; puedes decirme que no si así tú lo decides, sabes que jamás iría en contra tuya —me dijo Tomás.

—Dime, amor, te escucho con atención.

—Inmediatamente que regrese quiero celebrar nuestro matrimonio. No importa que no haya llegado el bebé aún; quiero verte de blanco, hermosa como siempre, con tu pancita. Quiero pedirle a Dios que nos una para toda la eternidad, tengo muchos deseos de eso. El bautizo después podemos celebrarlo, tenemos toda una vida para celebrar muchas cosas, pero en primer lugar deseo que tú y yo ya estemos unidos por la ley de Dios. Es un anhelo mío y de tus padres también; he ido a verlos esta mañana, antes de recibir la noticia de Daniel, y están muy contentos de saberte feliz, bien y embarazada —me dijo Tomás llorando.

—Sí quiero, Tomás —le contesté—. Claro que quiero. No me importa ir a la parroquia con mi pancita, lo importante es recibir la bendición de Dios. Gracias por pedírmelo. Ya quiero que vuelvas, Tomás, por favor, ya vuelve a casa. Estamos ansiosos de estar contigo. Yo me encargo de todos los preparativos.

Ese día dolió escuchar a Tomás tan triste, pero dentro de tanta tristeza yo sentía una felicidad inmensa de que ya pronto volvería para estar conmigo; anhelaba con toda mi alma el encuentro. Inmediatamente le pedí a Eugenia que me acompañara a encargar un vestido hermoso para mí. Teníamos que ir al Registro Civil, a la parroquia, y teníamos que contratar el banquete, los meseros y la música. Nos casaríamos en la catedral de la capital; nos dieron fecha para dentro de 15 días exactamente. La imprenta se comprometió a imprimir las invitaciones lo antes posible; tuvimos que pagar más dinero por la urgencia, al igual que todos los servicios que contratamos. Eugenia estaba tan preocupada por comprar un vestido para ella que le llenara el ojo de lujo. Todos los días teníamos que salir a pagar o hacer pruebas con el sastre o a probar pasteles. Yo regresaba a la casa de los Mujica muy cansada: me dolía el vientre, la cabeza, las piernas ya no me respondían como siempre y quería dormir todas las tardes.

El día de la llegada de Tomás era justo un día antes de la boda. Tuvo que atrasar un poco el vuelo para esperar a Ernesto, pero por fin tomaron el avión de regreso. Eugenia y yo ya habíamos alistado todo para recibirlos a cenar. Yo había dejado en la habitación mi vestido de novia colgado en un gancho sobre un ropero de madera para que Tomás lo viera al llegar, y a un lado estaba colgado su traje blanco con corbata negra. Sobre la cama dejé las arras de oro, el ramo de novia, las argollas (cada una labrada con nuestro nombre, el día y el año actual), unas zapatillas blancas sin tacón con piedras muy brillantes y un velo de novia anclado a una corona de flores y piedras que hacían juego con las zapatillas. También quería que viera el moisés del bebé; Eugenia lo había dejado tan lindo. Cada detalle era importante. Quería que Tomás sintiera lo mucho que lo había extrañado; lo esperaba ansiosa, ya quería besarlo y abrazarlo. No sabía si llorar de saber que ya estaríamos juntos otra vez, y sí, las ganas de llorar eran muchas. Tenía el nudo en la garganta, que dolía como si tuviera piedras atoradas; cada vez que Eugenia no me veía, las lágrimas rodaban por mi cara sin ni siquiera parpadear.

Mis pensamientos justificaban ese llanto con el hecho de que Tomás había experimentado una pérdida irreparable, pero mi corazón me decía otras cosas, cosas que no sabía interpretar. No las sentía desde la mente, pero sí desde el corazón y desde el alma. Estaba viviendo un duelo, como seguramente lo estaba viviendo Tomás. Sentía mi alma en vilo, frágil y rota.

Mis manos estaban temblorosas. Ya era hora de que llegaran, ya se habían retrasado media hora. Yo me sentaba y me paraba todo el tiempo. Iba constantemente a la cocina a revisar que la crema de zanahoria no se pegara a la olla, picaba las papas para rectificar su cocción y trataba de distraerme con cualquier detalle. Los minutos seguían avanzando y no llegaban. Eugenia, mientras tanto, estaba eligiendo qué música poner para la cena; estaba tumbada en la alfombra de la sala, deslumbrada con la portada de los discos que acababa de comprar. Puso en el tocadiscos el acetato de Los Panchos, un trío mexicano que componía y cantaba boleros. Comenzó a sonar una canción muy linda, «Contigo», y al escucharla sentí que algo no estaba bien. De pronto, se escuchó cómo tocaban el portón verde que daba a la calle con mucha fuerza, parecía que querían tumbarlo a golpes. Todos en casa, Eugenia, la servidumbre, las nanas de Lola, el jardinero, Delia y yo, nos escandalizamos, nos asustamos. Se oían gritos. Quería salir corriendo, pero Eugenia me detuvo y me dijo:

—No salgas, Isabel. No sabemos qué está pasando afuera y estás encinta. Es peligroso, espera aquí.

Gritaban el nombre de José, el jardinero. «¡José, José!», gritaban desde la calle.

—¡Acaban de balear el auto del señor Ernesto y mataron al muchacho!

Cuando escuché eso, se desmoronó mi alma. El adormecimiento de todo mi cuerpo fue inmediato; lo sentí frío, como si en ese momento fuera yo la que estaba muriendo. Nunca antes había tenido una sensación como esa. Al mismo tiempo, mi mente no lograba entender bien lo que estaba pasando. La canción en el tocadiscos sonaba así:

Las horas más felices de mi amor
fueron contigo.
Por eso es que mi alma siempre extraña

el dulce alivio.
Te puedo yo jurar ante un altar
mi amor sincero.
A todo el mundo le puedes contar
que sí te quiero...

Eugenia y yo salimos corriendo al oír eso... y mientras corría, entre gritos desgarradores de terror y llanto descontrolado, sentía cómo mi alma quería salirse de mi cuerpo para alcanzar la de Tomás dondequiera que esta estuviese...

1953

XXIV
El confinamiento

México, 2020

«¡Noooooo!»... Un grito desgarrador salió desde la profundidad de mi garganta. Apenas despertaba y estaba sudando a mares. Lloraba desconsolada, agitada, con la pijama empapada y la cara encogida. Aún despierta seguía llorando con tanto dolor y me repetía a mí misma: «Lo he visto todo, lo he visto todo»... Repetía eso para mí y seguía llorando. Estuve así, cerca de una hora, en una esquina de mi cama, hecha bolita. Quería seguir llorando para sacar todo ese dolor que era el mismo que sentía desde que era solo una niña, pero que al mismo tiempo era algo desconocido para mí.

Pensé en ir a ver al psíquico que Daniel me había recomendado, o psiquiatra, no sabía exactamente qué era, pero quería que alguien me ayudara a descubrir por qué me pasaba todo eso. «Pero ¿si no me atiende hasta que pase la pandemia? ¿Qué voy a hacer?», pensaba; cada vez era más y más fuerte el sueño o la pesadilla. Me sentía profundamente angustiada y empecé a leer de nuevo todos los libros que me había prestado Daniel, uno por uno.

Le escribí a Patricio para contarle lo que estaba pasando en México y lo que me había estado sucediendo a mí. Él me contaba cómo estaba la situación en España y yo sentía que estaban peor allá que en mi país. Sentía que mi mundo se me venía encima en casa, encerrada. Patricio no podía regresar a México como habíamos planeado, ni mis hijos ni yo salíamos de casa. Extrañaba como nunca a mis compañeros del taller y hasta me daba miedo sacar a pasear a Chocha; tenía que hacerlo, y lo hacía con guantes y cubrebocas. En la calle había muy poca gente, los locales estaban cerrados. La gente que tenía que salir a caminar, como yo, salíamos con terror; se notaba en las miradas de todos. Incluso sentía que tan solo viendo a la gente a la cara podía contagiarme. Era una psicosis.

Cuando era inevitable ir al supermercado, lo hacía con una pequeña bolsita donde solo llevaba una tarjeta para pagar, cuatro pares de guantes, un cubrebocas de repuesto por si se me caía el que traía puesto, gorra, lentes oscuros, un espray desinfectante y mi móvil. Dentro del supermercado solo había personas solitarias, no permitían entrar a más de una persona, nadie nos mirábamos a la cara. Todas las cosas las tomaba de los estantes con asco. Inmediatamente después de pagar mi despensa, colocaba todas mis cosas en el carrito y las rociaba con alcohol. Llegando a casa me quitaba toda la ropa y la metía a lavar con mucho jabón, me bañaba y lavaba todas las cosas que había comprado, una por una. La histeria me hacía sentir dolor de garganta y de cabeza, y se me quitaba unas horas después. A ese grado era el terror mío y de toda la gente.

Patricio me contaba que en España se les multaba si no obedecían las restricciones que imponía el Estado, que iban desde los 100 euros hasta la cárcel. La estadística de enfermos y fallecidos aumentaba dramáticamente. Las cifras eran tan alarmantes que muchos pensamos que era el fin del mundo. Yo veía las noticias día y noche para saber de la evolución del virus que estaba matando gente, pero el verdadero terror llegó cuando supe que Tony, mi vecino, quien me llevaba pan de vez en cuando y con quien a veces tomaba el café de las tardes o la cerveza, había enfermado.

Nunca había sentido al virus tan cerca de mí. Me escribió para avisarme que se sentía fatal y que había tenido que ir al servicio médico para hacer una prueba que finalmente salió positiva. No podía creer lo que estaba pasando. La manera en que yo le ayudaba era llamando a la tienda para que le llevaran sus medicamentos y despensa, misma que le dejaban en la puerta. Estaba solito. Sentía mucha pena por él porque estaba sufriendo. Me mandaba mensajes cortos que decían: «Me siento terrible, Eli». Yo trataba de consolarlo platicando con él por teléfono hasta que se dormía. Supe que su hermana había llegado desde Aguascalientes para cuidarlo, pero llegó muy tarde. Al día siguiente que ella llegó, Tony murió. Tenía apenas 37 años.

Todos en el edificio estábamos muy escandalizados. Literal, sentíamos que la muerte había llegado a nuestras casas. El miedo ya era insostenible y yo no dejaba de llorar por lo que estábamos viviendo en el edificio, en las noticias y en el mundo entero. Por supuesto, le prohibí a mis hijos cualquier tipo de visita. Fue tan triste lo de Tony; ni siquiera lo velaron, fue cremado inmediatamente y el departamento fue mandado a desinfectar con una empresa que a eso se dedicaba. Entraron cinco personas completamente tapadas de blanco, parecían astronautas, con mascarillas de acrílico, mangueras para fumigar y guantes estorbosos para agarrar todas las prendas de mi amigo, utensilios de cocina y cosas personales del baño que él usaba, para después ser guardadas en bolsas negras. Supuse que todo eso se quemaría en algún otro lugar, y el resto del departamento fue rociado por un líquido que aseguraban que desinfectaría todo. Me sentía muy impactada, asustada y dolida. Lo que menos me imaginé es que perdería a mi amigo del edificio, mi fotógrafo, mi confidente...

Entré en una especie de crisis, como muchos, imagino, sola y encerrada, preocupada por mis hijos, mis amigos, mis padres y Patricio. Pasaron muchos días y la alerta no cesaba; todo lo contrario, la cifra de muertos iba en aumento. La historia de terror contada en las películas había llegado a nuestra realidad.

Pasados los dos meses de confinamiento, empecé a normalizar todo. Mi pensamiento ya era más relajado. Después de tanto pintar, tanto leer y tanta meditación, pensaba: «Si llego a enfermar, ya me tocaba y listo».

Todos los días conversábamos por mensajes y a veces llamadas o videollamadas Patricio y yo.

Empezamos a profundizar nuestra relación a través de las historias que nos contábamos. Era mi hora favorita del día hablar con él. Quería saber un poco más de él, y un poco más y un poco más; de la misma manera, yo le contaba desde lo más gracioso hasta lo más doloroso que había vivido desde niña. Intercambiábamos fotos de nosotros mismos desde que éramos pequeños, adolescentes, con nuestros hijos chiquitos y hasta la fecha. Todos los días sin excepción teníamos algo muy interesante que contarnos. Poco a poco fuimos integrándonos a la dinámica hasta hacerla muy nuestra.

Ya habían pasado seis meses desde el primer día de confinamiento y no veía para cuándo se iba a terminar. La gente ya se comportaba con menos miedo, cada vez era más frecuente escuchar que alguien cercano había enfermado. Patricio ya había perdido un par de familiares acá en México, y él no lograba regresar.

Una mañana me llamó Daniel.

—¿Cómo estás, Eli? —preguntó Daniel.

—¡Dan! Estoy bien, gracias al cielo. Viva... (*sarcasmo*). ¿Tú? ¿Cómo va todo? —le pregunté.

Los dos sabíamos uno del otro por el grupo de mensajes que teníamos con todos los del taller. Ahí ya se nos había hecho costumbre darnos los buenos días a la misma hora que entrábamos al taller de manera presencial; compartíamos imágenes chistosas, anécdotas, y subíamos fotos del avance de nuestras pinturas o esculturas. Extrañábamos mucho el café y los desayunos, pero sabernos todos con salud era más que reconfortante.

—Hablé con mi amigo, Eli, el psiquiatra. Me comentó que puede empezar a trabajar contigo la semana entrante. Él ya está recibiendo pacientes, claro, con todas las medidas sanitarias. ¿Quieres que agende una cita para ti? ¿Quieres que te acompañe? —me preguntó Daniel.

—¿Sí? Me da miedo, Daniel. Sí me interesa, pero me da miedo —le contesté.

—Sí te entiendo. Yo quiero ir al mismo tiempo que tú, es decir, si tú no quieres que te acompañe puedo hacerlo otros días, pero deseo atenderme al mismo tiempo que tú lo hagas. Ya sabes, por lo que yo siento. ¿Entiendes? —comentó Daniel.

—Sí, claro, entiendo. Déjame contarle a Patricio, creo que a él también le puede interesar. Yo espero que no tarde en regresar a México. Ya quiero que lo conozcas, Daniel, te va a caer muy bien —le dije.

—Está bien, Eli, pero ¿no quieres intentar esa nueva cita? Al menos para que lo conozcas y sepas si te sientes cómoda con él —insistió Daniel.

—Está bien, Dan, sí quiero esa primera cita. ¿Tú me ayudas? —le pregunté.

—Sí, claro, te aviso en cuanto me den el día y la hora, ¿te parece?

—Sí, sí. Y gracias, Dan, sé que esto lo haces para ayudarme a sanar.

—Claro, Eli. Deseo verte bien en todo momento. Aunque no lo creas, te quiero muchísimo, y verte bien me hace feliz —dijo Daniel.

Esa misma noche le conté a Patricio lo que me había propuesto Daniel. Patricio me dijo que si yo necesitaba ayuda y me estaban recomendando a alguien, que la tomara. Él también estaba inquieto, incluso me dijo que en cuanto él regresara a México también le interesaba ir con el mismo médico.

XXV
Dr. Joseph Collins

El jueves siguiente tenía la cita con el Dr. Joseph Collins a las 9 a. m. Daniel me acompañó, pero cada uno llegamos por nuestro lado. Tenía el impulso de abrazarlo cuando lo vi en la sala de espera. Me dieron tantas ganas de llorar con él todo lo que me estaba sucediendo. Solo nos dijimos hola sacudiendo la mano, y a mí se me salieron las lágrimas. Solo veíamos nuestras miradas, y yo sentía tanta ternura al verlo.

—Ya vas a sanar, Eli, te lo prometo. Todo esto es un misterio, pero ya estamos con la persona que nos va a ayudar —me dijo Daniel.

—Sí, así lo siento. También tengo miedo, Daniel. No quiero imaginar que me digan que fuiste mi verdugo en otra vida, o mi enemigo, o quien me quitó la vida —le contesté y sonreí sarcásticamente.

—Pero qué cosas me dices, Eli, ¿por qué pensar en lo más feo? —preguntó Daniel.

—Tienes razón —y esbocé una sonrisa.

En el fondo no quería que me dijeran que Daniel había sido un amor intenso en otra vida; pensaba que si me decían eso tal vez me incomodaría y terminaría con nuestra amistad, tontamente, porque habría sido en otra vida. Lo que tenía claro es que lo que más quería era dejar de tener esos sueños tan hirientes. Y también Patricio tenía que ver en todo esto, lo sentía en mi corazón.

Me llamaron para entrar a sesión.

—Elisa, qué gusto conocerte. Toma asiento, por favor. Me dijo Daniel que tenías mucho interés en resolver un problemita del sueño —me dijo el Dr. Joseph.

—Buenas tardes, Dr. Sí, en efecto. Desde mi infancia he tenido un sueño recurrente que más bien ha sido una pesadilla —le dije al Dr.

—Ok. Vamos a realizar un expediente. Necesito hacerte, en primer lugar, algunas preguntas.

Para ese expediente me hicieron todo tipo de preguntas: desde cómo nací (por parto natural o cesárea), qué enfermedades había padecido a lo largo de mi vida, qué medicamentos tomaba actualmente, cómo era mi familia primaria y cómo mi familia actual, si había tenido temas de niña, como traumas, abandono, maltrato, pérdidas, etc. Me preguntó cómo había sido mi carácter de niña, de adolescente y cómo era en ese momento; y entonces sí, ya teniendo todos esos datos, el Dr. me mandó hacer algunos estudios, como mapeos cerebrales y tomografías.

Me dijo que, si yo estaba dispuesta y una vez teniendo los resultados de los estudios, quería practicar conmigo la hipnosis. Me dijo que había tenido muy buenos resultados con otros pacientes. Me explicó que él me ayudaría en cada sesión a entrar en un estado de relajación para lograr una mejor concentración y entonces sí trabajar con mi inconsciente para entender por qué tengo esas pesadillas recurrentes. En tres sesiones más hablamos de la creencia de la reencarnación. El Dr. ya había escrito a sus 67 años diez libros que hablaban de eso; incluso uno de ellos yo ya lo había leído. Sí me comentó que puede llegar a ser un poco perturbador descubrir algo de otras vidas, pero al mismo tiempo podría ser la explicación a mis pesadillas y, resolviendo en esta vida lo que había dejado pendiente en otra, lograría eliminar esas pesadillas. Lo entendí perfecto y sí quería correr el riesgo de saber, pues ya sufría demasiado con todo lo que me estaba sucediendo. Cada sesión, después de mí, entraba Daniel a la suya. Platicábamos por llamada y también lo iban a tratar con hipnosis; ambos estábamos ya muy involucrados con ese tema.

Patricio y yo hablamos mucho de eso también. Desde un inicio, él me dejó claro que sí creía en esas cosas; incluso él afirmaba que habíamos dejado algo pendiente. Sin embargo, hasta esa edad había sido renuente a ir a visitar algún médico o psicólogo. Él sabía que le faltaba algo en su vida, pero en realidad no estaba sufriendo pesadillas como yo; únicamente sufría tristeza profunda, pero la música, su piano, siempre lo tranquilizaba. Cada vez que hablábamos me decía que le estaba costando mucho trabajo estar solo en España con la esperanza de que ya pudiera volver a México. Estaba a punto de darse por vencido y regresar sin haber resuelto todos los pendientes que tenía allá.

El Dr. Joseph era un médico que, de primera impresión, se veía descuidado. Tenía sobre su escritorio decenas de libros: unos grandes, otros pequeños, viejos y nuevos. Su cabello siempre estaba alborotado. Se notaba que dedicaba todo su tiempo a estudiar y le importaba un comino su arreglo personal. Era obsesivo; cada paciente era un reto para él, y cada caso lo documentaba para contar con pruebas de que la reencarnación existía. En las paredes de su consultorio había notas pegadas por todos lados, fotografías viejas y nuevas (todas rayadas con nombres, líneas y semicírculos), y en los libreros tenía cerca de 500 libros. Su forma de hablar era muy particular: lo hacía rápido y siempre pensando al mismo tiempo. Realmente vivía enfocado en descubrir el pasado de las personas; cada una de ellas significaba un misterio para él. Nunca tuve el atrevimiento de preguntarle si tenía vida de familia, si tenía esposa e hijos, porque era tanta la entrega a su profesión que supuse le sería difícil tenerla. Siempre me quedé con la duda; ni al mismo Daniel quise preguntarle.

XXVI
La hipnosis

La primera sesión de hipnosis. Me sentía muy nerviosa cuando llegué al consultorio; sabía que podía funcionar o no. Confiaba en el doctor por verlo siempre tan obsesionado conmigo y con sus investigaciones, pero también me daba miedo revelar cosas que pudieran alterar mi realidad o la percepción de las cosas. El doctor de alguna manera me lo advirtió: me dijo que todo esto lo hacíamos (él y yo) como equipo para saber por qué he tenido el mismo sueño desde que era niña hasta ese día y por qué me hace sufrir tanto. En realidad no estaba ahí por curiosidad o por morbo; me rompía no saber si algo o alguien quería darme un mensaje o señal que necesitaba para vivir esta vida. El doctor pensaba igual que yo: las regresiones las practicaba únicamente con el fin de mejorar las vidas de las personas en este plano, y no para solucionar algo de las vidas pasadas.

Hicimos algunos ejercicios físicos simples, unas respiraciones profundas, escuchamos un poco de música (una muy relajante), me hizo un masaje en las palmas de mis manos y me pidió que me recostara en un sillón muy cómodo de color verde botella que tenía lejos de la luz de la ventana. Cerré los ojos. El Dr. Joseph comenzó a hablarme en un tono tan relajado y pausado que logró que yo me perdiera en el sueño por completo. No sé cuánto tiempo pasó; perdí la noción del momento. Una vez que desperté, sudando, muy agitada, con la cara llena de lágrimas, el cuerpo tenso y la quijada desencajada, el doctor solo trataba de calmarme.

—Tranquila, Elisa, estás en un lugar seguro. Estamos en el año 2020, en la Ciudad de México. Tú estás en mi consultorio, soy el doctor Joseph Collins. Trabajamos en tu inconsciente, hicimos una regresión. ¿Recuerdas algo de lo que platicamos durante la sesión? —me dijo el Dr. Joseph tomando mis brazos a la altura de los codos.

—Dr., ¿qué pasó? Tuve la misma pesadilla de siempre, pero esta vez la soñé más real, más estructurada, con más sentido —le dije llorando—. Sentía que sí era yo quien estaba ahí.

—Está bien, Elisa. Ahorita te platico lo que sucedió —me decía el Dr. Joseph a modo de tranquilizarme.

Pasaron unos 10 minutos. Me incorporé, tomé agua, hicimos respiraciones y el Dr. me decía cosas para comenzar a relajarme. Ya recuperada y cien por ciento consciente de dónde estaba, con quién estaba y por qué estaba ahí, el Dr. me platicó:

—Elisa, te hice varias preguntas durante la sesión. Primero empezaste a hablar como normalmente lo haces y en pocos minutos lo empezaste a hacer como hablan los españoles; no sé como en qué región de España hablan así. Logré que me dijeras cómo te llamabas y en qué año vivías. También mencionaste varios nombres; uno en especial lo repetías constantemente. De pronto comenzaste a llorar y a gritar mencionando ese nombre, y fue entonces cuando tuve que regresarte.

Mientras el Dr. me decía todo, mi corazón acelerado empezó a palpitar como el mismo día que vi a Patricio tocar el piano por primera vez, y hago la comparación porque nunca antes había sentido ese tipo de palpitación tan especial. No podía creer que había funcionado la regresión; me sorprendió muchísimo que me dijera que hablaba como española. Recordé entonces que cuando fui a Madrid, en varios lugares en donde nunca antes había estado, sentía dentro de mi corazón que en realidad ya había estado ahí. Lo que el doctor me decía iba tomando sentido con todo lo que había vivido últimamente. Me sentía realmente fuera de cualquier sorpresa común.

—Por favor, Dr., dígame esos nombres —le pedí con mucha ansiedad.

—Te pregunté tu nombre y me dijiste que te llamas Isabel y el año era 1953. No dijiste el apellido, y el otro nombre, que además repetías varias veces mientras llorabas, era Tomás —me dijo el doctor mientras tomaba sus anotaciones.

Cuando el doctor mencionó el nombre de Tomás, no logré contener el llanto; sentí como si metieran el dedo en la llaga. Dolió, y dolió demasiado; solo que esta vez estaba en plena consciencia, no estaba soñando ni estaba hipnotizada, y el llanto era incontrolable. En el fondo de mi alma sentía que ese nombre hacía falta en mi vida.

El doctor de reojo volteó a verme y asintió con la cabeza al mismo tiempo que entrecerraba los ojos, afirmando que lo que yo sentía era lo que él estaba imaginando.

—Por hoy fue suficiente, Elisa. Veo que lo que te acabo de contar te ha dolido bastante. Si tú verdaderamente fuiste Isabel en otra vida, tenemos que investigar quién era Tomás para ti —dijo el doctor convencido de que había mucho que descubrir aún.

—Sí, doctor, estoy de acuerdo, pero, además de las sesiones, me gustaría buscar en registros o hasta debajo de las piedras si es necesario. Me refiero a que si usted me ayuda a descubrir los nombres con apellidos, fechas, lugares, lo que sea, quisiera buscar en esta vida quiénes eran todas estas personas que yo menciono y que me persiguen y me han perseguido por años —contesté.

—Claro, Elisa. Solo quiero que dejemos algo en claro: lo que se descubra puede dañarte en esta vida, si tú lo permites. Lo que queremos es que dejes de tener esas pesadillas que te han hecho sufrir por tanto tiempo, pero no es la intención que te enteres de cosas que podrían lastimarte en esta vida. De todo lo que hagamos debes estar consciente de que es para ayudarte a vivir mejor hoy, no para sufrir lo que ya no puedes modificar. Sanarte es lo importante para que tu vida actual fluya con alegría y sin miedos. Ya te lo había advertido, pero necesito que estés muy clara en esto porque seguramente irás dando más datos increíbles —aclaró el doctor.

—Sí, estoy de acuerdo y estoy consciente, pero tal vez tengo que arreglar algo en esta vida que dejé pendiente en la otra, ¿no cree, doctor? —le pregunté.

—No nos adelantemos, Elisa. Vamos a ir descubriendo poco a poco, y sobre la marcha tú decidirás qué hacer con toda esta información. Por lo pronto quiero que hoy descanses, te relajes, te mandaré unas pastillas para dormir y nos vemos la siguiente semana.

Nos despedimos y, al salir, entraría Daniel a su sesión. Yo lo esperaría en la salita. Pero cuando él me vio, se le notaba cara de angustia y me veía con una cara extraña, como si él hubiera sufrido conmigo, y le pregunté:

—¿Qué tienes, Daniel?

—No sé, me siento angustiado, triste. ¿Tú estás bien? —preguntó Daniel.

—Bueno, sí estoy bien, pero para serte sincera he llorado mucho allá adentro. En la tarde hablamos y te cuento. Solo espero que te vaya muy bien a ti. Aquí te espero, mi Dan —le tomé la mano, sin miedo, y se la apreté—. Te quiero.

Daniel entró a sesión y en la sala, mientras lo esperaba, no hacía más que pensar y pensar en esos nombres, sobre todo en el masculino, en Tomás. Lo pensaba y me dolía, pero no lograba ver su cara en las pesadillas ni en mi mente. En realidad, nunca había identificado ninguna cara, solo movimientos, dolor y tragedia.

Al salir Daniel, una hora y media después, solo me dijo que fue muy buena su sesión. Nos despedimos con un abrazo muy sentido y nos fuimos a nuestras casas. Esa tarde, encerrada en mi departamento, con velas encendidas, música clásica en alto volumen y un vino tinto, traté de pegar en secuencia todas las imágenes que tenía en mi cabeza de aquellos sueños que me habían atormentado. Era como un rompecabezas, todo en desorden, y por más que trataba de armar un orden lógico, no podía. El teléfono sonó y era Patricio.

Le conté que había ido con Daniel, que me habían hipnotizado y que me había ido relativamente bien porque logré revelar información que no tenía y nos ayudaría a destrabar todo. Los dos estábamos convencidos de que todo esto era real. Le conté con detalle todo lo que platicamos el doctor y yo. Patricio estaba muy atento a todo lo que decía; decía constantemente: «Ajá, ajá, ok. ¿Y qué más?». Solo que, cuando le mencioné el nombre de Isabel, se quedó mudo; no decía nada. Por un momento pensé que había puesto silenciador en su móvil, pero me di cuenta de que no cuando escuché su respiración, y yo le pregunté con insistencia:

—Patricio, ¿estás bien? ¿Patricio? Te has quedado mudo. ¿Pasa algo?

... Un par de minutos después solo escuché cómo empezó a llorar, queriendo contenerlo.

—Perdóname, Eli, no sé qué me sucede. De pronto sentí miedo y alivio a la vez. Ese nombre, Isabel, es justo el que me ha estado persiguiendo toda la vida. No me preguntes por qué, pero siempre me ha encantado ese nombre. Una de mis hijas se llama Isabel, pero porque yo lo propuse, porque siempre me ha llamado la atención y porque siempre quise conocer a alguien con ese nombre y nunca he tenido esa suerte. ¡Pero ahora entiendo que Isabel eres tú, Elisa! ¡Tú eres Isabel! —me dijo Patricio con la voz entrecortada—. ¿Sí te das cuenta de que el nombre de Isabel y Elisa son muy similares? Nada es coincidencia, nada, ¡y yo lo sabía!

—Patricio, no quiero asustarme. Sí pensé que Isabel podría haber sido mi nombre en otra vida, pero hasta que no lo confirme no quiero sentir que sí soy yo. Que, siendo honestos, estoy muy impresionada con lo que acabas de confesarme, no tenía idea —le dije y comencé a llorar también.

—Por favor, no pienses que estoy mintiendo para agregar más emoción a lo que te estoy contando, o a lo que estamos viviendo. Te estoy diciendo algo completamente honesto, todo lo que te digo es verdadero, y si pudiera estar contigo ahora te lo demostraría con un abrazo y con besos. Nunca antes había hablado de esto con nadie; de hecho, me empeciné en ponerle Isabel a mi primera hija justo porque ese nombre lo he traído en mi mente desde que tengo uso de razón. Nadie se llama así. Elisa, por favor, créeme, te lo ruego.

Le creí cada palabra. Ambos lloramos al teléfono. Sentíamos que estábamos encontrando respuestas a tantas incógnitas que habíamos tenido toda la vida. Él me prometió ayudarme a descubrir quiénes eran Isabel y Tomás. Teníamos fe de que en la siguiente sesión yo diría los apellidos de ambos.

XXVII
Isabel y Tomás, 2020

Por la tarde le marqué a Daniel para saber cómo le había ido a él en su sesión. Primero le conté todo lo que había pasado en la mía, no con lujo de detalle como le conté a Patricio, y no le conté lo que me había dicho Patricio a mí, pero sí le dije los nombres que mencioné. No me dijo gran cosa respecto a lo que le platiqué; solo que le daba gusto que ya había comenzado a fluir para descubrir el porqué de las pesadillas, y nada más. Él me contó que en las sesiones quería saber qué habían sido él y su esposa en otra vida. Me extrañó un poco que me hubiera dicho eso, yo pensé que quería saber si había estado yo en alguna otra vida con él; sin embargo, no dije nada en referencia y quise más bien saber qué le había preguntado el Dr. Joseph antes de la sesión, qué había revelado él y qué le había dicho después, pero su respuesta fue hosca y cortante.

—Pues nada, la dinámica fue muy parecida a la tuya, Eli. No dije nombres aún y, como yo no tengo pesadillas como las tienes tú, en realidad no solté casi nada de información, pero me sirve porque estoy seguro de que se irá dando poco a poco, o tal vez no estaba bien relajado —comentó Daniel.

A mí me cayó de extraño lo que Daniel me había explicado, incluso pensé que se emocionaría al saber mi experiencia. Me desanimó un poco su desinterés, pero eso no impidió que yo a partir de ese día trataría de forzar mi mente antes de caer dormida para volver a soñar más cosas; pensaba que si me concentraba en los nombres podría permitir que en la siguiente sesión dijera más datos que nos pudieran servir.

La semana pasó sin mayor novedad. Patricio y yo hablábamos diario, lo más que se podía. Hacíamos historias e imaginábamos cómo pudo haber sido nuestra otra vida. Yo no logré soñar con ninguna Isabel ni con ningún Tomás. En el mundo las cosas se iban normalizando, aunque aún estaba el confinamiento. Llegó la segunda sesión, y esa fue la decisiva.

—Elisa, ¿estás lista? —me preguntó el doctor.

—Estoy lista, Dr. Joseph —contesté más segura que nunca…

—¡José! ¡José! —se escuchaban golpes en un portón verde.

—¡Acaban de balear el auto del señor Ernesto y mataron al muchacho! —gritaban.

Mi alma se rompía en pedazos. Mi corazón latía rápido como una locomotora, pero al mismo tiempo sentía que en cualquier momento estallaría; mi cara se sentía ardiendo; la boca y la garganta se sentían secas, como si hubiese masticado un gran pedazo de papel periódico; un sudor frío recorría todo mi cuerpo; mis piernas se sentían débiles y temblorosas, y mi estómago dolía como si algo me hubiese pegado en el centro con fuerza. Tomé fuerzas de aquella barriga grande con un ser vivo por dentro y corrí tan fuerte para ver y confirmar que no era lo que mi corazón me estaba anunciando. No me importaba correr y caerme, solo quería llegar. De mi garganta solo salió un grito desgarrador que seguramente se escuchó hasta Madrid. Desde el segundo uno mis ojos dejaron salir mares de lágrimas mientras mi cara se arrugaba y de mi boca salían grandes salpicadas de saliva gritando:

—¡Tomás, por favor! ¡Tomás! ¡Tomááááááááááááás! ¡Te lo ruego, Tomás! ¡No seas tú, por favor! ¡No seas tú! ¡Por lo que más quieras! ¡Por tu hijo, por favor, no seas tú! ¡Te lo ruego, te lo suplico!

Se abrió el portón verde mientras yo y una señora más grande que yo salíamos a toda prisa. Mi grito era tan ensordecedor que no alcanzaba a escuchar lo que ella y todos gritaban. Mucha gente empezó a llegar a un auto grande de color negro, muy elegante.

—¡Ayuden! ¡Ayuden! —gritaba la gente.

Yo llegué y vi una multitud que rodeaba ese auto. Jalaba a la gente con desesperación, quería quitarla del camino y gritaba:

—¡Quítense! ¡Quítense! ¡Quítense!

Al llegar a ese auto vi a un hombre maduro herido del hombro, a un chófer asustado y al fondo vi a un muchacho joven herido de la espalda, justo en el corazón, con los ojos abiertos, sosteniendo en la mano un gran ramo de flores rojas que tenía una nota y que decía: «Isabel, cielo mío, te extrañé más que nunca en mi vida», y en la otra mano, casi dejando caer y con la mano entreabierta, sostenía una bolsa transparente con un oso de peluche color azul cielo. Me metí como pude a ese auto y mi alma lloraba y lloraba mientras abrazaba a ese muchacho con todas mis fuerzas y le decía:

—Te voy a alcanzar adondequiera que ahora estés, alma mía, te lo juro, y en otra vida te buscaré y buscaré a nuestro hijo. Te lo juro por el amor que nos tenemos y que siempre fue limpio y transparente, lo juro por lo más sagrado.

El Dr. Joseph me despertó de aquella terrible pesadilla. Yo lloraba incansablemente, no lograba entender dónde estaba, me sentía completamente confundida; el moco salía de mi nariz como si fuera una liga interminable, la cara la tenía hinchada de llorar y mi ropa estaba empapada en sudor.

—¿Cómo te sientes, Isabel? —escuché decir al Dr.

—Mal, muy mal, doctor. Estoy sufriendo —le contesté.

—Está bien, Elisa. Vamos a terminar por hoy, estás muy cansada. La sesión fue importante, pero muy agotadora emocionalmente para ti —me dijo el Dr. calmando mi estado con masajes en las palmas de las manos.

—Doctor, ¿por qué me ha llamado Isabel? —le pregunté desconcertada.

—Yo no te he llamado Isabel, Elisa. Seguramente sigues en trance y piensas que así te llamé. Despertaste muy confundida —me contestó el Dr. Joseph.

Me sentí abrumada de escuchar eso. Realmente escuché al doctor decir el nombre de Isabel. Me incorporé, hicimos ejercicios para salir bien de la transición y hablamos de lo que el doctor había anotado.

—Definitivamente, Elisa, en mi experiencia de hipnosis durante 35 años, no estás teniendo sueños o pesadillas como tal, sino que son recuerdos que has confundido con sueños. Esto quiere decir que efectivamente dejaste algo pendiente en otra vida que no te ha dejado vivir tranquila en esta, y hasta que no resuelvas dicho pendiente... Y por todo lo que tú has mencionado y revivido en esta sesión, creo saber qué es lo que necesitas terminar de hacer. Yo te pregunto: ¿recuerdas todo lo que dijiste? ¿O parcialmente? —me preguntó el Dr. Joseph.

Yo me quedé en *shock* al escuchar su veredicto. Yo ya lo había pensado, pero no esperaba que me lo confirmara como tal el Dr. Joseph. Pero aún más consternada me sentía porque por primera vez vi la secuencia de lo que había estado soñando o recordando toda la vida; ya tenía más clara la tragedia que había vivido en otra vida. Ahora solo faltaba encontrar a las personas que me pudieran ayudar.

—Recuerdo absolutamente todo, Dr., y me siento muy asustada. ¿Qué debo hacer? ¿Cómo puedo saber si la persona con la que sueño soy la misma de hoy? O tal vez solo necesito ayudar a quien fue Isabel —le comenté al Dr.

—Tenemos que tratar de dar con el apellido de Isabel y de Tomás, también preguntar a lo que se dedicaban y en dónde vivían, y con esa información tratar de encontrar similitudes contigo —me contestó el Dr.

En ese momento me vino inmediatamente a la cabeza Patricio, pero al mismo tiempo me negaba; no quería pensar que en otra vida él había vivido algo así, me horrorizaba. También pensé en Daniel; tanta era su insistencia en que fuimos algo, que pensé que tal vez él y yo habíamos sido pareja y él murió. Ninguna de las dos opciones me daba tranquilidad. No pensé en más personas, pues con ninguna había tenido tanta intensidad en la conexión. Ni en el exmarido, ni en el exnovio, ni padre, ni hermanos, ni amigos ni compañeros de trabajo ni nadie. Incluso a mis hijos no los sentía involucrados conmigo en otras vidas, aunque dicen que sí, que todas las personas con las que convivimos en esta vida fueron algo en otra, aunque hubieran tenido un rol diferente; que el mismo círculo familiar y amistoso que tenemos en esta habría sido en otra. Era muy difícil saber; sin embargo, lo que en ese momento estaba viviendo me empezaba a atormentar, muy lejos de sentirme aliviada.

Le llamé a Patricio esa tarde, mi Patricio. Le dije cómo había vivido la experiencia, que por primera vez había visto la tragedia desde mí, sin verme la cara, pero todo con detalle. No quise contarle bien lo que ocurría en mi supuesto recuerdo; le dije que quería reservarme eso para cuando estuviéramos juntos, ya que podría ser fuerte para él también. Patricio, con todo su amor y comprensión, aceptó, aunque se quedó con todas las ganas de saber. Él, por su parte, se había unido a un grupo en línea allá en España para personas que creían en la reencarnación; le gustaba escuchar la historia de los demás para entender si él era, como yo, un alma reencarnada. Yo sabía que le hacía mucha ilusión porque cada vez que él hablaba conmigo insistía en que no tenía dudas de mí, de que era yo quien debía estar con él en esta vida y para siempre. Me contó que estaba practicando en el piano más que nunca sus composiciones para estar listo en la primera oportunidad que tuviera para presentarse en México o en España. Todos los días hablábamos y nos contábamos nuestros días. Nunca antes había conocido a un hombre tan tierno y dulce como Patricio; me hacía reír tanto y sus formas eran tan cómodas para mí.

Yo continué mis días pintando y haciendo esculturas pequeñas en plastilina. Mi rutina de comer, beber vino tinto y escuchar música clásica mientras pintaba no cambiaba. Ir al supermercado era un paseo para mí; salir un rato de casa era siempre un tormento por miedo a contagiarme, pero al mismo tiempo un respiro. Todos los días mandábamos bromas tontas al grupo del taller de pintura. Mi Daniel había cambiado, era un poco más serio conmigo, no quería compartirme nada referente a sus sesiones de hipnosis. Era extraño, pues él era quien más me insistía en ir; sin embargo, y a pesar de sentirlo serio, cuando nos veíamos en el consultorio del Dr. o íbamos a tomar café, ambos nos dábamos un abrazo que cada vez se sentía más cálido y cariñoso.

Un día, una tarde, mientras pintaba con mi siempre amigo el vino tinto y escuchando las piezas que tocaba Patricio para mí, me vino a la cabeza una idea tonta que me incomodaba muchísimo. Pensé que tal vez Daniel estaba serio conmigo porque en el fondo a él le hubiera gustado ser mi amor en otra vida, y que tal vez no estaba serio, sino celoso, porque yo le insistía, le aseguraba que esa persona había sido Patricio, que no tenía ninguna duda por todo lo que habíamos pasado juntos en España, además, claro, por la conexión entre nosotros que era inconfundible. Esa idea me atormentaba un poco. En ese momento entendí lo que tanto me decían Daniel y el Dr. Joseph: a veces saber de más puede llegar a lastimar la historia de nuestra vida actual. Lo pensé tantas veces desde ese día, que entonces fui yo quien empezó a portarse seria y desprendida con Daniel.

Los días pasaron y llegó mi tercera cita con el Dr. Joseph. Yo esperaba mucho de esa sesión; ya tenían forma todas las escenas que habían llegado a mi mente por años de forma confusa, dolorosa y sin sentido. Tenía el enorme deseo de saber los apellidos de Isabel y de Tomás, y empezar a reconstruir desde esta vida lo que se había quedado pendiente en otra.

Llegando al consultorio del Dr. Joseph, lo saludé. Él ya estaba listo con sus notas para comenzar la nueva sesión. Yo no pude quedarme con la duda y fui directa a preguntarle:

—Dr. Joseph, Daniel fue quien me trajo aquí con usted. Él, desde el primer día que me conoció, dijo que él y yo teníamos una conexión importante. Yo no le creía, aunque debo reconocer que desde el primer momento en que lo conocí me impactó su personalidad. Con el paso de los meses, y ya puedo hablar de más de un año, ha insistido en que fuimos algo muy fuerte en otra vida; de hecho, él me regaló libros que hablan acerca de todo esto y me ha hecho sentir que en efecto tenemos eso que él dice que nos une de alguna manera. Yo sé que usted no puede hablar de mi tratamiento o proceso con nadie, y seguramente de ninguno de sus pacientes, y le parecerá un atrevimiento de mi parte preguntarle, pero es que necesito saber: ¿Daniel tiene algo que ver con mi historia? Quíteme esa duda, doctor, se lo pido —le comenté.

—Elisa, entiendo tu duda y debo decirte que es normal. Empezarás a sospechar de todas las personas cercanas a ti. Y como bien dices, yo no puedo platicarte a ti lo que trabajo con Daniel en su proceso. Pero ten calma, Elisa, tú irás descubriendo quién fuiste y cuál es ese pendiente que tienes que resolver en esta vida. Solo te puedo aconsejar que no te alejes de nadie; por el contrario, conoce más a la gente que te rodea, no seas suspicaz, no sospeches de nadie. El tiempo te irá diciendo lo que tienes que hacer y, al final, si Daniel es una persona importante para ti en esta vida, dale su justo valor, como el amigo que es. Recuerda que no es nuestro propósito cambiar nada de antes, solo entender por qué tienes esas pesadillas o recuerdos tan insistentes que te han estado lastimando —contestó el Dr. Joseph.

—Gracias, doctor. Lo entiendo, es solo que me siento un poco abrumada porque el mismo Daniel ha cambiado conmigo desde que empezamos a venir a sesiones con usted —repliqué.

—¡Claro! Daniel también tiene muchas cosas que entender y trabajar, pero está en su proceso y debes respetarlo. Él ha tenido una vida difícil y está intentando entender muchas cosas —dijo el Dr. Joseph—. Pues manos a la obra, avísame en cuanto te sientas lista para iniciar con la sesión.

La sesión de ese día fue muy diferente a la anterior. En esa, el Dr. Joseph comenzó a hablarme con el nombre de Isabel y preguntaba por Tomás. Poco a poco fue hilando la historia con sus preguntas; todo lo iba anotando en su libreta. Era muy listo el Dr. Joseph, hacía las preguntas correctas para dar con la información que queríamos encontrar. Al final de la sesión yo me quedé muy sorprendida al escuchar las anotaciones del Dr. Joseph; no podía creer las similitudes que había entre Isabel y yo.

—Elisa, esta sesión fue muy abundante. Creo que tenemos elementos suficientes para que empieces a investigar quién eras en realidad. Estoy muy satisfecho con toda la información que logramos obtener. Te llamas Isabel Buendía, tienes un esposo de nombre Tomás Buendía, ambos de origen español.

Al escuchar los nombres y que habíamos sido originarios de España, donde me identifiqué con Patricio, empecé a sentir una taquicardia.

»No estoy seguro, pero por los diálogos que algunas veces mencionabas, asumo que huían de alguna guerra. Platicabas con alguien en susurro, atormentada, y por las fechas que mencionaste en la sesión anterior y por el lugar, asumo también que ambos fueron exiliados de la guerra civil de España, quizás huyendo del Franquismo. Debemos investigar por nombre, Elisa. ¿Cuándo vas a España? Supongo que irás a ver a Patricio.

—Estoy tan asustada, Dr. Joseph, pero lo escucho y todo me hace sentido, me encaja, ¿me entiende? Contestando a su pregunta, yo espero que más bien Patricio ya se venga a México, él es mexicano. Solo esperamos a que el gobierno le dé permiso de salir; todo esto de la pandemia ha complicado la vida de todas las personas —le contesté.

—Está bien, Elisa, esperemos. Pero aprovechando que él está allá, ¿por qué no le dices que él investigue en los libros o en un navegador si los nombres que mencionaste están en la lista de los exiliados de aquella época? Algún registro debe haber, ¿no crees? —sugirió el Dr. Joseph.

—Sí, de acuerdo, Dr. Joseph, así lo haré. ¿Tendrá algún otro dato que pueda ayudarnos? —pregunté ansiosa.

—De hecho sí —contestó el Dr. Joseph muy consternado—. Mencionaste algo que no logro entender de qué se trata, pero hablabas de alguien que iba a llegar a ustedes, hacías comentarios e historias a partir de... «cuando llegue», «cuando esté con nosotros». No entendí si tendrían alguna visita o si… estabas embarazada.

Mi cabeza explotó al escuchar eso. Creo que fue un golpe duro, no esperaba eso. Claro que siendo una mujer de los anos 50 no sería raro pensar en que tuviera hijos, pero escucharlo y sentir un hoyo en el estómago fue absolutamente inesperado y revelador.

Me fui del consultorio con prisa. Solo salí, vi a Daniel, le di un beso y me fui. Tenía prisa de escribirle a Patricio o llamarle para contarle todo, pero a mitad del camino en las escaleras del edificio del consultorio me detuve abruptamente. Sentí una sacudida en la cabeza y, sin más, me regresé al consultorio porque sentí la necesidad de abrazar más a Daniel, de decirle que lo quería, que lo quería más ese día que nunca. Cuando regresé ya había entrado al consultorio y me sentí triste: necesitaba abrazarlo fuerte. Esto me pedía mi corazón.

Regresando a casa, lo primero que hice fue mandarle mensaje a Patricio para pedirle que se conectara lo antes posible conmigo; tenía que contarle todo lo que habíamos descubierto ese día el Dr. Joseph y yo. Mientras Patricio me respondía, yo me metí al navegador para buscar registros de los exiliados de la Guerra Civil Española. Esa tarde vi tantos videos como pude respecto a la guerra y los exiliados en México. Cada uno de los videos me llegaba al alma y me sacaba las lágrimas. Escuchar los relatos y testimonios de todas las personas que tuvieron que dejar su tierra, sus familias y amigos huyendo de la guerra fue estremecedor para mí. Sentía que estaba escuchando a personas cercanas a mí y, sin embargo, no conocía a ninguna.

Mi móvil sonó: era Patricio. Mi corazón regresó a tener taquicardias; me emocionaba contarle todo lo que habíamos hablado el Dr. Joseph y yo.

—No puedo creer que tengas tanta información, Eli. Por supuesto que buscaré hasta debajo de las piedras para encontrar lo que queremos: al menos saber si esas dos personas existieron, si somos nosotros o si es algo que está fabricando tu cerebro y saber por qué lo está fabricando —dijo Patricio.

—Yo no tengo dudas de que Isabel y Tomás existieron, Patricio. De hecho, también estoy segura de que yo no fabrico tales cosas; desde muy niña tengo escenas en mi cabeza que ningún niño podría fabricar por sí solo sin haberlo vivido o haberlo visto en alguna película. Por esa razón estoy convencida de lo que el Dr. Joseph me dijo: son recuerdos, Patricio, no tengo dudas —le comenté un poco molesta a Patricio. Me dolía que tuviera incluso alguna duda de ello.

—Mi amor, por favor, no tengo dudas de ti y tienes razón en todo lo que dices; esa es la principal razón para saber, no pensar, saber, que son recuerdos los que te llegan a la mente. Discúlpame, amor, por favor, no quiero que pienses que no te creo; solo quiero que tengas la certeza de que quiero ayudarte y ayudarnos. Te juro que lo que más quiero es nunca separarme de ti. Lo siento en el alma, ¿sí me crees, verdad? —comentó y preguntó Patricio con algo de pena y angustia.

—No, mi amor, no estoy enojada, no podría estarlo. Entiendo todo. Pongamos manos a la obra: busquemos, revisemos todo. Necesito tener más respuestas, ¿me ayudas? —le pregunté ansiosa.

—Cuenta con ello, Eli. E, independientemente de toda esta búsqueda, ya quiero planear mi regreso a México. Al parecer ya nos dejarán viajar en los próximos meses y quiero hacerlo cuanto antes. Ya decidí que cuando todo esto pase, regresaré contigo a España a resolver todo lo que tenía pendiente hacer, porque si espero a que todo vuelva a la normalidad me volveré loco de no verte. Necesito estar contigo de nuevo —comentó Patricio—. Necesito verte ya.

—Sí, Pat, sí quiero. Yo te acompaño de regreso. Te amo con toda mi alma.

Pasaban los días y, después de todo lo que había leído respecto a la Guerra Civil Española y México en esos años, mi alma se mantenía alerta pero más en calma. Patricio me iba compartiendo información que ayudaba a entender cómo habían vivido los españoles dicha época, pero no encontrábamos registro de exiliados de apellido Buendía. Yo me empezaba a sentir desesperada. Por más que buscaba en las comunidades españolas en México, nadie sabía nada de quiénes habían sido Isabel y Tomás Buendía, y pensé: «Tal vez no han muerto y solo estamos conectados por alguna razón poderosa». Mi mente fantaseaba con historias de todo tipo; incluso pensé: tal vez yo también fui adoptada como Daniel, y mis padres fueron Isabel y Tomás. Todo pasaba por mi cabeza. Esa idea no se me hacía tan loca, pero ¿quién sería Patricio entonces?, ¿por qué él está tan presente y tan fuerte en mis sensaciones? ¿Y Daniel?, ¿qué sería entonces él de mí? Suposiciones tuve muchísimas. Todas las hipótesis las iba escribiendo en una libreta, como el Dr. Joseph, y cada una de ellas las pensaba y repensaba para saber cuál de todas me hacía sentido.

De regreso a mi cuarta sesión con el Dr. Joseph, me llevé una gran sorpresa. El Dr. había obtenido más información que yo y, gracias a esa información, fui descartando varias de mis hipótesis. Lo cierto es que desde que tenía mis sesiones con el Dr. Joseph, ya no tenía esos sueños o pesadillas o recuerdos que me atormentaban en casa, y de alguna forma estaba más tranquila.

—Lo que yo investigué, Elisa, es que efectivamente Isabel y Tomás Buendía existieron y ya murieron. Ambos llegaron de España en la posguerra civil española. Lo que no logro entender es que no salieron como exiliados de Francia, pero sí llegaron como refugiados al puerto de Veracruz. No entiendo esa parte —dijo el Dr. Joseph.

—Doctor, ¿y cómo ha obtenido toda esa información? Yo no encontré nada en los libros o en el navegador —comenté extrañada pero emocionada de saber más.

—Como verás, ya tengo mis años, Elisa, y tengo amistades incluso mucho mayores que yo. Pregunté entre mis amistades si conocían a una pareja de apellido Buendía y les calculaba más o menos la edad que tendrían ahorita si es que vivieran. Para mi sorpresa y fortuna tuya, un par de amigos me contaron que se trataba de un matrimonio muy joven pero muy talentosos los dos. Eran artistas, Elisa, tal vez deberías explorar por ese lado. ¿Por qué no vas a algún instituto de arte que aún esté funcionando y que haya sido un lugar importante en los años 50? Me parece que ahí puedes encontrar más información que nos puede ayudar. Por lo pronto, tú dime si quieres que trabajemos en hipnosis el día de hoy o quieres que hablemos de la información que ya tenemos —me preguntó el Dr. Joseph.

—Hipnosis, Dr. Sí, voy a ir a los institutos de arte que me menciona. —Hice una pausa y me quedé pensando por unos segundos: «No puedo creer lo que acabo de escuchar. Isabel y Tomás artistas, tal cual Patricio y yo, o Daniel y yo. ¡Dios mío! ¡Siento que estoy más cerca que nunca de saber cuál es el pendiente que tengo que resolver!». Continué diciendo al Dr.—: Una disculpa, Dr. Joseph, me perdí en mis pensamientos; quedé absorta con lo que me contó. ¿Usted sabía que yo y mi actual novio somos artistas? Yo soy artista plástico y Patricio, mi novio, es pianista.

—¿En verdad, Elisa? No lo sabía y me has sorprendido. Veamos qué investigas de Isabel y Tomás. Hagamos la hipnosis entonces —me dijo el Dr. muy emocionado de escuchar lo que le comenté.

La hipnosis duró cerca de 40 minutos. Nuevamente el Dr. Joseph tuvo que despertarme y de nuevo desperté empapada en sudor, llorando y agitada, solo que esta vez sentí un gran alivio despertar y darme cuenta inmediatamente de que estaba en el consultorio a salvo. El Dr. Joseph ayudó a relajarme y juntos hicimos ejercicios de meditación.

—Cada vez que trabajo contigo, Elisa, me sorprendo más. Creo que estamos más cerca que nunca de saber toda la verdad. Esta vez platiqué de lleno con Isabel y, para serte sincero y un poco en contra de mi profesión, me sentí conmovido. La forma en que se expresa Isabel refiriéndose a Tomás es simplemente exquisita, nunca antes había escuchado a alguien expresarse así de forma tan amorosa y auténtica. ¿Quieres que te platiqué más? —me preguntó el Dr. Joseph en tono emotivo y suspicaz.

Parecía que quería contarme una historia que yo desconocía, y en realidad así era, pero no: yo sabía de lo que hablaba porque lo sentía. Era difícil entenderlo, pero sabía de qué tipo de amor me hablaba; era muy cercano a lo que sentía con Patricio, incluso con el poco tiempo que teníamos de ser pareja y con el tanto tiempo que teníamos de no vernos en persona, de sentirnos.

—Claro que sí, doctor, quiero saber todo, platiquemos —le contesté jugueteando con mis manos, apretándolas con mucha ansiedad.

—Esta vez lloraste de sentimiento, no por la tragedia que siempre sueñas. Isabel era muy joven, salió de la ciudad de Guadalajara, España, un pueblito cerca de Madrid; salió de ahí huyendo con Tomás. Le pregunté de qué huían y se quedaba callada, no respondió nunca esa pregunta, se la planteé tres veces. Después decía que se sentía muy feliz con Tomás en la capital, en México; se refería a la Ciudad de México con seguridad. Después habló de una exposición de pintura, no le entendía muy bien, decía que era lo que más feliz le hacía en la vida después de Tomás. No sé si la exposición era de Tomás y ella asistió o fueron juntos o ella era quien la había pintado. Hablaba de fiestas y de excesos con gente de dinero. Después se quedó callada cerca de diez minutos. Sin preguntarle nada, empezó a decir que tenía siete años y Tomás ocho. Hablaba de ir juntos al colegio o de regreso a casa, no entendí, pero tenían una dinámica con el colegio. Empezó a decir que tenían que ir al camino de piedras, insistió mucho en ir a un «camino de piedras». Yo le preguntaba qué era eso, pero Isabel solo contestaba que necesitaba verlo ahí, no sé a quién, pero se empezó a estresar, mejor dicho, empezaste a estresarte, Elisa, y empezaste a llorar mucho, con mucho dolor, y de nuevo mencionabas el nombre de Tomás varias veces. Yo te vi sufriendo mucho y te desperté. Seguramente habrías dicho más cosas, pero estabas sufriendo.

Al escuchar al Dr. Joseph solo me quedé callada, tratando de recordar todo lo que él decía. Me sentí sumida en una especie de depresión; mientras él me contaba, a mí me dolía, especialmente cuando mencionó lo de las piedras. Lo extraño fue que las imaginé: imaginé un camino de piedras; veía piedras de todos los colores, grandes, medianas, pintadas de azul, rojo, verde, con dibujos. Las imaginé sobre un espacio con pasto e imaginé unas manos pequeñas pintándolas. Todo eso pasó por mi cabeza como en una especie de escenas cortas, como fotos, una y otra.

Al terminar con la sesión de ese día, salí del consultorio triste, sin entender, como añorando algo, encorvada, decaída, triste. Al salir vi a Daniel ahí parado. Verlo ahí me dio un consuelo. Fui hacia él y lo abracé sin decirle nada; no lo saludé, no le dije nada, solo lo abracé y lloré. Daniel me abrazó fuerte y, al ver que no dejaba de llorar, me apartó y me preguntó viéndome a los ojos:

—¿Ya sabes? ¿Ya sabes, Elisa? —me preguntó Daniel con cara de susto, y eso me alarmó.

—¿Saber qué, Daniel? —dejé de llorar y le pregunté con extrañeza.

Daniel tartamudeó un poco queriendo corregir el modo en que había preguntado, se dio cuenta de sus formas y continuó:

—Nada, que si ya sabes quién fuiste o qué estás buscando.

—Pues, más o menos, Daniel. Solo sé que quienes se manifiestan en mis sueños o recuerdos son Isabel Buendía y Tomás Buendía, pero no sé más. Bueno, sí sé que tienen algo que ver con el arte —contesté sin expresiones.

En ese momento Daniel cerró los ojos por un instante, me abrazó y poco a poco sentí que me apretaba más y más. Yo correspondí su abrazo con miedo; no estaba segura de lo que él estaba pensando o sintiendo. Creo que ese abrazo terminó de confundirme. Me di cuenta de que Daniel sabía más que yo, pero no quise preguntarle, haciendo caso al Dr. Joseph. Solo me aparté, le di un beso cariñoso y me fui.

Estuve tres días sin hacer prácticamente nada. Solo comía cualquier cosa, lavaba mis trastes y veía películas. A Patricio le decía que estaba ocupada viendo algo de los cuadros que estaba por vender y no hablé por teléfono con él. Algo me tenía sumamente triste y no lograba entender qué era. Al cuarto día me bañé temprano y me salí con Chocha, mi perra, a caminar a un parque muy grande que estaba en el bosque de Chapultepec. Estuve ahí cerca de dos horas, aproveché para comer un sope con frijoles, quesito y salsita verde y un jugo de naranja. Caminamos muchísimo. Siempre he pensado que en momentos de crisis debemos conectar con la tierra, con la naturaleza, de donde venimos y adonde regresaremos algún día; respirar aire fresco, sin ruido, sin escándalo. Hacerlo ayudó a tratar de hilar todo lo que me había dicho el Dr. Joseph que yo misma había dicho, o que Isabel había dicho de ella misma. Comencé a hablar en voz muy alta en tono de desesperación:

—¿Qué quieres de mí, Isabel? ¿Qué necesitas que yo haga por ti? ¿Acaso somos la misma alma? ¡Dame más señales, por favor! ¡Me estoy hundiendo en la desesperación! ¡Ya no quiero seguir sufriéndote! ¡Me dueles, Isabel! ¡Me dueles! —gritaba sin miedo.

Y caí al suelo, y lloré… Chocha no hizo más que acercarse a mí, a lamer mi cara, a buscar la manera de consolar a una Elisa postrada en sus rodillas con la cabeza agachada, la espalda encorvada, los hombros vencidos y las lágrimas saliendo de sus ojos como llave de agua abierta. Después de ser atendida emocionalmente por Chocha, me acordé de Lupe, mi escultura. Ahí me percaté de las tantas veces que nos ayudamos a nosotras mismas, después de sentirnos derrotadas, luchando contra todo y saliendo adelante a pesar de cualquier cosa, para volvernos fuertes y valientes.

Me levanté, me sacudí toda la tierra y el pasto seco que ensuciaron mis pantalones, me limpié las lágrimas de la cara, me aseguré de no verme despeinada, acaricié a Chocha agradeciendo su gesto de amor, le di un beso y le regalé una carnaza. Jugamos un rato con la pelota y decidí que en la tarde le llamaría a Patricio para contarle toda mi crisis; seguramente él estaba con la incertidumbre. En ese momento llegó un mensaje de él precisamente. Lo abrí y mi mundo de nuevo se llenó de miedos, pero decidí ser valiente.

Mi amor, Elisa, me he estado sintiendo muy mal. Hoy fui a hacerme un test de COVID y salió positivo. Me siento terrible, tengo mucho miedo. Ahora tengo un dolor de cabeza que siento que va a estallar en cualquier momento, fiebre muy alta, he perdido el gusto y el olfato y mi cuerpo en general se siente muy débil. Debo encerrarme y tomar los consejos de los médicos. Quería decirte que si no contesto los mensajes, seguramente será porque estoy dormido, no aguanto las molestias... Te amo con todo mi corazón, seré fuerte, Eli, te lo prometo, por los dos, por lo nuestro.

Quería morirme cuando leí el mensaje de Patricio. No sabía qué hacer o a quién decirle; me sentí desesperada y le contesté inmediatamente:

No puede ser, mi amor, no ahorita. En cuanto puedas, por favor dame el contacto de alguien que esté pendiente de ti y pueda decirme de tu estado; no podemos quedar incomunicados. Yo también te amo con todo mi corazón, y no pienses en ningún final. Estamos empezando y nos falta mucho por vivir.

Envié el mensaje muy nerviosa, no sabía qué sucedería. La lista de fallecidos en el mundo era alarmante y pensar en eso me rompía el corazón. Traté de calmarme, pero sentí que era demasiado. Tuve que llamarle a Daniel para contarle; me sentía desesperada.

—¿Dan? Disculpa por llamar sin avisar. Quisiera platicar con alguien, me siento muy mal —le dije a Daniel.

—¿Qué pasó, Eli? Claro que podemos hablar. ¿Dónde nos vemos? ¿Dónde estás ahorita? —preguntó Daniel.

—Estoy con Chocha en el parque de Chapultepec. Mira, si no tienes temor nos podemos ver en mi departamento. Yo me he cuidado muchísimo, no he estado en contacto con nadie, solo con el Dr. Joseph. Si no temes, ahí te espero a la hora que tú gustes, estaré ahí el resto del día. Yo te preparo café y tú tráete algo para acompañar el café —le contesté decidida.

—No me da miedo, Elisa. De hecho, ya nos hemos abrazado. Creo que estoy igual que tú: me he cuidado de todos menos de ti. Nos vemos a las 4 de la tarde, llevo un vino también —contestó tranquilo Daniel.

Por la tarde llegó Daniel a mi departamento. Cargaba en la mano izquierda una bolsa con una botella de vino tinto; alcancé a ver que era el que más me gustaba, de la uva *nebbiolo*. En la otra cargaba una cajita con seis merengues rellenos de crema batida con frutos rojos. Su carita de alegría me daba mucha ternura. Lo pasé al departamento y le mostré cómo era. Él lo observaba con mucha atención y curiosidad. Cada detalle llamaba su atención: las macetas, mis trastes pintados en cerámica, las carpetitas que mi madre me había obsequiado, las fotografías de mis hijos, mis cuadros (los que tenía colgados y los que tenía guardados en un mueble guardacuadros). Me di cuenta de que lo que más le gustaba era lo más sencillo, pero todo lo relacionado con mi personalidad. Parecía que un niño había llegado a un mundo de fantasía, cuando yo sabía que si alguien tenía dinero en esta vida era él; tenía muchísimo dinero.

—Qué cosas tan bonitas tienes en tu departamento, Eli. Todo me gusta —me dijo Daniel genuinamente.

—Muchas gracias, Dan, me gustan las curiosidades —le contesté.

—Tus cuadros me gustan muchísimo, se parecen mucho a unos que tengo en casa. Esos los compraron mis padres y ahora son míos, pero no he querido moverlos de su lugar; en realidad nada, los muebles se conservan muy bien. Solamente modifiqué el cuarto donde ellos dormían porque ahora es mi dormitorio —dijo Daniel.

—¡Wow, qué bien! Algún día tú me enseñarás tu casa —me sonreí por invitarme sola y observé que Daniel se sonrojó y se reía no queriendo sonreír.

Lo sentía muy nervioso, callado, solo observando. Me veía con detenimiento y me di cuenta de que observaba también los movimientos que hacía con mis manos. En realidad, empecé a contarle cualquier cosa para romper el hielo que se sentía. Esperaba tener una cita como todas, como amigos, con la confianza de siempre, pero él se sentía muy distinto. Nos sentamos en la mesita blanca que tenía solo cuatro sillas. Me cansé de platicar de cosas sin sentido y, aprovechando que ya habíamos abierto el vino y ya había respirado lo suficiente, me serví una copa, le serví a él y empecé a contarle sin preámbulo todas mis penas.

—Daniel, si te llamé fue porque me siento desesperada. Me sentí terrible la última vez que fui con el doctor Joseph. Esta idea de saber quién fui en otra vida me está abrumando, me está doliendo enterarme de cosas, sufrí muchísimo al final de mi otra vida. De hecho, aún no sé de qué forma morí. Pensé que la muerte y sufrimiento que siempre había visto en mis sueños era la mía, pero no: siempre había sido la de un Tomás, que según lo que he trabajado con el doctor fue mi esposo. Y como no hemos dado con la información completa, me siento más cerca de saberlo pero también más ansiosa y triste. ¿Me entiendes? —le dije a Daniel tomándole la mano izquierda y viéndolo con desesperación; mis ojos lo veían y le gritaban ayuda.

—Sí, sí, claro que entiendo, Elisa. ¿Aún no sabes entonces qué dejaste pendiente? —preguntaba Daniel sin sorpresa, inexpresivo.

—¡No! Y me estoy volviendo loca. Bueno, ya estaba loca, pero todo el día pienso en eso y me está consumiendo, ¿me entiendes? Y para agregar más drama a mi vida, acaba de mandarme un mensaje Patricio: está muy enfermo, de COVID, y yo sin poder hacer nada por él —le decía con una voz chillona y alucinante.

En ese momento Daniel por fin reaccionó. Su cara despertó y su expresión fue de susto y angustia. Su cuerpo relajado sobre la silla de pronto se incorporó y se volvió rígido. Apretó mi mano y, un poco exaltado y abriendo los ojos, me dijo:

—Vamos a Madrid, vamos con él, Elisa. No puede estar solo y enfermo allá —dijo Daniel con efusividad.

Me perturbó escucharlo, simplemente no podía entender en segundos lo que había dicho. ¿Por qué querría Daniel ir a ver a Patricio? ¿Y no se supone que le aterraba volar en avión? No entendía nada. Me quedé callada, no dejaba de verlo con sorpresa, empecé a tener taquicardia, tomé la botella de vino tinto y me levanté para llevármela a la cocina y le dije:

—Daniel, ¿me estás bromeando? Ya no vamos a tomar vino ninguno de los dos. No entiendo lo que me estás proponiendo. Pensé que nunca en la vida te volverías a subir a un avión porque te daba terror hacerlo, y yo sé que me quieres mucho y que quieres ayudarme, pero, y perdón que te lo pregunte, ¿tú por qué quieres ir a ver a Patricio? —pregunté exaltada y confundida.

Daniel se quedó callado. Yo también. Tomé un respiro. La situación se sentía incómoda. Empecé a servir el café que ya había preparado y lo serví en dos tazas que eran mis favoritas y que casi no compartía con nadie. Con las manos temblorosas, no sabía qué pensar, me sentía invadida y me asustaba que Daniel se hubiese quedado callado. Llevé a la mesa los cafés con una jarrita de leche para café y dos cucharitas. Instintivamente no llevé el azúcar porque yo no lo tomaba con azúcar.

—Elisa, no te alteres, pensé que querías compañía. Sinceramente pensé así de pronto en acompañarte para que no estuvieras sola, y se me ocurrió que tienes que ir a ver a Patricio porque no sabemos lo que pueda pasar, ¿me entiendes? Yo ya perdí al amor de mi vida, y no me gustaría que tú pasaras por lo mismo. Me ofrezco a acompañarte para pagar todo lo que sea necesario para que Patricio no empeore y se salve.

Permanecí callada, me senté, abrí la cajita de los merengues y observé a Daniel de reojo. Empezó a preparar su café exactamente como yo lo preparaba: servía la leche para el café con la cucharita volteada, dejándola escurrir poco a poco hasta dejar la superficie blanca. Sentí un hoyo en el estómago al verlo. Nunca había visto a nadie hacerlo así, igual que yo.

—Daniel, no me lo esperaba. Gracias de verdad, pero me sentiría abusiva si acepto, no es correcto —le contesté.

—¿De qué hablas, Elisa? Estoy decidido a ayudarte, de verdad deseo que vayas a ver a Patricio y ya te di mis razones. Quizás incluso todo esto me ayude a vencer el terror que tengo a los aviones. Y ya que estoy decidido a hacerlo, me gustaría buscar a mi sobrina. Yo sé que estamos en confinamiento, pero ya nos permiten viajar a España, lo vi en las noticias. Por favor, vamos. Tienes que estar con Patricio —me dijo insistente Daniel.

Me sorprendió muchísimo que me insistiera tanto, sobre todo porque llegué a pensar que él creía que él había sido mi amor en otra vida. Pero todo parecía lo contrario cuando me insistía con su mirada, con sus palabras y con el apretón de mano. Él de verdad quería que yo fuera a España a buscar a Patricio y que él se hiciera cargo de todos los gastos necesarios para su recuperación. Me hablaba como si no hubiera riesgos de contagio para nosotros, se le oía muy convincente y se sentía tan ligero el plan en sus palabras. Lo que es tener tanto dinero.

—Lo voy a pensar, Daniel. Me aterran muchas cosas: que tú te expongas por mi culpa y enfermes, que yo enferme, que al final no nos permitan la entrada al país, que no tengamos a dónde llegar —le contesté ansiosa de no saber qué decidir.

—¿Pero por qué piensas solo cosas negativas, Elisa? Vamos a hacer un ejercicio. Quiero que me digas exactamente lo mismo que acabas de decir, pero no como incertidumbre, sino como un decreto ¡pero en positivo! ¿Quieres? —contestó Daniel.

—Está bien. Mmm... Ahora que vayamos a España, no nos pasará nada malo, nadie se va a contagiar, ni tú ni yo, entraremos al país sin problema y lograremos ver a Patricio y ayudarlo para que sane pronto —le dije con cierto sarcasmo—. Pero, Dan, la realidad es que sí nos estamos arriesgando y no me perdonaría que te pasara algo. ¿Y tú? ¿Has pensado qué pasaría si yo enfermo y no logro sobrevivir?

—No, no pienso eso. Yo también quiero ir a España. Haré frente a mis miedos, y cuando estemos allá podré ver a mi sobrina y podré conocer a Patricio y ayudarlo para que esté bien. Si dices que él es el amor de tu vida presente, y que muy probablemente fue el amor de tu vida pasada, ¿no crees que debes hacer todo por este amor? Si fuera Susana la que se estuviera debatiendo entre la vida y la muerte en este momento, yo haría todo para estar con ella, ¿me entiendes ahora? —contestó Daniel en un tono de voz muy alto, casi gritando, como un regaño, con la garganta cerrada, los ojos acuosos y las palabras chillonas.

Daniel estuvo a punto de llorar cuando me contestó de esa forma. Yo me sentí como una niña regañada y asustada. También me dolió verlo tan aferrado a salvar a alguien que ni siquiera conocía, intentando hacer lo que no pudo hacer por su amada esposa. Yo tomé ambas manos de Daniel y, con el corazón encogido, me levanté para darle un abrazo que se sentía eterno. Daniel empezó a llorar.

—No seas tonta, Elisa, y no acepto que sientas ninguna pena o compromiso conmigo por los gastos. El dinero que se tenga que gastar es lo que menos me importa. ¿De qué me sirve tener tanto si no puedo compartirlo con las personas que quiero? ¿Puedes decirme, por favor, que sí aceptas y que mañana mismo haremos las maletas? —preguntó Daniel viéndome a los ojos con aferramiento a escuchar un sí de mi parte.

—Sí, Dan, vámonos a España y que Dios nos bendiga y bendiga toda tu generosidad. Gracias por tu insistencia, Daniel, te quiero muchísimo —le dije correspondiendo su abrazo y ternura. Y lloramos juntos, como dos niños, abrazados.

Daniel se quedó una hora más en casa. Dejamos el café para regresar al vino tinto que había apartado de la mesa. Yo comí sin remordimiento dos merengues más. En esos momentos solo quería sentir placer al comerlos y al planear todo con mi Daniel. Me sentía absolutamente agradecida, echada para adelante y emocionada.

Nos metimos a la computadora para comprar los boletos en línea. Ambos teníamos la vacuna obligatoria, los pasaportes actualizados y buscamos dónde podíamos instalarnos a nuestra llegada. Viajaríamos de México a Madrid en vuelo directo. Daniel pagó todo en ese momento. Llegaríamos al mismo hotel en el que yo me hospedé cuando fui a presentar mi escultura porque ya lo conocía. Rentamos un carro para poder movernos y mover a Patricio si fuera necesario y, terminando de hacer todo eso, Daniel se despidió y se fue feliz, porque dos días después nos iríamos a Madrid.

Yo me quedé absorta. No podía creer lo que acababa de pasar; solo sabía que Daniel se había encargado de aligerar todo el peso que traía por toda la información que había llegado a mí en las terapias con el doctor Joseph y me había cargado de emoción. Los miedos los dejé guardados en el cajón de la cocina. En ese momento, corrí a mi armario para elegir la ropa que me llevaría en la maleta y le escribí un mensaje a mis cuatro hijos:

Mis hijos hermosos, salió un plan de última hora esta tarde. Me voy a Madrid pasado mañana, Daniel me acompañará, iremos a ver a Patricio. Todo está bien, iremos con todas las precauciones y con las vibras muy altas. No se preocupen por mí, voy bien acompañada y me cuidaré como nunca antes. Sé que este mensaje les desconcertará, Patricio es un amor muy añejo que dejé en otra vida y que en esta, lo voy a recuperar. Los amo con todo mi corazón y mi alma. Los contacto en cuanto llegue.

Mamá, mamita

No tardaron en llamar por teléfono, y a cada uno les dije lo mismo: «Estoy viviendo al máximo, confía en mí».

Mis hijos me conocían muy bien y sabían que a pesar de que el plan sonaba completamente loco y hasta un poco absurdo, su madre no se pondría en peligro. Solo me decían cosas como «cuídate mucho, má», «te amo y sé que estarás bien», «cuando vuelvas cuéntame esa historia, quiero saber más de ti, má», «disfruta la vida, má, al máximo, te amo». Y todas esas palabras que venían de las personas que más amaba, las tomé, las guardé en un costalito tejido de energía y lo guardé en un cajoncito que tenía en mi corazón. Necesitaba toda esa energía para seguir el plan al pie de la letra.

Esa noche casi no dormí, me sentía inquieta y revolcada en amor. Todos a quienes yo quería me querían. ¡Qué bendición tan grande! El sueño me venció cerca de las 4 de la mañana y desperté a las 7 muy ansiosa e inquieta. Inmediatamente busqué en mi móvil si Patricio me había mandado mensaje, pero nada. Lo que más me inquietaba es que no me había dejado ninguna dirección; no sabía dónde se estaba quedando.

Sabía que tenía un departamento, que por fin había logrado habitar después de mucho tiempo que lo tuvo rentado. Ahí enfermó, pero no sabía dónde estaba.

Todo el día le estuve insistiendo con mensajes, pero fue inútil. No tenía ningún contacto que pudiera darme algún dato de él. Y en todo caso supuse que nadie sabría más de lo que yo sabía, porque era conmigo con quien tenía contacto todo el tiempo. Ese día me encargué de dejar mis plantitas bien hidratadas: les coloqué un método para que no les faltara agua por lo menos en más de una semana. Le llevé a dos de mis hijos otro juego de llaves que ya tenían los otros dos, pero quería asegurarme de que todos tuvieran. Llevé un poco de pan a mi madre y se lo entregué por la rejita. Limpié mi refrigerador y tiré todo lo que podía echarse a perder. No podía regalar nada a nadie, por aquello del contagio. Eso me dio mucha tristeza porque la comida se fue a la basura. Dejé mi departamento limpio y bien cerrado. Llegó la noche y solo esperé a que el sueño me venciera de nuevo para ya despertar y emprender el viaje que haríamos mi Daniel y yo.

XXVIII
El viaje con Daniel

Daniel y yo quedamos de vernos directamente en el aeropuerto de la Ciudad de México, en los mostradores de la aerolínea. Primero llegué yo. Estaba acomodando mis cosas cuando vi a Daniel caminando hacia mí con dos maletas grandes. Su carita se notaba muy acongojada y yo entendía por qué. Se veía que le costaba trabajo jalar una de las maletas, a pesar de su gran tamaño. Cuando llegó le pregunté por qué traía dos maletas tan grandes, y me dijo que en una traía su ropa y en la otra traía muchas cosas de su hermana para dárselas a su sobrina. Documentamos las maletas y fuimos a desayunar. Yo lo notaba muy nervioso; sin embargo, nunca le vi intenciones de desistir.

—¿Estás nervioso, Dan? —le pregunté.

—Sí, un poco. La última vez que pisé un aeropuerto ya sabes cuándo fue. De hecho, me sorprende que esté tan cambiado —me contestó.

—Sí, lo sé. Lo que no entiendo es ¿cómo es que tienes pasaporte español vigente si no planeabas volver a viajar nunca?

—Ese pasaporte es vitalicio. Tengo la nacionalidad española por mis padres biológicos. Mis padres adoptivos son mexicanos, pero, según me contó mi padre, mi madre biológica, antes de morir, me llevó a España y sacó mis documentos españoles —me dijo Daniel sin mostrar ninguna emoción.

—¡Vaya! Parece que todos estamos relacionados con España —le dije mientras masticaba el sándwich que había pedido.

—¿Te sorprende? Yo te había dicho que tú y yo tenemos algo que ver. A mí me parece de lo más normal. ¿No has adivinado quién fui? —preguntó Daniel con suspicacia.

—No, y quién sabe si algún día lo sepa. No sé por qué me da la impresión de que tú sí sabes, Daniel, y no has querido decirme por alguna razón; a lo mejor no te conviene que lo sepa. Tal vez fuiste mi verdugo o ¡mi padre! Un padre protector y regañón, ¡muy regañón! —le dije mientras me reía de él y de todo lo que a mí misma se me ocurría.

Y mientras le decía todas esas tonterías me nació levantarme, acercarme a él y hacerle miles de cosquillas en la barriga. En ese momento sentí tantas ganas de jugar con él y de hacerlo reír, pero perdí la cordura sin haberme dado cuenta, hasta que Daniel, entre risa y risa, gritó:

—¡Basta, Elisa! —gritó Daniel en tono de molestia, con la cara roja como un tomate.

Yo volteé a ver a toda la gente y todos nos observaban con cara de risa, pero de sorpresa al mismo tiempo; creo que todos estaban sintiendo pena ajena.

—¡Ay! ¿Me pasé, verdad? Ja, ja, perdóname, Dan, fue súper impulsivo, en serio —le dije.

—Sí, está bien. Sigue comiendo, Elisa.

El resto de la plática fue solo criticar el mal servicio que habíamos recibido en el restaurante que elegimos. El pan del sándwich estaba duro, el jugo de naranja no era 100 % natural, no habían barrido bien debajo de la mesa que estaba al lado, el café se enfriaba rapidísimo, etc. Parecía que a ambos nos molestaban exactamente las mismas cosas, y nos veíamos tan chismosos los dos entre risitas y críticas.

Por fin había llegado la hora de abordar nuestro vuelo. Daniel empezó a sudar. Escurría gotas desde las entradas de su cabello gris. Le tomé una de las manos y se sentía húmeda.

—Tranquilo, Dan, todo está bien. Llegaremos bien y felices, ya verás, y yo te estaré acompañando todo el vuelo. Y, además, te tengo una sorpresa: traje una baraja para jugar cartas mientras volamos, y podemos pedir vino tinto y queso. ¿Quieres? —le pregunté a Daniel.

—Bueno, me has convencido. Yo no sé jugar cartas, pero entiendo que tenemos muchas horas para que me expliques, y además no soy apático —me contestó Daniel con su maravillosa sonrisa.

Nunca lo había visto sonreír tanto como ese día, y me di cuenta de que al hacerlo se le hacían unos hoyuelos en las mejillas, igual que a Patricio. Qué extraño, pareciera que Dios me los elige así, con hoyuelos.

El vuelo fue muy placentero. Fueron 10 horas seguidas de estar platicando de cosas muy profundas, de contarnos chistes, de jugar cartas, de tomar vino tinto y dormir a ratos, de hacer juegos de retos y de mostrarnos fotos. Esta parte fue muy importante. Daniel se conmovía cuando le enseñaba fotos de mis hijos, sobre todo cuando eran chiquitos. Yo vi fotos de Susana y Daniel, se veía el amor sin medida. Cuando Daniel me enseñó fotos de cuando él era muy chiquito sentí que él veía mis ojos con mucha insistencia, y sí, entendí por qué lo hacía: mientras más fotos veía de él, mi corazón latía con más fuerza, y así, sin avisar, las lágrimas empezaron a escurrir por mis mejillas. Sentía una especie de dolor. Me daba pena verlo tan chiquito y con todo lo que había sufrido. Me limpié las mejillas y le dije:

—Me dan ganas de sacar a ese niñito de tu celular para ponerlo en mis piernas, abrazarlo y decirle que todo estará bien.

—Y así será, Eli, a esta vida venimos a ser felices. Gracias por aceptar que yo viniera contigo. Me siento muy emocionado. Además, al parecer, he vencido el miedo —me contestó Daniel.

El resto del viaje siguió siendo de conversaciones como si los dos fuéramos unas auténticas comadres.

Llegando a España, al momento de aterrizar, volví a sentir el corazón acelerado. Ese corazón inquieto, que con todo se sensibiliza y se agita. Se emociona con facilidad y quiere salirse a buscar respuestas. Me había dado muchos sustos con sus taquicardias, pero entendí con el tiempo que era mi señal de alerta: cada vez que se aceleraba era porque quería decirme algo, y yo tenía que entender qué era. Esta vez sabía que se había acelerado porque ya estábamos en tierras madrileñas y que pronto veríamos a Patricio, de quien, por cierto, aún no había recibido ningún mensaje.

Pasamos inmediatamente la revisión y nos fuimos desde el aeropuerto al hotel en el auto que rentamos. Yo le recomendé a Daniel dejar el equipaje en el hotel y buscar un lugar en el que pudiéramos comer para planear lo siguiente. Y lo siguiente era encontrar la manera de dar con Patricio. Yo le mandaba tantos mensajes como fuera posible, pero era inútil. Eso nos alarmó a los dos, porque sabíamos que estaba enfermo.

Lo primero que se nos ocurrió fue ir a los auditorios donde se había presentado el día que lo conocí, para saber si sabían algo de él. No tuvimos suerte y fuimos a los hospitales a preguntar uno por uno y saber si tenían algún paciente con ese nombre. Tampoco tuvimos suerte y yo quería morirme cuando Daniel me dijo: «Tenemos que ir a las funerarias, Elisa, solo para descartar». Y fuimos, a todas, no nos faltó ni una sola. Gracias al cielo no encontramos a ninguna persona con ese nombre. Eso quería decir que Patricio seguía en casa. Lo que no entendíamos era, si no se ha puesto grave, ¿por qué no contestaba los mensajes?

Los siguientes días fuimos a preguntar a la mayoría de los edificios de las zonas adineradas de Madrid si conocían a un pianista de nombre Patricio Corominas. Nadie sabía decirnos nada. Siempre he confiado en que el universo me mandaría señales, pero esta vez no las encontraba. Nos estaba desesperando a Daniel y a mí no saber nada de él. Daniel publicó en redes sociales un mensaje donde pedía ayuda para encontrar a su amigo Patricio Corominas, pianista mexicano residente en la ciudad de Madrid. Después de un día, le llegó un mensaje al buzón de Daniel que decía:

> Hola, yo conozco al señor Patricio Corominas, es un pianista mexicano y vive en el mismo edificio donde viven mis abuelos. Por lo que sé, él se encuentra muy enfermo, no sé si guste ir a verlo así como está. La dirección es 38 Calle de Sta. Engracia. Mis abuelos viven justo enfrente y ellos tienen el departamento #32 A, así que el del señor pianista debe ser el 31 A. No sé quién esté cuidando al señor Corominas, porque le deben abrir desde el departamento. Le deseo la mejor de las suertes.
>
> Ana.

Al leer esto, de nuevo el corazón quería salir. Pensé que iba a darme un infarto. Pagamos la cuenta y nos fuimos inmediatamente a esa dirección. Llegamos a las 2:30 de la tarde. Nos costó mucho trabajo encontrar un lugar donde estacionar el auto. Bajamos y tocamos en el 31 A. Nada. Volvimos a tocar dos veces más y nada.

—¿Qué hacemos, Elisa? No nos abren —me preguntó Daniel con cara de decepción.

—Seguir tocando, Daniel, no podemos irnos así. ¿Y si le pasó algo a Patricio? Por favor, insistamos, siento una angustia terrible —le contesté con voz chillona y ojitos desamparados.

Tocamos unas 5 veces más y nada. Daniel y yo nos sentamos en la banqueta a esperar a ver si alguien entraba al edificio para poder colarnos atrás de ellos e ingresar. Pasó más de media hora y nadie llegaba. Nos fuimos caminando a la farmacia más cercana a preguntar si conocían al señor Patricio Corominas, pero nadie sabía nada de él. Todo parecía un misterio.

Yo empecé con mis pensamientos negativos y a hacer historias en mi cabeza que solo me hacían sentir peor: pensé que tal vez ya había muerto en su cama y que nadie lo había notado, y si fuera así, yo pensaba que quería morirme con él. También llegaban pensamientos estúpidos; pensaba que tal vez toda esa historia de que estaba enfermo era una gran mentira y que yo había caído en las garras de un ser mentiroso y despreciable, pero al segundo borraba esos pensamientos para decirme en mi mente: «¿Estás tonta, Elisa? ¿No sentiste el verdadero amor cuando estuvieron juntos y compartieron tanto? ¿No han compartido tanto por llamadas, videos y mensajes por tanto tiempo?».

Una y otra vez pensaba cosas horribles, malas, buenas y esperanzadoras. Todo ese tiempo me mantuve callada y hasta después me di cuenta de que Daniel estaba igual que yo, distraído con sus pensamientos. Su cara lo delataba. Seguro estaba haciendo historias malas sobre Patricio porque no lo conocía, y tal vez pasaba por su cabeza: «¿Qué hago aquí? Han hecho tonta a mi amiga». Quizás estaba arrepentido de haberme acompañado.

De pronto, una señora de unos setenta y tantos, chiquita, delgada y de cabello blanco, llegó con su cubrebocas, sus guantes y una bolsa del supermercado y abrió el edificio. Daniel y yo nos paramos inmediatamente y le preguntamos si conocía a Patricio. La señora se sintió invadida e intimidada y nos dijo:

—Yo no sé nada. ¿Por qué me preguntan a mí? ¿Por qué no van a la policía? —preguntaba enfadada.

—Señora, por favor, no se moleste, no era nuestra intención importunar. Estamos buscando a mi hermano, el señor Patricio. Nos dijeron que se estaba quedando aquí, pero no nos contesta. Él es pianista, es un artista de renombre —le dijo Daniel con tanta paciencia.

—¡Ah! ¡El pianista! Mire, señor, yo no sé si es el señor que está usted buscando, pero el vecino que está justo arriba de mí toca el piano a todas horas. Y no es queja, porque la verdad que toca como los mismos dioses, sus composiciones son exquisitas, pero últimamente no le he *escuchao*, para serles sincera. Incluso le he visto salir un par de veces del edificio. Es un señor de unos 50 años, muy apuesto, alto y delgado, con una sonrisa muy simpática, de esas que dejan a una encantada —nos decía la señora sonriendo cuando recordaba esa sonrisa, esa de la que yo sabía perfectamente de lo que estaba hablando—. Si ustedes gustan pueden subir conmigo y tóquenle, a ver si les abre y es su hermano, señor.

Al escuchar cómo la señora describía aquella sonrisa con los ojitos un poco perdidos y brillosos, mis lágrimas comenzaron a salir mientras tapaba mi boca con mis dos manos. No podía creer lo que escuchaba, estaba segura de que sí era él.

—Muchísimas gracias, señora, estamos muy agradecidos con usted —le dijo Daniel.

Y pasamos. Subimos con prisa, y la señora apenas y podía con sus cosas. Tuvimos que bajar el ritmo y ayudarle a la señora a cargar sus cosas. La dejamos en su departamento y, una vez que ella cerró la puerta, nos dio las gracias y nos deseó suerte. Daniel y yo subimos corriendo al departamento 31 A.

Llamamos a la puerta. Mi corazón latía a toda velocidad, y rogaba a Dios escuchar la voz de Patricio. Tocamos muchas veces la puerta y nada. Daniel comenzó a tocar muy fuerte y gritó:

—¡Patricio! ¿Estás ahí? ¡Ábrenos, por favor!

Y nada.

—¡Patricio, abre! ¡Soy Elisa! —grité llorando.

Pasaron 5 minutos y atrás de la puerta escuchamos una respuesta.

—¿Elisa? ¿Elisa? ¿Mi amor?

Mi alma se desvanecía. Sí era la voz de Patricio, sí estaba ahí y sí estaba enfermo. Los dos comenzamos a llorar mientras yo le decía, al mismo tiempo que me resbalaba hacia el piso:

—Ábrenos, Patricio, venimos por ti. Daniel está aquí conmigo, ábrenos, por favor —le suplicaba llorando.

—Mi amor, estoy muriendo, tengo mucha fiebre, no puedo abrir. No te debes contagiar. Me siento terrible. Apenas escuché tu nombre me levanté como pude de la cama para venir a ver si en realidad eras tú o era Dios que ya me estaba llamando —me contestó Patricio con la voz entrecortada y débil.

—Ahorita mismo viene una ambulancia por ti, Patricio, asegúrate de que no tenga un bloqueo la puerta. No te preocupes por nosotros. No nos pondremos en contacto contigo ni con tus cosas, pero, por favor, deja la puerta sin llave o seguro. Ten paciencia, saldremos de esto juntos —le dijo Daniel a Patricio.

Lo único que volvió a salir de la boca de Patricio fue un «sí» muy bajito y no volvió a hablar. Daniel, sin que yo me hubiera dado cuenta, ya se había anticipado y había tenido contacto con un amigo de Madrid que ya tendría la ambulancia lista para llevar a Patricio a una clínica privada donde lo podían atender inmediatamente; de la misma manera, ya estaba lista una compañía para ir a desinfectar el departamento. Solo tuvo que enviar un mensaje.

—¿Por qué haces todo esto, Daniel? Me siento en deuda contigo para el resto de mi vida —le dije llorando y tomando su mano.

—Yo tengo mis razones, Eli, muy poderosas, del alma, que después te explicaré. Ahorita tenemos que ver la manera de que Patricio salga adelante —me contestó.

Nos dimos un abrazo y, después de 10 minutos, llegó la ambulancia y los paramédicos. Patricio sí había dejado la puerta sin seguro. Los paramédicos, cubiertos con caretas y con trajes herméticos, sacaron a Patricio en camilla, tapado del cuello hasta los pies y con un domo transparente que cubría su cara. Él salió con los ojos cerrados. Lo vi y me aterré, y solo le pedía a Dios que le salvaran la vida.

Fue llevado a una clínica y llegó un grupo de gente para desinfectar todo el departamento. La histeria en el mundo era inevitable y todo se desinfectaba con detalle. Nosotros, Daniel y yo, nos fuimos al hotel a cenar y a descansar. Daniel estaba en contacto con el amigo que le había conseguido todos los servicios y era él quien nos mantenía informados sobre la salud de Patricio.

—Ya está bien atendido Patricio, Eli. Gracias al cielo que aceptaste venir a Madrid. Patricio necesitaba ayuda urgente y sin nosotros no sabemos lo que hubiera pasado con él.

—Lo sé, Dan. Ahora entiendo tu insistencia, tú lo presentías, ¿verdad? Es que no puedo creer que llegamos casi en el límite de Patricio. La suerte que tuvimos de encontrarlo, y de encontrarlo vivo. La vida es muy justa, y todo se ha puesto a favor nuestro. Gracias infinitas por tanto, Dan, no sabes lo que ahora te quiero —le dije a Daniel abrazando su brazo grande y tierno.

—Lo importante es que ya está atendido. Mañana iremos a su departamento para llenar su alacena y refrigerador con algo de comida. A Patricio no lo dejarán salir de la clínica hasta que esté completamente a salvo y sin el riesgo de contagio. Las personas que fueron a limpiar sus cosas tiraron absolutamente todos sus alimentos y utensilios de comida. También todo lo que usaba para su higiene. Toda su ropa de cama, de baño y ropa de él se la llevaron a lavar con estricta limpieza —me comentaba Daniel.

—¿Y tú de verdad crees que todo eso era necesario, Dan? Yo pienso que este maldito virus que hoy está matando a tanta gente llegó para quedarse. Creo que la humanidad aprenderá a vivir con él y sabremos cómo darle la vuelta sin necesidad de estar desinfectando todo, ¿no crees? —le pregunté.

—Yo pienso exactamente igual que tú, Eli, pero hoy no sabemos, así que tenemos que seguir fingiendo que sentimos la misma histeria que sienten todos los demás, porque si no nos mata el virus, nos matará la gente a pedradas si no cumplimos al pie de la letra todas las restricciones —dijo.

Daniel y yo nos fuimos a dormir, cada uno a su habitación. Esa noche dormí plácidamente. Como si me hubiesen arrullado. No desperté en toda la noche, no tuve sueños, solo dormí, descansé. Como si ya todo se hubiera arreglado. Me sentía cómoda y tranquila.

La mañana siguiente fuimos al supermercado a comprar todo lo necesario para Patricio. Al llegar al departamento no pude contener la curiosidad y, después de guardar los alimentos, fui a la habitación principal. En el escritorio de Patricio vi cosas que nunca imaginé encontrar. Había fotos mías y de él impresas sobre el escritorio. Me extrañó ver que mis fotos estaban junto con las de otra mujer, pero esa se veía de mala calidad, como si fuese una muy vieja, y por la ropa que vestía, parecía una foto de los años cincuenta o sesenta. Y moviendo un poco las fotos de Patricio, de él, debajo estaba la foto de un hombre también vestido con moda de aquellas épocas. Lo primero que pensé es que eran sus padres. Lo que no entendía era por qué tendría las fotos revueltas.

—Mira, Daniel, Patricio tiene fotos mías en su escritorio. Son las que me tomó cuando vine a Madrid —le comenté a Daniel.

—¿Y por qué las imprimió? —preguntó Daniel extrañado mientras se acercaba a ver las fotos.

—No lo sé, tendremos que preguntarle a él —contesté.

Daniel se acercó al escritorio para observarlas y tomó la de la señora que supuse era su madre.

—¿Quién es esta señora de Patricio? —preguntó Daniel muy sorprendido al verla y hasta un poco nervioso.

—No tengo idea, supongo que es su madre —le dije extrañada.

—No, no lo es —dijo Daniel con mucha seguridad—. Se parece a ti, ¿ya viste?

—Claro que no, Daniel. Sí somos de la misma complexión y tenemos el cabello del mismo color, pero nada que ver. Además, la señora se ve muy jovencita en la foto; yo ya estoy bastante grandecita —le comenté con un poco de risa—. Además, ¡qué miedo parecerme a la madre de Patricio, ja, ja! —agregué.

—Te digo que no es su madre, hazme caso.

Daniel tomó con cuidado la foto del señor, la estuvo viendo unos segundos y dijo:

—Ay, Dios mío.

Y rápidamente salió del departamento. Yo me quedé muy confundida con la reacción de Daniel, sentí cierto miedo y no quise salir a buscarlo. Me di cuenta de que Daniel estaba metido en todo esto. Supe que se dio cuenta de algo que le movió tanto, al grado de no soportar confirmarlo. No entendía nada. No sabía quiénes eran los de las fotos y no entendía la reacción de Daniel. Me esperé unos minutos antes de ir a buscarlo, pero él entró antes y se sentó en la sala, callado y con la mirada perdida.

—¿Qué pasa, Daniel? ¿Estás bien? ¿Por qué te saliste así después de ver esas fotos? ¿Hay algo que deba saber y que no sé? ¿Patricio sí es tu hermano? —pregunté con mi lógica.

—No, claro que no, Elisa. Solo vinieron a mí unos recuerdos al ver esas fotos viejas, es todo. Pero nada tiene que ver contigo o con Patricio. Me abrumé. Han pasado muchas cosas en pocos días. Hace un momento le mandé un mensaje a Carolina, quiero verla. Es más fácil que nosotros vayamos a verla a que ella venga; se están cuidando muchísimo. También pensé que cuando Patricio salga, vaya yo solo a verla; tenemos que estar aquí pendientes de la recuperación de Patricio —dijo Daniel.

—Sí, claro, me encantaría ir contigo, Dan, pero estoy de acuerdo en que alguien tiene que quedarse aquí a esperar a Patricio. ¿Ya sabes qué día sale de la clínica? —le pregunté.

—Realmente no. Sí está mucho mejor: ya puede respirar por sí solo y ya está comiendo, poco, pero algo es algo. Me dijeron los médicos que probablemente salga en una semana. ¿Qué quieres hacer esa semana? —preguntó.

—Pues ya están abriendo los establecimientos. La gente ya sale a las calles. ¿Quieres que demos algunos paseos aquí cerca?

—Tengo una mejor idea, Elisa. ¿Qué te parece si buscamos dónde nacieron y se conocieron Isabel y Tomás? —inquirió alegre y ansioso.

No esperaba una propuesta así. Me sentí emocionada de hacerlo y sí me gustaba la idea de hacerlo con Daniel. Siempre fue un sueño para mí hacerlo con Patricio, pero por alguna razón me emocionó hacerlo con Daniel y le dije que era una maravillosa idea. Con la información que yo misma le di al doctor Joseph, hicimos una pequeña maleta y nos fuimos en el auto a Guadalajara, España. Solo hicimos una hora de camino.

Llegando a Guadalajara, sentí una paz en mi alma y en mi corazón al ver esas calles tan bonitas. Llegamos directamente al palacio del Infantado, tan grande y hermoso. Después yo quise ir a la capilla de Luis de Lucena; quería pedirle a Dios que Patricio se salvara de tan infame enfermedad y que, en general, la gente dejara de morir a causa de ella. Yo no era una católica practicante; creía en Dios, pero nunca asistía a la iglesia. La simple idea de pensar que una comunidad quisiera manipular mis creencias y mis emociones me daba náuseas. Creía en el infinito poder de un Dios creador todopoderoso, creía que él me cuidaba y me escuchaba, creía en su infinita misericordia y creía que era un Dios justo, pero que no se dejaba manipular por las plegarias de gente hipócrita que asistía a la iglesia rogando a Dios por su ayuda con una mano detrás escondiendo la daga que usaría para lastimar a alguien más. Pero estaba tan bonito el templo, lleno de belleza y luz. Pedí por los míos, pero especialmente por él, por Patricio.

Después de 10 minutos, Daniel y yo fuimos al ayuntamiento para saber si podían darnos informes sobre la familia Buendía. Nos dijeron que para esos años tenían el domicilio de 5 familias con ese apellido, pero que no sabían si entre ellos eran familiares. Nos dieron las 5 direcciones y fuimos a tocar la puerta a cada una de ellas.

La primera casa que visitamos se veía bonita por fuera: era de color marrón con buganvilias colgando de la barda con una puerta de madera. Nos abrió una mujer joven, quien inmediatamente nos dijo que no conocía a ninguna persona de nombre Isabel o Tomás, pero nos deseó suerte. En la segunda casa, no tan agraciada, nos abrió un señor de unos cincuenta y tantos. Él nos dijo que no conocía a nadie con esos nombres, pero que sí conocía a otra persona de apellido Buendía, que no era su pariente, pero que la conocía. Esa persona, mujer, vivía en una de las direcciones que nos habían dado en el ayuntamiento. No nos dijo su nombre, no lo sabía; solo la ubicaba como la señora Buendía. Al llegar a esa casa, pequeña, de color verde pistache, salió una señora de unos cincuenta años.

—¿Qué se les ofrece?

—Buenas tardes, señora, disculpe usted. Nos informaron que aquí vivía la familia Buendía; queríamos saber si conocen a una persona llamada Isabel Buendía o Tomás Buendía —le pregunté con mucho respeto.

—Bueno, yo no soy de apellido Buendía, pero mi abuela sí lo es. Dejadme preguntarle si sabe algo, aunque no os prometo que se acuerde. Mire, mi abuelita ya es muy viejecita y ya se le olvidan ciertas cosas. ¿Por casualidad tienen una foto de las personas que están buscando? —preguntó la señora.

—No, realmente no, venimos sin nada, la verdad —le contesté.

—Vosotros no sois de acá, ¿verdad? Perdonen, es que el acento... —preguntaba la señora haciendo ademanes de que nuestra forma de hablar era distinta.

—No, señora, somos de México. Venimos buscando a mi abuelita de nombre Isabel Buendía, o al menos tener una foto de ella —le contestó Daniel, argumentando que era la abuelita a quien buscábamos.

—Bueno, permitidme, voy a preguntarle a mi abuelita. Podéis esperar en la banca de aquí afuera —contestó, cerrando la puerta.

Daniel y yo nos quedamos callados ahí sentados. Hacía calor y nos mirábamos con ojos de emoción. No sabíamos qué respuesta nos iban a dar. Después de casi 20 minutos, Daniel y yo deshidratados, salió la señora y nos ofreció pasar. Nos dirigió a un comedor muy modesto donde ya nos esperaban unas limonadas frías y una señora muy viejita —de cabellos blancos, ojos verde oscuro y manitas temblorosas— sentada en una silla de ruedas. La señora de cincuenta y tantos le hablaba casi a gritos.

—¡Abuelita, estas son las personas que buscan a Tomás! ¡Diles lo que sabes, abuelita! —gritaba la señora a su abuelita.

—Sí, ya los vi. Tomás fue hermano de mi esposo —contestó la abuelita a gritos también y muy despacio;

apenas podía hablar, se esforzaba mucho—. La última vez que mi esposo lo vio era muy joven, como de 15 años. Tomás se fue al ejército del *jodío* Franco y no lo volvieron a ver. Lo último que supimos de él es que tuvo un hijito en México, pero murió muy joven. ¡Lo mataron!

Sentí tanta pena al oír eso. Mis manos empezaron a temblar, sentía las piernas adormecidas y tenía un nudo en la garganta tan duro que no me permitía tragar; ni siquiera podía tomar el agua de limón. Volteé a ver a Daniel y estaba mudo, con sus ojitos acuosos. Yo juraba que se le iba a salir una lágrima.

—¿Cómo se llama usted, señora? —le dije en voz muy alta a la viejita.

—¡Me llamo Jesusa! ¡Mi esposo se llamaba Julián! —contestó a gritos.

—¡Jesusita! ¡Qué bonito nombre! ¿Sabe usted, Jesusita, cómo se llamaba la esposa de Tomás? —le pregunté fuerte y acercándome más a ella.

Jesusa se quedó callada cerca de 3 minutos tratando de recordar. Le hizo una seña a su nieta y le dijo al oído que le llevara unas fotos que tenía en un cajón del mueble de la sala. Su nieta le hizo caso y sacó muchas fotos viejas. Entre ellas dos pasaron una por una, despacio. Jesusa revisaba cada una con detenimiento y las pasaba porque no servían, hasta que llegó a una que señalaba varias veces diciéndole a la nieta: «Es esta».

—Esta foto se la dio mi suegra a mi esposo —nos dijo Jesusa hablando muy bajito, ya estaba cansada.

Daniel y yo nos acercamos a ver la foto y nos llevamos una sorpresa inesperada. En la foto en blanco y negro estaba una señora muy joven y bonita, embarazada, tomada del brazo de un joven muy apuesto, ambos con caras muy sonrientes y ropas muy elegantes. Yo quería desmayarme, porque tanto la joven de la foto como el joven eran las mismas personas que Patricio tenía en las fotos de su escritorio. No sabía cuánto tiempo más iba a vivir; todo el tiempo sentía muy altos y muy bajos en mi corazón. A cada momento me daban taquicardias. Volteé a ver a Daniel y él estaba igual de sorprendido que yo.

Jesusa nos quitó la foto para darle la vuelta y poder leer en letra manuscrita: «Tomás e Isabel, 1953». Solo vi cómo Daniel se llevó la mano a la boca, y le empezó a temblar la mano con la que sostenía la fotografía. Yo empecé a llorar un poco, saqué mi móvil y le tomé una foto a la fotografía vieja que nos habían mostrado. Daniel hizo exactamente lo mismo, por delante y por detrás.

—Muchas gracias, Jesusita, nos ha dado mucho gusto conocerla —le dije a Jesusa sin poder tocarla porque seguíamos cuidándonos todos.

—Gracias por todo, Jesusita, que Dios la bendiga —le dijo Daniel.

Nos dirigimos hacia la nieta de Jesusa y le dijimos:

—Nos vamos. Muchísimas gracias por su ayuda, Jesusa ya se ve muy cansada y no queremos importunar más. De casualidad, ¿no sabe dónde podría estar la familia de Isabel? —le preguntó Daniel a la nieta.

—La verdad no sabría decirle. Lo que yo haría en su lugar sería ir a las tiendas más viejas que vea. Normalmente están en el centro de la ciudad. Si están buscando a dos personas que vivieron en la época del franquismo, puede ser que sí los hayan conocido en algunas tiendas. Si ven gente de mayor edad, acérquense a ellos, la mayoría de los ancianos de este pueblo han vivido aquí toda su vida. Les deseo la mejor de las suertes —nos comentó la nieta.

Nos despedimos muy agradecidos e hicimos justo lo que nos había recomendado la señora. En el auto no pude contener el llanto, y Daniel me consolaba tomando mi mano, pero callado.

—¿Te fijaste que las personas de la foto son las mismas que Patricio tiene en su escritorio? ¡Patricio ya sabía algo de esto! ¡Él ya había encontrado algo! Me siento tan cerca de saber, Daniel, me siento tan abrumada, y ¿quién fuiste tú? ¿Tienes idea? —le pregunté a Daniel con un poco de desesperación.

—Elisa, tranquila, todo va a estar bien, no tienes por qué desesperarte. Faltan muchas cosas por saber. Hoy lo que más debería importarnos es la salud de Patricio. Me mandaron mensaje y Patricio está mejor que ayer, eso a mí me da mucho más gusto. No es mi intención minimizar nada, pero no olvidemos que el presente es el más importante de todos los tiempos —me dijo Daniel con cariño, pero en tono de regaño por mi actitud de angustia.

Seguimos nuestro camino hacia el centro de la ciudad. Donde pudimos nos estacionamos y fuimos recorriendo las tiendas. Poníamos más atención en las que se veían más antiguas, buscando personas de la tercera edad. En cada una de ellas preguntábamos si habían conocido a una señora de nombre Isabel Buendía y enseñábamos la foto. Nadie nos daba ninguna señal de saber nada, hasta que Daniel me detuvo y me dijo:

—Elisa, Isabel Buendía tiene el apellido de Tomás, pero no el de nacimiento. Seguramente podemos conseguir más información si solo preguntamos por Isabel —mencionó Daniel.

—Sí, tienes razón. Hagámoslo así —le contesté.

En una de las tiendas, una señora se quedó viendo la foto y dijo: «Esa chica yo la conozco».

—Esa chica yo la conozco, era mi vecina cuando era niña. Debe de llevarme unos 10 años. Nunca fuimos amigas, pero recuerdo bien dónde vivía. Era muy bella, o es, desconozco si sigue viva, pero si yo tengo 77, ella debe tener al menos unos 87 o una edad cercana —nos comentó.

—¿De verdad? Señora, ¿cree que pueda darnos la dirección donde usted vivía? —le pregunté.

—Sí, claro, no recuerdo el número, pero la calle era Mayor T, en el centro. Las casas son muy viejas ahí, espero que tengan suerte —nos contestó la señora.

Las calles de esa zona eran empedradas y las casas de ladrillo oscuro; había unas un poco más coloridas que otras. Todo el tiempo, el hueco del estómago generaba en mí un sentimiento de añoranza que mi mente no podía controlar. Yo nunca había estado en esas calles; sin embargo, todo se sentía tan familiar. Mientras

Daniel manejaba, yo solo observaba a detalle todas las casas. Daniel sabía lo que yo estaba viviendo porque no me hacía la plática, y yo lo tenía agarrado de la mano y la apretaba sin que yo me diera cuenta, pero él, él sí se daba cuenta.

Llegamos a la calle Mayor T, nos estacionamos y bajamos a caminar.

—Tú eres la del «feeling», Elisa. Toquemos las puertas que más se te hagan familiares —me dijo Daniel.

Caminamos despacio, sin prisa, mientras yo observaba cada detalle de cada una de las casas. Todas eran familiares para mí, todas. Mi corazón me decía que había vuelto a casa. Me sentía feliz y triste al mismo tiempo. Me dolía el estómago porque también sentía culpa, no sé de qué, pero sentía culpa. De pronto observé una casa que tenía una ventana que en cuanto vi, me visualicé ahí sentada observando una tarde soleada.

—Toquemos en esa casa, Daniel, creo que ahí pueden darnos informes. Mi sexto sentido me dice que puede ser ahí —le dije.

Tocamos y salió una señora de unos 55 años.

—Buenas tardes, señora, disculpe usted. Estamos buscando a una señora de nombre Isabel de apellido Buendía. ¿Sabe usted dónde vive? Disculpe, no nos presentamos. Yo soy Daniel y mi amiga Elisa; somos de México y estamos buscando a mi tía Isabel —le dijo Daniel a la señora.

—Buenas tardes, caballero. ¡Qué sorpresa! ¿Isabel fue tía suya? —le preguntó la señora a Daniel.

«Bingo», pensé, cuando la señora comentó eso. Ella sabía algo.

—Bueno, eso me dijeron mis padres —le contestó.

—Yo soy hija de Sofía, la hija de María José. María José era mi abuela y tenía una hermana de nombre Isabel que vivió en esta casa en los 50 con mi abuela y más hermanos. Pasen, por favor, están en su casa —nos dijo e invitó a pasar abriendo la puerta y señalando la sala—. ¿Gustan un vaso de agua?

—Muchas gracias, yo no apetezco. ¿Tú, Elisa? —le contestó Daniel a la señora y me preguntó a mí.

—No, muchas gracias, venimos con algo de prisa y ya hemos tomado agua hace no mucho —le dije a la señora.

La señora tomó unas fotografías que tenía guardadas en el clóset. Yo no podía creer que estaba dentro de esa casa que tanto me había llamado la atención y que, al parecer, había sido la casa de Isabel. Mientras la señora sacaba una caja de zapatos con fotografías antiguas, yo no podía dejar de ver la escalera, los barrotes. La ansiedad que sentía estaba a tope, me daban ganas de irme a sentar ahí, en la escalera. Daniel me dio un codazo para no desatender las fotografías que la señora quería mostrarnos.

—Miren. La Isabel que están buscando, supongo que era mi tía abuela, pero no se apellidaba Buendía. Nosotros somos de apellido Navarro. Pero un día, recuerdo muy bien, mi abuela me contó entre lágrimas que extrañaba mucho a su hermana Isabel. Ella, Isabel, huyó de su casa cuando era muy jovencita. Se fue con un muchacho que vivía muy cerca de aquí, de apellido Buendía, por eso estoy segura de que estamos hablando de la misma Isabel. Aquí tengo fotos de la familia de mi abuela, miren —nos decía y nos mostró las fotos.

Cuando vi las fotos, una por una, salió una lágrima de mi ojo derecho y luego otra del ojo izquierdo. Me quedé muda. Para mí eran unos desconocidos, pero me sentía triste, muy triste. Y pudimos corroborar Daniel y yo que se trataba de la misma persona que tenía Jesusa, la viejita, y la misma que tenía Patricio en su escritorio.

—Disculpe, señora, ¿su madre aún vive? —le preguntó Daniel a la señora.

—No, mi madre murió hace un par de años. Tenía una afectación cardíaca. Yo soy la hija más chica de María José. Yo me llamo Sofía. Pero, cuéntenme, ¿de parte de quién es usted sobrino de Isabel y por qué la busca? —preguntó Sofía.

—En realidad, Isabel era esposa de Tomás Buendía. Soy nieto de uno de los hermanos de Tomás —le contestó Daniel a Sofía.

Yo en ese momento me puse nerviosa. ¿Cómo sabía Daniel que Tomás tenía hermanos? Y volteé a verlo quizás con cara de «¿por qué estás inventando?», pero inmediatamente regresé a ver las fotos disimulando la invención de Daniel.

—¡Ah, ok! —contestó Sofía.

—Y la busco porque venimos mi amiga y yo a Guadalajara de visita, de turistas, y quise ver dónde vivía mi familia, sobre todo porque estoy escribiendo una autobiografía y estoy incluyendo datos de la familia de mis padres —interrumpió Daniel a Sofía, que intentaba decirnos algo.

—¡Qué interesante! Pues si usted gusta, Daniel, puede tomarle fotos a las fotos que aquí tengo. ¡Me dará mucho gusto leer su libro algún día! —le contestó Sofía, fascinada de escuchar a Daniel.

—¡Claro, Sofía! Yo con todo gusto le haré llegar una copia cuando haya terminado —le contestó Daniel muy sonriente, al igual que Sofía.

—Gracias. Le contaba que Isabel huyó con este muchacho de nombre Tomás, y se fueron a México, por eso entiendo que ustedes son de México —nos seguía contando Sofía.

—¿Y su abuela nunca más volvió a ver a su hermana Isabel? —le pregunté ansiosa de saber.

—Ella sí volvió a verla, la demás familia no. Isabel se había puesto mal de salud, allá en México. A mi abuela le llegó una carta de su hermana donde le explicaba que había enviudado, que ella estaba muy enferma y que no sabía si volvería algún día a España. Mi abuela, no sé cómo le habrá hecho, pero fue a México a verla, porque Isabel le dijo que tenía un hijo. De hecho, mi abuela vivió casi dos años en México para ayudarla a cuidar a ese bebé. Cuando Isabel murió, mi abuela tuvo que volver a España, pero no se trajo al bebé. Eso le dolió muchísimo y siempre vivió con el remordimiento; no había día que no hablara de Isabel y de su hijo —nos contó Sofía.

Daniel se enterneció tanto con la historia que él también empezó a lagrimear, al menos eso pensé yo, y no dejaba de ver las fotos con tanta insistencia.

—¿Y qué pasó con ese bebé? ¿Cómo se llamaba ese bebé? ¿Tiene el nombre completo? —le pregunté a Sofía con mucho interés.

—Nunca lo supe, mi abuela solo se refería a ese bebé como «mi niño». Lloraba siempre que hablaba de él, creo que vivió con remordimiento toda su vida por no haber hecho todo para traérselo —contestó Sofía.

Daniel dejó de hacer preguntas, solo se veía cabizbajo y triste.

—Gracias, Sofía, no queremos molestar más. Nosotros ya nos vamos, tenemos que seguir indagando esta historia. ¿Sabes en qué casa vivía Tomás? —preguntó Daniel a Sofía.

—No estoy segura. Mi abuela solo decía que aquí cerca —comentó Sofía.

Yo alcancé a ver hasta abajo de las fotos unas cartas muy viejas. No quería verme invasiva o impertinente, pero no me quedé con la duda y le pregunté:

—¿Me permites ver esas cartas, Sofía?

—¡Claro! —contestó.

Saqué las cartas, todas se veían iguales. Todas tenían una dirección que no era de la casa donde estábamos. Abrí una y decía:

Septiembre, 1948

Sigue esperando, sigo vivo por ti…

Tomás

Abrí varias, y todas decían exactamente lo mismo, pero con diferente fecha. Mi corazón... de nuevo.

—Qué lindas cartas, Sofía, gracias por mostrármelas. Aquí las dejo —le dije a Sofía mientras las guardaba en la cajita.

—Sofía, ¿tiene fotos del bebé de Isabel? —preguntó Daniel.

—No he visto ninguna. Lo que está en la cajita es lo que yo conservo de mi abuela, y entre esas cosas yo sabía que estaban las de Isabel. Si no tiene inconveniente, puede darme su número móvil, y si encuentro una foto del bebé con todo gusto se la envío —le contestó.

—Gracias, claro que sí. Sería muy valioso para mí.

Nos despedimos de Sofía con gusto y calidez. Al menos se pensaba que Daniel y ella eran algún tipo de parientes lejanos. Yo moría de hambre y le sugerí a Daniel ir a comer algo. El camino hacia el centro de la ciudad lo disfruté enormemente.

—Gracias, Daniel, por traerme. Quería preguntarte si con todo lo que ya sabemos, aún piensas que fuiste algo mío en otra vida. Yo te veía muy cómodo con las visitas que hemos hecho y muy sorprendido a la vez con la información que nos han dado.

Daniel hizo una pausa larga antes de contestar. Se le notaba muy pensativo y hacía ruidos como suspiros.

—No lo creo, Elisa —contestó haciendo una pausa y suspiró de nuevo—. Estoy seguro.

No esperaba una respuesta así. Ahora sí sentía la sangre hervir dentro de mi cabeza. ¿Cómo era posible que él ya sabía de qué iba todo esto y no me lo había confirmado? También me quedé callada, pensativa. No quería que él fuera Tomás, pero sí quería que Daniel fuera parte de mi vida presente y sí quería saberlo en mi vida pasada. Incluso sentía que lo necesitaba.

—¿Quién eras? —le pregunté seria.

—No lo sé. Pero sí estuve. Y también estoy seguro de que Tomás fue Patricio, Elisa, de eso no tengo la menor duda —me contestó.

No sabía qué pensar, ahora sí estaba más confundida que nunca.

—Daniel, si no fuiste Tomás, ¿quién fuiste? —insistí.

—Ya te contesté que no lo sé. Vamos a comer, a hablar de otras cosas, Elisa, por hoy creo que fue muchísimo. He estado pendiente de Patricio, creen que puede salir en unos cinco días, eso es maravilloso. Sus pulmones están reaccionando bien al tratamiento y prácticamente ya lleva los 15 días con el virus activo, eso quiere decir que el cuerpo ya está cediendo porque ya no hay virus. Le encargué al doctor que tuviera especiales cuidados con Patricio —me dijo.

—¡Gracias, Dios! Gracias, Daniel. Ya quiero verlo, ya quiero estar con él. ¿Puede hablar por teléfono? —le pregunté.

—No creo, aún lo tienen en terapia intensiva, pero tal vez mañana. Vamos a esperar a que se recupere más. ¿Qué quieres comer? —me preguntó.

Fuimos a un restaurante cerca del Palacio del Infantado, y después de comer aprovechamos para entrar. Deleitamos su edificación barroca con tonos renacentistas, un patio interior llamado el Patio de los Leones con unos arcos hermosos y todo lo que ahí se albergaba, como hermosas pinturas y esculturas. Lo disfrutamos enormemente porque nos daba ideas para nuestros trabajos de arte. Fue muy ligero recorrer ese museo al lado de Daniel; nos gustaba lo mismo y las críticas eran tan similares. Al salir decidimos ir a descansar.

Ya en el hotel, le marqué por teléfono a mis hijos. No sabía cómo decirles por todo lo que su mamá estaba pasando. No tenía idea si ellos creían en la reencarnación o si alguno de ellos había tenido una experiencia como la mía. Me daba miedo que pensaran que su madre se estaba volviendo loca. Ese es el gran freno para contar las cosas, los sentimientos y las sensaciones. Quería contarles todo, pero no quería sus opiniones, sus críticas o hasta su incredulidad.

Aún con ese miedo les llamé y les conté con mucho tacto que mamá había dejado un novio la vez que había estado en España para la exposición de «Lupe», y que ese novio, de nombre Patricio y dos años mayor que yo, había enfermado gravemente a causa del virus que a todos nos aterraba en ese momento. Los cuatro quedaron mudos, querían sonreír, pero no esperaban una noticia como esa. Hasta que…

—Mamita, ¿por qué no nos habías contado? Te vimos después de tu viaje —preguntó Paulo.

—No lo sé, hijo, no quería ser juzgada —le contesté.

—¿Juzgada por qué? —preguntó Aimar.

—Juzgada por haber regresado con novio a la ciudad. Realmente tuve poco tiempo para conocerlo y decidir que quería que fuera mi novio —les expliqué.

—Pero mamá, ya tienes una madurez que nosotros no tenemos. Confiamos, o al menos yo, plenamente en que usas tu buen juicio para salir con quien tú quieras —dijo Paulo.

—Bueno, sí, Paulo, pero la madurez no es garantía de que saldrás con una persona igual de madura que tú o con los mismos valores. Recuerda que mi madre tuvo una pésima experiencia porque confió y la traicionaron —dijo Dara.

—Eso nada tiene que ver, Dara. Mi mamá eligió bien, ella no sabía que estaba con un mentiroso, con un patán. Quien tuvo la culpa fue el otro, no mamá —pronunció Aimar.

—Mamá, no importa si te fue mal en el pasado. Tú no te equivocaste, tú fuiste buena persona. Y estás viva, tienes sentimientos, eres mujer, es muy válido que quieras sentir amor otra vez. De eso se trata la vida, de amar. Sin amor no tiene sentido la vida, y encontrar un amor bonito es un regalo que no debes desaprovechar —habló Sofía.

»Claro, mamá, qué bueno que conociste a Patricio y qué bueno que estés cerca de él en estos momentos. Y no temas contarnos, somos quienes más te amamos en este plano terrenal. Siempre vamos a querer lo mejor para ti, y eso es lo que te hace feliz. Tú decide quién y cuándo.

—¿Daniel lo conoce? ¿O por qué fue él contigo? —preguntó Aimar.

—Uff, esa es otra historia, muy larga, pero esa sí quiero contárselas a mi regreso. ¡Los amo tanto, mis niños adorados!

—¿Y cuándo regresas? —preguntaron.

—Estamos esperando a que Patricio salga del hospital, se recupere casi al 100 por ciento y regresarnos con él a México. Yo espero que no pase ni un mes para que vuelva a estar con ustedes, y entonces sí, platicarles cada detalle de esta historia fantástica —les dije con picardía.

—¡Uy! Eso suena muy interesante. Tárdate lo suficiente, mamá, lo que necesites, tienes todo nuestro apoyo y amor incondicional. Eres una gran mujer y mereces sentirte muy feliz. Avísanos cómo va Patricio —concluyó Sofía.

Los cinco nos despedimos de la videollamada con muchas frases de amor, alegría y sonrisas. Yo me sentía tan bien acompañada de mis hijos. No importaba si estábamos lejos físicamente, en las llamadas se sentía todo el amor que nos teníamos. Todos nos respetábamos y éramos solidarios y empáticos. Ellos ya tenían su vida hecha, así que entendían que la responsabilidad de la felicidad de cada quien era propia, y por ella yo iba a luchar.

Los siguientes días fuimos a Aranjuez a visitar a Carolina. Daniel se sintió tan conmovido cuando la vio, no podía creer lo grande que estaba y lo guapa. Decía que era igualita a su madre. Como el día que los habíamos visitado Patricio y yo, Carolina y Juan, su novio, habían preparado una comida exquisita. Esa ocasión sí nos quedamos a dormir en casa de Carolina dos días. A Daniel nunca lo había visto tan feliz. La gran maleta con la que cargaba iba repleta de cosas de su hermana que quería entregarle a Carolina. Cuando lo hizo fue absolutamente emotivo. Daniel empezó a sacar de la maleta, cosa por cosa, y de cada una nos contaba una historia, una que había vivido con su hermanita. Se querían muchísimo. Le llevó juguetes, portarretratos, cartas de hermanos en donde se pedían perdón para seguir jugando, cartas de Navidad, fotos de ellos con sus padres y, por supuesto, las cosas que alguna vez compró Lola para dárselas a su hija cuando creciera. Esa tarde estuvimos muy contentos compartiendo el cariño que entre tío y sobrina emanaban. Al siguiente día fuimos a visitar unos viñedos y unas queserías. A unos 20 minutos de unos de los viñedos nos bajamos a un sembradío de lavanda. Fue la sensación más hermosa que había sentido en contacto con la naturaleza, respiraba el olor de las flores y sentía que mi alma volvía en sí, se despertaba de un gran sueño. Fue una fascinación para mí. Realmente me sentía muy agradecida por todas esas experiencias al lado de Daniel, de Carolina y de Juan.

—Mañana dan de alta a Patricio, Eli, debemos salir de aquí mañana por la mañana muy temprano —dijo Daniel.

—Dios gracias.

Me sentía tan agradecida con Daniel. Sabía que su interés por salvar a Patricio era genuino.

A la mañana siguiente nos fuimos muy temprano para pasar directamente al hospital para recoger a Patricio. Las manos me sudaban, estaba muy nerviosa porque por fin lo volvería a ver. Mi amado Patricio.

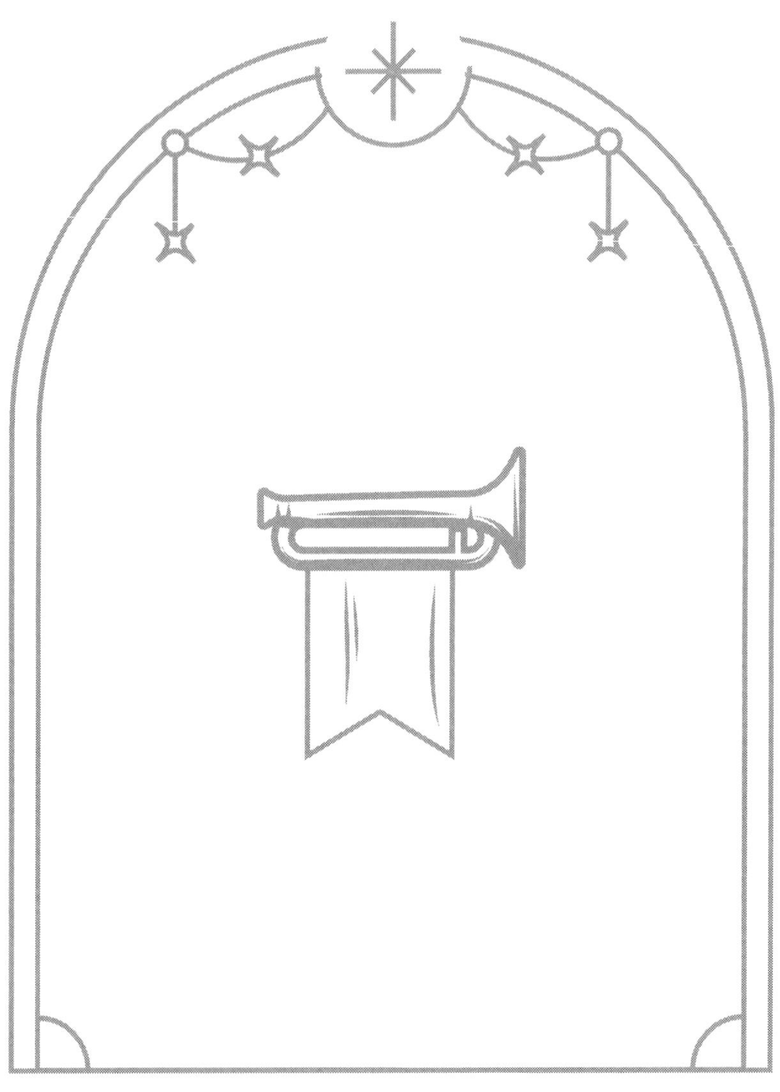

XXIX
Patricio

Llegamos a Madrid y nos fuimos directamente al hospital. No habíamos hablado con Patricio antes. No tenía idea de cómo se sentiría él al verme. Yo me sentía feliz de que ya lo habían dado de alta. El doctor nos aseguró que ya no había probabilidad de contagio. Cada minuto que pasaba representaba un paso más para llegar con el amor de mi vida o de mis vidas.

Al llegar, Patricio ya estaba esperando en una salita. Todo el proceso para darlo de alta ya había concluido. Al entrar, vi a Patricio, desmejorado pero igual de guapo que cuando nos vimos en el museo del Prado y me deslumbró. Él me vio y empezó a llorar. Yo corrí hacia él y nos abrazamos con toda la fuerza posible, toda la fuerza que sus brazos débiles alcanzaron a dar. Abrazados, no dejábamos de llorar y él solo decía: «Gracias, gracias, gracias, mi amor».

—Me salvaste la vida, Elisa, no esperaba que nadie llegara a tiempo —me decía Patricio mientras me llenaba de besos en la frente y él, con sus ojos rojos e irritados, seguía llorando y pasando sus manos sobre mis brazos, mis manos, mi cuello y mi cara.

Patricio no dejaba de verme con esa mirada de asombro, de gratitud, de gloria.

—Daniel me acompañó hasta aquí para hacerse cargo de todos los gastos, mi amor. Sin él no sé si yo te hubiera alcanzado. Estoy muy agradecida con él y siempre lo estaré —le dije a Patricio mientras correspondía sus caricias tocando su cara y su cabello con muchísimo amor y gratitud.

Patricio me tomó de la mano y nos acercamos a Daniel. Él, Daniel, se conmovió mucho al ver a Patricio y también empezó a llorar y se dieron un abrazo. Uno como si ya se hubieran conocido antes, como si los uniera una gran amistad, y Patricio le preguntó a Daniel:

—¿Por qué?

—Porque Elisa y tú merecen continuar el amor que se tienen. Yo no podía permitir que te quedaras acá solo sin atención médica. Ustedes dos deben continuar lo que dejaron pendiente. Sabemos todo, Patricio —le dijo Daniel a Patricio con tanta seguridad de que Patricio comprendería sus palabras inmediatamente.

—Gracias, Daniel, muchas gracias. Eres una persona sumamente importante para mí, aunque aún no sé de ti. No he logrado entender exactamente quién eres o fuiste. Vamos a casa, Daniel, Eli, vamos a casa y platiquemos de todo lo que los tres sabemos —nos dijo feliz de estar con nosotros.

Nos fuimos los tres al departamento de Patricio. Yo me sentía tan feliz de estar con Patricio y me sentía ansiosa de escuchar lo que Patricio sabía de Tomás e Isabel. El amor era evidente y las demostraciones de amor inevitables. Todo el tiempo nos abrazábamos y besábamos, y estábamos tomados de la mano sin soltarnos. Se sentía una especie de atadura; no queríamos soltarnos por temor a volvernos a distanciar. Incluso Patricio mencionó en el trayecto al departamento que él quería regresar con nosotros a México, haya terminado o no sus asuntos en España.

—Si no puedo terminar mis asuntos acá en Madrid, no importa. Ya volveremos juntos, Elisa, para resolverlo. No me vuelvo a separar de ti nunca.

Y aunque estaba claro que la pareja éramos Patricio y yo, y en otra vida Isabel y Tomás, dentro de ese auto yo me sentía completa. Daniel también era parte de esto y lo necesitaba en mi vida para sentirme plena. En mi mente pronunciaba que tampoco me alejaría de Daniel, nunca más, deseando que Daniel sintiera lo mismo.

Llegamos al departamento. Antes pasamos a comprar comida para los tres y todos los medicamentos que le habían recetado a Patricio. Aún se sentía y se veía débil, pero la emoción de estar juntos era mucho más fuerte que eso, y pasamos toda la tarde platicando en la sala.

—Quiero decirles a ambos que estoy sumamente agradecido con los dos por todo lo que han hecho por mí. De no haber sido por ustedes no sé qué hubiera pasado. Me sentía terrible y no tenía fuerzas para hacer nada ni conocía a nadie a quien recurrir. Toda la gente está histérica, nadie quiere salir de sus casas; solo lo hacen para ir a la farmacia, el supermercado o a los restaurantes. Pero nadie se atreve a ir a ayudar a un amigo enfermo por el virus, eso es aparte, nadie lo hace. La gente que vive sola y enferma está muriendo en sus casas. Todo el tiempo están recogiendo cadáveres, y sentí que yo sería uno de ellos.

»Viví estos últimos días en desolación: me dolía todo el cuerpo, perdí el olfato y el gusto, de hecho, aún no tengo esos sentidos, la cabeza quería estallarme y me costaba trabajo respirar. Dormía todo el tiempo y tuve pesadillas. No comía, no tomaba agua. Lo único que tomaba eran analgésicos. Pedía comida a domicilio, me la dejaban en la puerta y me costaba mucho trabajo pararme de la cama para ir a recogerla. Cuando lo lograba ya no tenía ganas de comer y apenas y tocaba lo que me traían. Les juro, Dan y Eli, que pensé que moriría... de nuevo. Y sentía un dolor aún más fuerte en el alma que en el cuerpo, porque por primera vez en la vida había sentido amor verdadero por alguien, por Eli. Estaba feliz de haberla recuperado, y cada día que pasaba la sentía más y más lejos de mí, o más bien, sentía que era yo quien me iba de nuevo.

Patricio hizo una pausa, se quedó pensativo y prosiguió:

—Antes de enfermar, me aferré a la historia de Isabel y Tomás. Cuando Eli me contó lo que le había sucedido en terapia, en la hipnosis, contacté a las personas que conozco para tratar de dar con ellos, con su historia, y para fortuna mía, encontré mucho más de lo que pensé que iba a encontrar. Yo también fui con un experto en hipnosis, Eli. Sé que no te dije, pero no quería entorpecer tu proceso con el mío. También como tú solté información. Información que me ayudó a descubrir si toda esta historia había sido real. Y todo lo hice porque al día de hoy no deja de sorprenderme el profundo amor que sentí por ti, Eli, desde la primera vez que te vi en aquel museo del Prado. Desde ese día no volví a dormir bien. Todos los días pensaba en ti y sentía que tenía que volver a verte. Me entró una necesidad de buscarte que no me dejaba tranquilo. Tu nombre. El día que me dijiste el nombre de Isabel no me contuve; esa noche lloré tanto que no recuerdo a qué hora mi cuerpo cayó rendido y me dormí, y al día siguiente desperté con una resaca de tanto llorar. Parecía que el tiempo me había agarrado a palos. Desde ese día entendí que tú dejaste algo pendiente. Ese pendiente es el que no te ha dejado vivir en paz, y cargas con ese pendiente por culpa mía, o de Tomás, que es lo mismo.

»Dejé de ensayar mis composiciones, no dormí, gasté mucho dinero, salía a escondidas, hice todo para descubrir la historia de Tomás e Isabel. Pagué miles de euros para ser asesorado mediante videollamadas por expertos en reencarnación, en el regreso de las almas, de regresiones, de todo. No podía estar quieto, no podía vivir sin saber. Todo me fue llevando hacia una persona que me contaría con lujo de detalle todo lo que había pasado en aquellos años, pero solo supieron contarme de ellos hasta el día que yo morí trágicamente. No he logrado saber qué pasó después. No saber de ti después de haberte dejado me tuvo por días muy ansioso y dolido, muy dolido. Quería entender, quiero entender por qué el universo nos volvió a encontrar. Necesito saberlo. No solo es continuar con una historia de amor verdadera, va mucho más allá que eso. Tanto Tomás como Isabel murieron con una profunda tristeza por no haber completado algo.

»Entre todas las personas que contacté y que a su vez me fueron contactando con otras que pudieran darme algo de información, encontré a un señor muy viejito, se llama Joel. Este señor fue muy amigo de otro que a su vez solía decir que era el mejor amigo de Tomás, casi hermano. Su madre trabajó con los padres de este amigo y ellos dos crecieron prácticamente juntos, y así se convirtieron en grandes amigos. Ese amigo en común se llamaba… Daniel… como tú, Dan, y eso verdaderamente me sorprendió muchísimo cuando lo supe, porque Elisa siempre me ha contado lo cercanos que ustedes han sido en los últimos dos años.

»Aquel Daniel fue un joven de familia muy acomodada en los años 50. Él entró al ejército franquista y ahí conoció a Tomás, es decir, a mí. Daniel y Tomás hicieron una amistad inquebrantable. Ambos sufrieron las injusticias que aquel ejército cometía con la gente necesitada; se ayudaban entre sí y no confiaban en nadie, solo entre ellos. Tomás le salvó la vida a Daniel en un campo de batalla. Evitó que lo mataran enfrentando al enemigo, llevó a Daniel al cuartel y curó sus heridas de muerte antes de que fuera atendido por personal médico. Daniel siempre hacía énfasis en que Tomás le había salvado la vida y por esa razón el cariño que él sentía por Tomás era intocable. Tomás era de ideología antifranquista; estaba en el ejército porque su padre lo enlistó sin contemplación alguna, pero Tomás quería ir por Isabel para llevársela lejos de España. Daniel lo ayudó y lo lograron. Este señor Joel fue quien, por Daniel, por su amigo, por lealtad y cariño, llevó a Tomás y a Isabel hasta el puerto de Francia donde tomaron un barco y se fueron a México.

»Joel no supo nada más de ellos hasta que Daniel, muy enfermo, casi en su lecho de muerte a causa de una enfermedad horrible, fue visitado por el mismo Tomás, quien había viajado desde México hasta Madrid solo para despedirse de su gran y único amigo verdadero. Joel lo vio y platicó con él. Le contó que iba a casarse con Isabel en cuanto naciera su hijo; estaban esperando un bebé. Fue lo único que habló con él.

»Unos años después, como cinco años después de la muerte de Daniel, Joel fue a casa de los padres de Daniel para ofrecerles unos servicios. Me contó que el papá de Daniel ya no era el señor poderoso y adinerado que antes era. Joel lo encontró deshecho, cansado y triste. Nunca superó la muerte de su hijo. Y ese día, el padre de Daniel y Joel platicaron de su hijo, y mencionó que le daba tranquilidad saber que Daniel descansaba con su mejor amigo Tomás. Joel se sorprendió muchísimo al escuchar eso. Le dijo que no sabía nada y el papá de Daniel le contó que, después de que Daniel muriera, Tomás regresó a México y antes de llegar a su casa, donde lo esperaba Isabel embarazada, fue atacado por unos maleantes que balearon el coche donde iban Tomás y el mejor amigo del papá de Daniel. Justo afuera de su casa sucedió el ataque.

»Joel se quedó muy sorprendido de saber que aquel muchacho joven, que tenía toda la ilusión de volver a México para casarse con su amada y recibir a su bebé, había muerto. Le pregunté a Joel si sabía qué había pasado con Isabel y el bebé, pero me dijo que no supo más. Sentí un fuerte dolor de estómago al enterarme de la manera en que había muerto Tomás, pero me dolió aún más enterarme de que Isabel había quedado viuda, con un bebé y sin el amor de su vida. Toda esa historia me ha dolido tanto, la he sentido hasta lo más profundo.

»Conseguí unas fotos de Tomás e Isabel. Busqué descendencia de Daniel, pero él no tuvo hijos, ahí entendí que tú no eres ni hijo ni nieto de Daniel, Dan. Pero afortunadamente di con una sobrina nieta del papá de Daniel. Ella tenía fotos de su familia y entre ellas encontré una de Isabel y Tomás porque en la parte de atrás decía: «Para Daniel, mi hermano, con todo nuestro cariño. Atte. Tomás e Isabel». Y logré tomarle foto a la foto con el móvil, y la imprimí y acá las tengo, en mi escritorio. Quiero mostrárselas —concluyó Patricio.

Patricio nos tenía a Daniel y a mí mudos y boquiabiertos. No tenía idea de que Patricio tenía más información de la que Daniel y yo habíamos obtenido. Nos llevó a su escritorio y nos mostró lo que nosotros ya habíamos visto cuando él se fue al hospital. Y yo le dije lo que habíamos hecho todos estos días.

—Mi amor, Patricio. Daniel y yo fuimos a Guadalajara, justamente para investigar lo que sea, con los pocos datos que teníamos. Francamente no obtuvimos ninguna historia como la que acabas de contarnos, y que además nos tiene muy sorprendidos. Efectivamente, todo esto que estamos viviendo es real, mi amor. Fuimos a la casa donde vivió Isabel, hablamos con su sobrina nieta y ella nos mostró fotos de las mismas personas que están en las fotos que tú tienes. Quiero decirles a los dos que en los últimos meses no he tenido esas pesadillas que no me dejaban vivir. En hipnosis he logrado, gracias al doctor Joseph, ver la historia de manera continua. Fue una tragedia: mataron a Tomás, Isabel tuvo un hijo, y hemos reencarnado. Patricio, tú y yo somos, fuimos, Isabel y Tomás. Nuestras almas se buscaron en este plano para continuar con la promesa de amor que nos hicimos. Isabel se lo juró a Tomás el día que lo mataron, y aquí estamos, y por poco te mueres, Patricio —comenté llorando y tomando a Patricio de las manos.

Patricio y yo nos abrazamos y lloramos hasta quedarnos secos mientras Daniel nos dio el espacio saliendo a tomar aire fresco a la terraza de la sala. Unos 15 minutos después él regresó.

—¿Por qué no van a Guadalajara ustedes solos? —preguntó Daniel—. Yo puedo ir a Aranjuez a pasar un par de días con Carolina. Pienso que es importante.

—Es buena idea, Daniel. Vamos, Eli, preguntaré al médico en cuánto tiempo ya puedo salir —comentó Patricio.

Cinco días después nos fuimos Patricio y yo a Guadalajara, y Daniel se fue a Aranjuez. Yo me había quedado a dormir en el departamento de Patricio y Daniel en el hotel. Todos los días nos reuníamos para jugar cartas, hacer comida, platicar y ver películas, dando tiempo a que Patricio terminara de recuperarse.

Camino a Guadalajara, Patricio y yo, tomados de la mano, veníamos conversando todo esto que nos tenía a los tres muy inquietos. Concluimos Patricio y yo que Daniel había sido Daniel, el amigo de Tomás, y que en esta vida, al igual que en la otra, Daniel tenía la misión de ayudarnos. Incluso yo pensé que en esta, Daniel tenía la misión de no permitir que Patricio muriera porque en la pasada Tomás murió de regreso de haber ido a ver a su amigo moribundo. Pensamos que casi inmediatamente que murió Daniel, reencarnó en Daniel Mujica, mi amigo. Todo hacía sentido para nosotros y nos sentíamos satisfechos con eso, aunque yo a Daniel no lo veía tan entusiasmado con esa conclusión.

Patricio y yo llegamos a la ciudad donde vivimos en nuestra vida anterior. Tomados de la mano, cariñosos, inseparables y emocionados. Recorrimos casi todas las calles del centro para disfrutar el reencuentro con nuestra vida anterior, nuestra historia, nuestro amor. En una de las calles por la que pasamos, a solo unas cuadras de la casa donde vivió Isabel, del lado derecho de la acera, había una fábrica abandonada. Apenas se podía ver en un letrero viejo un anuncio que decía «todo tipo de cartón». Los dos nos detuvimos a ver esa construcción casi cayéndose porque nos llamó la atención de manera inmediata. Cruzamos la acera y nos acercamos para verla de cerca, ahí nos quedamos un par de minutos y escuchamos a unos niños jugar.

A un lado de la fábrica vieja había un parque chiquito muy bonito. Las paredes del parque estaban pintadas de colores. Había un área de pintura negra especial donde los niños podían dibujar lo que quisieran con gises de colores. Hasta el fondo del parque había un árbol frondoso y muy verde, contra esquina había una casita de madera, alrededor de la casita había mesitas y banquitas de madera. Cerca del árbol había unos columpios y resbaladillas bien cuidadas, y por todo el centro del parquecito, desde el inicio hasta el fondo donde estaba ese hermoso árbol, había un camino de piedras pintadas de varios colores y figuras: unas pequeñas, otras medianas y otras más grandes. Ese camino le daba sentido a todo el parque, porque las tenían protegidas con una laca que impedía que la lluvia o el polvo las despintara. Patricio y yo apretamos nuestras manos mientras veíamos el parque con los ojitos brillando como nunca, y los dos, dibujando cada uno en nuestro rostro una sonrisa que delataba la emoción que nos dio encontrar ese parque tan bonito, nos quedamos ahí casi una hora viendo a los niños jugar, sentados en la banca de los adultos que estaba al inicio del parque. No dijimos nada, solo nos sentamos a observar. Las manos lo decían todo: los dos estábamos desbordados de felicidad.

XXX
De regreso a casa

Nos quedamos los tres un par de semanas más en Madrid. Todos los días nos reuníamos en el departamento de Patricio, en donde solo dedicábamos el tiempo para comer, platicar y debatir sobre la que pudo haber sido la historia de Isabel, Tomás y su amigo Daniel. Los tres nos habíamos vuelto inseparables, todo lo que hacíamos juntos lo disfrutábamos muchísimo. Daniel era muy atento y cariñoso con los dos. Pat correspondía ese cariño aunque tenía poco de conocerlo en persona. Al final, Patricio decidió dejar sus asuntos pendientes para irnos juntos a México y volver después conmigo para resolverlos. La última tarde que pasamos en España, Daniel nos dijo:

—Eli y Pat, me gustaría mucho que a nuestro regreso, a la Ciudad de México, aceptaran una invitación a comer a mi casa. Ahora que nos hemos vuelto casi «familia» —dijo Daniel en tono un poco sarcástico—, quiero que conozcan cómo ha sido mi historia en esta vida, ¿les parece bien la idea?

—Claro que sí —dijimos Patricio y yo al mismo tiempo en tono de agradecimiento.

—Yo quiero agradecerte, Daniel, por haber venido en mi rescate enfrentando tu más grande miedo. No tienes idea cómo valoro todo lo que has hecho. Y hoy entiendo que nuestra amistad siempre ha sido eterna, desde otras vidas, y por eso quiero corresponderte de la misma manera. Cuenta conmigo para todo lo que necesites —dijo Patricio acercándose a Daniel para darle un abrazo.

Los dos se abrazaron y me acerqué a ellos para abrazarnos los tres. Se sentía mucho amor en ese gran abrazo. Era un amor inexplicable, jamás hubiera sentido eso con otras personas, simplemente nadie me lo creería, ni mis propios hijos. Solo ellos, Daniel, Patricio y yo, lo entendíamos porque eran tres almas que se quisieron mucho en otra vida y que se reencontraron en esta. Aunque sentí una inquietud que no les quise mencionar, pero que me hacía sentir algo confundida, porque mi amistad y el cariño que nos teníamos Dan y yo desde un par de años antes había nacido de un reencuentro de almas, pero después de toda la información que logramos reunir en Madrid, entendí que Isabel y Daniel, el de la otra vida, nunca se conocieron; aunque cada uno sabía del otro por ser a quienes más quería Tomás, entre ellos nunca hubo un contacto físico. Yo me quedé con esa incertidumbre. En esta vida los quería a los dos, y me sentía tan feliz por ello, tan agradecida por ese momento.

Al siguiente día nos preparamos para el regreso a México. Dan estaba muy nervioso, no se calmaba con nada, sin embargo, Pat y yo lo mantuvimos ocupado para bajar su estrés. Nos tocó un vuelo con tres asientos al centro y a Dan lo dejamos en medio de ambos. Fue estrategia pura: lo teníamos contenido, entretenido, le di una pastilla para que le diera sueño, contábamos chistes, etc. Diez horas estuvimos así.

La vida poco a poco regresaba a la normalidad. Una normalidad en donde un virus que vino a sacudir al mundo, llevándose con él a miles de personas (abuelitos, tíos, tías, padres, madres, hijos, amigos y compañeros), también vino para quedarse, para ser parte de nuestra vida cotidiana, y la humanidad aprendió a vivir con él, como con muchos virus que han amenazado al ser humano por siglos. Durante esta pandemia, durante el impacto, el movimiento del mundo se paralizó un año entero. Las personas vivíamos aisladas, atormentadas, unas crédulas y otras no de lo que estaba sucediendo, despertando todos los días dando gracias por seguir vivos. Seguido se escuchaban debates entre familiares y amigos porque había unos que creían que el nuevo virus se trataba de un arma biológica, una lucha de poder entre países; muchas otras pensaban que se había desarrollado esta nueva enfermedad por culpa de uno o unos asiáticos que habían comido un animal volador prohibido que lo traía consigo y lo transmitió a nuestra especie; y otras más pensaban que se trataba de una mentira, una manipulación psicológica, creada por los gobiernos que querían controlar las mentes de un mundo desbocado y loco, permitiendo que fuera la misma vida quien seleccionara a las mentes y los cuerpos más fuertes, así como a la muerte quien seleccionara a las más débiles. Nunca nadie logró comprobar ninguna de las teorías anteriores ni tantas más que se escuchaban, pero sí, todos aprendimos a convivir con él. Por primera vez el mundo entero tuvo miedo a morir, incluso muchos, gozando de una salud extraordinaria.

Las vacunas se empezaban a repartir entre países con desesperación. En México, la gente hacía filas hasta por dos horas para ser vacunados. Algunas escuelas ya abrían sus puertas para recibir a sus niños, jóvenes y adolescentes. Las tiendas empezaban a ser más flexibles en cuanto horarios y restricciones para entrar. La economía empezaba a recuperarse. Mucha gente, después de haber perdido todo, buscaba la manera de reponerse o de volver a empezar. Muchos pequeños negocios cerraron y no volvieron a abrir, pero la gente no se echaba a llorar, comenzaba desde cero para sobrevivir, y otros siguieron viviendo, como sea, a pesar, muchos, de haberse quedado solos, de haber tenido una pérdida irreparable. Y así como la vida nos había sorprendido con un virus que llegó a quitarnos mucho, así la valentía y la lucha por vivir y por recuperarse de la humanidad nos sorprendió a todos.

Dan, Patricio y yo llegamos a México en la tarde-noche. Ya nos esperaban en el aeropuerto mis hijos con pancartas que decían «Bienvenido Patricio, lo sabemos todo». Obviamente se trataba de un letrero para hacernos reír a todos. Yo me sentí feliz de verlos en la puerta de la salida y, al reunirnos, sentía que había completado a mi verdadera familia. Todos con cubrebocas, y qué mejor que fuera así, porque los ojos dicen más que cualquier palabra. Las miradas comunican alegría, encanto, tristeza, enojo, emoción, miedo, ansiedad, hartazgo, asombro, cansancio y sueño. Siempre pensé que mirarnos a los ojos sin hablar era la comunicación más sincera que podíamos tener entre seres humanos.

Nuestra vida empezó a fluir justo como queríamos. Patricio rentó un departamento grande adonde yo me mudé. Él siguió dando conciertos y practicando el piano entre semana. Yo seguí yendo al taller con todos mis amigos y coloqué varias de mis obras en galerías, exposiciones nacionales e internacionales. La vida juntos se sentía tan dulce, tan cálida y real. El amor entre los dos era indiscutible y fue muy sencillo convivir; simplemente mi vida se convirtió en algo que siempre soñé, y eso mismo era lo que Patricio me decía.

Todas las noches sin excepción, frotaba un aceitito en forma de círculos sobre la marca que Patricio tenía en la espalda, a la altura del corazón. Sabíamos que esa marca era la marca de aquella bala que mató a Tomás, y le dábamos consuelo con caricias para terminar con un beso sobre ella. Para mí era muy importante que el alma de Tomás sintiera que Isabel curaba esa herida con muchísimo amor. Y tanto Patricio como yo vivíamos la vida al máximo. Todos los días nos tomábamos una taza de té por la mañana, dábamos gracias por estar juntos y hacíamos la promesa de hacernos felices ese día y el resto de ellos, y de que si algo nos llegara a pasar, nos buscaríamos de nuevo en la siguiente vida y en todas las futuras.

XXXI

Dan

A Dan no se le olvidó que nos había invitado a comer a su casa. Dejó pasar casi tres meses desde aquella invitación en Madrid. Un martes por la mañana me llamó para reiterar esa especial invitación, pero, esta vez, con mucha formalidad. Por supuesto aceptamos ir, nos dio mucho gusto que lo recordara y aceptamos inmediatamente; extrañábamos estar juntos los tres. Yo seguía viéndolo en el taller todos los días, pero Patricio no había logrado unirse porque tenía muchos asuntos que resolver, y nosotros estábamos de luna de miel, nos dedicábamos en cuerpo y alma a seguir disfrutando todo el amor que teníamos para entregar.

Para el día de la invitación le llevamos a Dan un vino Nebbiolo que a él le gustaba mucho y un pay de guayaba. También le llevé una escultura pequeña que apenas había terminado; era un obsequio especial, quería que la conservara siempre, como símbolo de nuestra amistad. La escultura era la representación de la amistad: dos árboles entrelazados por las ramas, hecha en cobre pintado de verde pastel. En el abrazo se observaba un consuelo entre dos árboles que se quieren. A Patricio le emocionaba mucho ir porque sentía una genuina y gran estima hacia Dan, o mejor dicho un gran cariño; él mismo decía que era su amigo de hace mucho, mucho tiempo.

Al llegar a casa de Dan, nos sorprendió ver dónde vivía. Su casa era muy grande, abarcaba una cuadra completa. Por encima de las bardas colgaban hermosas enredaderas, llenas de flores de buganvilia que contrastaban color fucsia brillante y protagonista sobre el verde oscuro de las hojas. Detrás de las bardas se asomaban unas enormes, frondosas y hermosas palmeras, y al fondo se veía una casa en color blanco con hermosos balcones. Al llegar al portón, uno muy grande de color negro, nos abrió el mismo Daniel. Ya nos esperaba y nos dijo que estacionáramos el auto dentro de su casa. Patricio se apuró en decirme que se sentía muy estresado.

—Mi amor, no me siento muy bien. Yo ya había estado aquí antes, pero no recuerdo por qué o con quién estaba, solo te puedo decir que siento una ansiedad incontrolable —dijo Patricio.

Toqué sus manos porque estaban temblando. Lo vi sudar frío, sobre su frente se notaban pequeñas gotas de estrés y su mirada se veía ansiosa y miedosa. Yo me sentía igual, y me di cuenta de que el lugar en donde estábamos en ese momento era muy parecido al que yo visualizaba en mis pesadillas por décadas. Esas pesadillas que dejé de sentir, de vivir, desde que Daniel, Patricio y yo nos reunimos por primera vez.

Patricio tenía unas enormes ganas de llorar y yo no sabía qué hacer para consolarlo porque me sentía igual. Le dije que frenara. Puso el auto en parking y lo abracé, le besé la frente, las mejillas, las manos y traté de acariciar la marca de la espalda sobre su blazer azul marino.

—Tranquilo, mi amor, fue aquí. No sé por qué lo sé, pero fue aquí. Este lugar lo he visto en mis sueños. Es el mismo sitio donde Tomás murió. Lo siento, mi amor, lo siento mucho. Tenemos que salir del auto cuanto antes y avanzar, salir con la mente viva, los cuerpos en movimiento, haciendo frente a lo que pasó, diciéndole al pasado que ya no nos lastima más, que ya estamos juntos para continuar, que estamos felices y llenos de amor —le dije a Patricio con mucha valentía mientras trataba de aguantar el llanto.

Patricio no dijo nada, solo avanzó y estacionó el coche donde nos indicaba Daniel con señas. Pude observar que Dan nos miraba entendiendo lo que pasaba. Se acercó a nosotros e inmediatamente nos abrazó. Los tres nos abrazamos, siendo los tres cómplices de lo que sucedía.

—Dan, aquí fue. Estamos seguros Eli y yo. No entendemos qué sucedió —le dijo Patricio a Daniel.

—Pasen a la casa, tengo cosas que explicarles a los dos —contestó Daniel.

Entramos a su casa, una mansión diría yo. Se notaba hermosa, con muebles de los años 70, pero muy bien cuidados, llena de lujos, de arte y de vitrinas llenas de majestuosas copas de cristal cortado y vajillas de porcelana. El olor de su casa me era tan familiar. Todo era familiar para mí. Todo empezaba a tener sentido. Yo ya había estado ahí antes, así como Patricio sintió y descubrió dónde exactamente había terminado su otra vida. Nos sentamos en la sala y Dan nos ofreció un licor exquisito. Era un licor de Oporto.

—Gracias a los dos por haber venido, gracias por el pay, ¡qué delicia!, y por el vino. ¿Cómo supieron que el pay de guayaba es mi favorito? Amo la guayaba —comentó Daniel.

—No lo sabíamos, Dan, a mí también me encanta la guayaba —le contesté.

—Bueno, no me sorprende —dijo Dan con un ligero sarcasmo.

Se levantó y fue por una caja muy bonita forrada de terciopelo color beige con grecas en dorado que tenía sobre la mesa del comedor. Empezó a sacar algunas fotos y cartas de la caja y comenzó a sonreír mientras las veía, sin compartirnos nada, pero antes, ambientó la reunión con un álbum de música clásica en piano que el mismo Patricio había grabado.

—Este álbum, Patricio, lo conseguí la semana pasada, es maravilloso. Cuando mis padres murieron, una tía mía vino a cuidarme, a esta casa. Yo nací en esta casa y mi tía me cuidó por dos años. Ella no era de aquí, era española, «es» española, aún vive. Tuvo que volver a España porque allá tenía una vida hecha y quiso llevarme con ella, pero los dueños de esta casa le ofrecieron quedarse conmigo y adoptarme como hijo legítimo. Mi tía accedió. Mi nana, quien conoció a mis padres biológicos y a mi tía, me dijo que a ella, a mi tía, le había dolido en el alma dejarme aquí, con personas que no eran de la familia, pero que en aquel entonces, entendió que yo estaría mucho mejor aquí en México que en España. Mis padres adoptivos, Ernesto y Eugenia Mujica, conocieron a mis padres dos años antes de que yo naciera. Ellos eran sus más fieles admiradores. Mi padre era pianista y mi madre era artista plástica. Los cuatro tenían una relación de amistad que los acercaba más a sentirse como una verdadera familia. Ernesto y Eugenia ya tenían una hija, Dolores, mi hermanita, que también era adoptada; ellos nunca pudieron tener hijos propios. Un día, cuando mi madre estaba embarazada de mí, mi padre tuvo que ir a Madrid con Ernesto a visitar a su mejor amigo que se debatía entre la vida y la muerte. Al regresar a México, donde lo esperaban mi madre y Eugenia, casi llegando a esta casa, dos personas desconocidas enviadas y pagadas por dos políticos franquistas, que fingían ser exiliados de España y de alto rango, acribillaron el auto donde venían mi padre biológico, mi padre adoptivo y su chofer. El único que no salió vivo de ahí fue mi padre biológico. Mi madre, cinco días después de la terrible tragedia, me dio a luz. Nací yo.

»¿Ves esos hermosos cuadros, Eli? Esos enormes y hermosos óleos los pintó mi madre. Ella, quien después de tenerme a mí vivió en depresión y en la absoluta oscuridad, aun cuando yo reclamaba su atención y su cariño. Al cabo de dos años, una anemia extrema y sus nulas ganas de vivir la arrancaron de mi vida, dejándome solo a merced de las personas que veían por mí y por ella. Se fue. Se fue de tristeza, de dolor y de vacío. Ven, Eli, acércate a ver los cuadros —dijo Daniel tomándome de la mano, pero con palabras cortantes y tristes.

Daniel me tomó de la mano y me acercó a los cuadros. Yo accedí con un hoyo en el estómago y el corazón roto y más inquieto que nunca. Las obras eran bellísimas; claramente me sentía identificada con ellas. Me emocioné mucho cuando las vi a detalle, y me di cuenta de que quien firmó los cuadros era Isabel Buendía. En ese momento me llevé ambas manos a la cara, comencé a respirar muy rápido y dejé caer las lágrimas; empecé a llorar desconsoladamente. Volteé a ver a Daniel y le pregunté:

—¿Por qué Isabel te puso por nombre Daniel? —le pregunté aterrada de lo que me fuera a contar. En ese momento pensé que había una doble historia que terminaría por romperle el corazón a todos.

—Porque el único y mejor amigo de mi padre, Tomás Buendía, se llamaba Daniel, y al saber que él irremediablemente moriría le pidió a mi madre, Isabel, que cuando yo naciera me bautizaran con el nombre de quien había sido un verdadero hermano para él. Por eso me llamo Daniel Mujica —contestó Daniel casi sin voz.

Patricio se levantó para abrazarme y dijo:

—Dan, ¿eso quiere decir que eres el hijo legítimo de Isabel y de Tomás? —preguntó nervioso.

Daniel tomó la caja, sacó una foto de él cuando era solo un bebé de seis meses: cachetón, un bebé grande con un trajecito tejido en azul claro y zapatitos blancos. Detrás de la foto, en letra manuscrita, decía «Daniel Buendía/6 meses, 1953». Después nos entregó una foto donde salía Isabel cargando a ese pequeño bebé —la misma Isabel que habíamos visto en las fotos que tenía Patricio y que tenía la tía de Daniel—, pero mucho más flaca y con ojos tristes.

—El padre de Isabel era tan alto y robusto como lo soy yo, mi abuelo. Mi papá era muy delgado y no tan alto —dijo Daniel—. Mi nana adoraba a mi madre Isabel y a mi padre Tomás. Siempre me contaba cómo eran los dos. Si revisan en los libros de historia se darán cuenta de que fueron artistas muy conocidos en el México de aquella época. Les llamaban «Los Tomasitos» o los «magníficos Buendía», porque ambos, a tan corta edad, sobresalían en el medio del arte. Dicen que mi papá tocaba el piano como los mismos dioses y que las obras de Isabel, mi madre, te llevaban a lo más profundo de cualquier historia que pudieras imaginar.

»Yo siempre supe que era adoptado, que mis padres habían sido artistas y que los cuadros de esta casa, la mayoría, eran de mi mamá. Mis padres, Ernesto y Eugenia, me contaron que cuando mi madre murió yo preguntaba por ella todo el tiempo y que le lloré muchísimo, por hasta casi un año entero. En mi cuarto siempre tuve tres fotos: una de mis padres juntos y felices, otra de mis padres biológicos con mis padres adoptivos, como grandes amigos, y ésta, donde estoy yo solo de seis meses. Eli, Pat, les ofrezco una disculpa a los dos porque toda esta historia la sabía de primera mano y fingí no saber nada o saber lo mismo que ustedes. En realidad siempre supe la historia; lo que no sabía es que mis padres reencarnarían y, además, que lo harían mientras yo estuviera vivo.

»Por la muerte de Susana, mi Susana, es que investigué todo lo de las reencarnaciones. Me metí en ese mundo tan extenso como nadie, me involucré con otras religiones para aprender de otras creencias sobre las almas, leí cientos de libros; quería estar seguro de que me iba a reunir de nuevo con ella, así de grande era mi necesidad y mi desesperación. En el camino conocí al doctor Joseph, él me ayudó mucho. Por eso el día que te vi por primera vez, Eli, supe que tú y yo habíamos tenido una relación antes, una de mucho amor, pero también sabía que no había sido una relación de pareja, por eso insistía en que fueras tú la que entrara en sesiones de hipnosis. Y cuando te convenciste y fuiste, el Dr. Joseph y yo descubrimos que tú habías sido Isabel; por eso me sentiste distante, me costó mucho trabajo procesar esa información. Y Patricio sin duda había sido Tomás, siempre fue evidente que ustedes dos tenían que estar juntos; además de que cuando supe que estaba en peligro tu vida, Pat, no contuve el impulso de ir y hacer hasta lo imposible para evitar que murieras de nuevo. Me sentía incluso obligado, quería salvar el alma de mi padre de morir otra vez sin haber realizado su relación de amor con el alma de quien fuera mi madre. Créanme que todo fue muy impactante para mí; me hubiera gustado compartir todo desde un inicio con ustedes, pero quería estar seguro de quienes habían sido ustedes.

Los tres nos quedamos callados, enmudecidos. Mi alma se sentía culpable, triste. No imaginaba que en mi vida actual hubiese conocido a quien fue mi hijo en otra. Mis ojos no paraban de expresar con lágrimas tanta tristeza, mis manos se entrelazaban expresando la angustia que sentía y mi cuerpo entero y encorvado se sentía apenado por la historia de Dan. Patricio dijo:

—Ahora entiendo tus pesadillas, Elisa: tenías que encontrar al bebé de Isabel y aliviar esa gran pérdida que él tuvo cuando su mamá murió. Por eso hoy son grandes amigos, porque las almas se reconocen y ya no se sueltan. A mí me parece una gran oportunidad para restaurar las heridas. Daniel, no tengo que esforzarme para decirte de corazón que estaré contigo el resto de mi vida. Restauremos, vivamos al máximo, entreguemos nuestra lealtad, compañía y amor por el resto de esta vida. Sabrá Dios dónde y en qué condiciones nos reencontraremos en otra; en ésta es donde debemos aprovechar que estamos juntos —concluyó entre lágrimas.

—Dan —intervine—, quiero decirte algo en nombre de Isabel. Me gustaría incluso que cierres los ojos, me tomes de las manos y pienses que soy Isabel quien te habla, por favor:

»—Daniel, hermoso bebé, hijo mío. Discúlpame por haberte abandonado, por dejarme morir, por dejar de luchar, por no ponerte en primer lugar. Jamás quise hacerte daño, no me sentía completa, no tenía sentido mi vida sin el amor de Tomás. Yo le prometí a tu papá buscarlo en otra vida y seguramente también te lo prometí a ti, y aquí estoy. Siempre te amé, perdóname.

Daniel rompió en llanto como un niño, como un niño solo. Patricio y yo lo abrazamos muy fuerte.

Después de 10 años de vivir juntos, Patricio y yo nos vestíamos para asistir a un gran evento. Diez años en los que todos los días despertábamos juntos en la cama, tomados de la mano, y dábamos gracias por seguir juntos. Todas las mañanas nos hacíamos la promesa de hacernos felices ese día y agradecíamos por seguir sintiendo un amor igual o más fuerte que el que nos unió.

Todos esos años acompañamos a Daniel en todo momento. Cada domingo nos reuníamos con él, mis hijos y los hijos de Patricio. Nos gustaba preparar la comida el mismo domingo, donde todos cooperaban. Nos encantaba la paella, la carne asada, el choripán, los mariscos asados, pescado asado y pays de guayaba con vino tinto.

Tuvimos la oportunidad de viajar juntos los tres (y algunas veces con algún hijo) varias veces: a España, específicamente a Guadalajara para visitar a la tía de Daniel; así como a Roma para disfrutar del arte más aclamado del mundo; a Florencia, donde fue el turno de Daniel de brillar con dos de sus obras en una exposición; a Grecia y Turquía, porque era el sueño de él visitarlos; a conciertos de Patricio en varias partes de Europa y Estados Unidos; a las ruinas de Machu Picchu en Perú, sueño de Patricio; a Buenos Aires, Argentina, y a Disneylandia unas tres veces. Así también acompañamos a Dan durante una enfermedad que lo fue apagando poco a poco.

Patricio y yo nos convertimos en abuelos: yo de dos de mis hijos, y Patricio solo de Isabel, su hija mayor. Chocha me duró un par de años más, suficientes para que Patricio la amara y nos dejara a todos la lección del amor incondicional.

Ya estábamos listos Pat y yo para irnos. Llegamos al funeral de Daniel. Su partida fue muy dolorosa para todos. En nuestra familia, Dan se había convertido en el tío Dan; todos lo adorábamos. Nadie supo que Daniel era hijo biológico de Isabel y Tomás Buendía —quienes reencarnaron en Patricio y en mí—, pero sabían que lo queríamos a morir y fue parte de nosotros desde aquel día. Nos convertimos en su familia y, por ello, todos nos sentíamos afortunados.

Los asistentes a su despedida vestíamos de color blanco y llevábamos en manos flores de muchos colores. No tuvo una ceremonia religiosa; fue una despedida con cantos alegres, cartas leídas y espiritistas amigos de Daniel que lo ayudaron a lograr una transición llena de amor y de esperanza. Él murió feliz, listo para volver a ver a Susana; esperaba con ansias ese gran día. En su cama, rodeado de todos los que lo amábamos, casi llegando a los 80 años, tomado de mi mano y con una gran sonrisa, me dijo adiós diciendo:

—Gracias por todo, Eli, mi alma sabía que eras tú quien me regresaría el sentido de vivir. Gracias, mamá.

Esta es la primer novela de Laisa. Ella es artista plástica y ahora escritora. Radica en la ciudad de Houston y su deseo es seguir escribiendo novelas y pintando obras como la que se muestra en la portada de este misma obra literaria.

Made in the USA
Coppell, TX
28 February 2026

72963540R00256